Wolfram König · Es war gar nicht so schlimm

Wolfram König

Es war gar nicht so schlimm

Bericht über ein bewegtes Leben

FOUQUÉ LITERATURVERLAG
FRANKFURT A.M. • MÜNCHEN • LONDON • NEW YORK

*Das Programm des Verlages widmet sich
aus seiner historischen Verpflichtung heraus
der Literatur neuer Autoren.
Das Lektorat nimmt daher Manuskripte an,
um deren Einsendung das gebildete Publikum
gebeten wird.*

©2007 FOUQUÉ LITERATURVERLAG FRANKFURT AM MAIN
Ein Imprintverlag des Frankfurter Literaturverlags GmbH
Ein Unternehmen der Holding
FRANKFURTER VERLAGSGRUPPE
AKTIENGESELLSCHAFT AUGUST VON GOETHE
In der Straße des Goethehauses/Großer Hirschgraben 15
D-60311 Frankfurt a/M
Tel. 069-40-894-0 ❋ Fax 069-40-894-194

www.frankfurter-literaturverlag.de
www.august-goethe-verlag.de
www.haensel-hohenhausen.de
www.fouque-verlag.de
www.ixlibris.de

Bibliografische Information Der Deutschen Bibliothek
Die Deutsche Bibliothek verzeichnet diese Publikation in der Deutschen
Nationalbibliografie; detaillierte bibliografische Daten sind im Internet
über http://dnb.ddb.de abrufbar.

Satz und Lektorat: Heike Margarete Worm
Fotografie: Thomas Holz, 88477 Schöneburg

ISBN 978-3-86548-829-9
ISBN 978-1-84698-071-8

Die Autoren des Verlags unterstützen das Albert-Schweitzer-Kinderdorf in Hessen e.V.,
das verlassenen Kindern ein Zuhause gibt.
Wenn Sie sich als Leser an dieser Förderung beteiligen möchten, überweisen Sie bitte
einen – auch gern geringen – Beitrag an die Sparkasse Hanau, Kto. 19380, BLZ 506 500 23,
mit dem Stichwort „Literatur verbindet". Die Autoren und der Verlag danken Ihnen dafür!

Printed in Germany

Man muß im Leben etwas riskieren,
um viel erleben zu können!

Inhalt

1. Kindheit und Jugend

Jetzt schreiben wir das Jahr 2003, und ich bin 80 geworden. Höchste Zeit, wenn ich damit anfangen will, über mein Leben so Einiges aufzuschreiben. Eigentlich müßte ich ja schon vor fünf Jahren gestorben sein, denn der durchschnittliche deutsche Mann erreicht nur ein Lebensalter von 75 Jahren. Es ist doch gut, wenn man feststellen kann, einmal nicht zum Durchschnitt zu gehören. Dieses Alter habe ich nun glücklich erreicht, ohne selbst viel dazu beigetragen zu haben: ganz im Gegenteil. Einige böse Menschen und Umstände hatten in der Vergangenheit mehrfach versucht, mich schon viel früher ins Jenseits zu befördern. Es ist aber nicht gelungen. Als ich jung war, dachte ich, vielleicht das neue Jahrtausend noch zu erleben. Alle meine Vorfahren sind nicht über das 63. Lebensjahr hinausgekommen, bis auf meine Mutter, die das gesegnete Alter von fast 98 erreicht hatte. Vielleicht helfen mir ein paar überkommene Gene noch ein bißchen weiter, aber letzten Endes hängt dies ja nicht von einem selbst ab. Ich nehme die Dinge so, wie sie auf mich zukommen und freue mich auf jedes der vielleicht noch kommenden Jahre, so denn sie mir beschieden sind. Mein Urgroßvater mit den wohlklingenden Vornamen Arthur Sigismund Leonardo Aurelius Viktor König wurde immerhin 69 und lebte von 1822 bis 1891. Er war von Beruf Scheibenzieher in Nürnberg – wohl einer der letzten Scheibenzieher Deutschlands – und erwarb darin auch seinen Meisterbrief, den ich heute noch habe. Es waren dies in alter Zeit die Handwerker, die Draht hergestellt haben. Wie sie das damals machten, kann man sich heute gar nicht mehr vorstellen. Ich auch nicht.

Seine Schwiegertochter war Marie, geborene Böcklein, und deren Vater hieß Michael Böcklein – also mein anderer Urgroßvater in Nürnberg. Dieser gehörte zu den frühen deutschen Lokomotivführern, die nach dem Engländer William Wilsen die legendären, damals von England gelieferten „Adler"-Lokomotiven auf der ersten deutschen Eisenbahnstrecke von Nürnberg nach Fürth bedienten. Eine wesentlich ältere Cousine von mir, die die damaligen Verwandten in Nürnberg noch kannte, sagte mir, daß man sich in der Familie erzählt habe, jener Michael Böcklein hätte dabei stets im Gehrock und Zylinder auf der offenen Plattform hinter dem Dampfkessel gestanden. Seine Ehefrau, also unsere gemeinsame Urgroßmutter, wäre so in das Eisenbahnfahren vernarrt gewesen, daß sie täglich mit der Ludwigsbahn von Nürnberg nach Fürth und zurück fuhr, und das mehrmals hin und her. Dabei hätte sie ihren Haushalt und ihre Kinder vernachlässigt, so daß die älteste Tochter, selbst noch ein Kind, immer wieder für die kleineren Geschwister sorgen mußte.

Ich bin sehr stolz auf diesen Vorfahren! Wer kann schon einen der damaligen deutschen Lokomotivführer als seinen Ahnen vorweisen?

Der Tag meiner Geburt, der 2. August 1923 in Weimar, fiel in eine unruhige Zeit: Die Inflation strebte ihrem Höhepunkt entgegen. Zuletzt, im November 1923, kostete ein Brot 470 Milliarden Mark, ein Liter Milch 280 Milliarden Mark, und der höchste Wert des zuletzt gedruckten Geldscheines lautete über 100 Billionen Mark. Die meisten Familien hatten ihr gesamtes Geldvermögen, das über Jahrzehnte vorher mühsam angesammelt worden war, verloren. Es herrschte große Armut. Gut waren nur die dran, die ihr Vermögen in Immobilien oder anderen Sachwerten hielten. Am 15.11.1923 war dann der Spuk mit der Einführung der Deutschen Rentenmark zu Ende.

Politisch drückte der verlorene Krieg mit dem harten Versailler Vertrag auf die Seelen der Deutschen, und 1923 wieder besonders bewußt geworden und allgegenwärtig als tiefe Demütigung empfunden, indem die Franzosen mit den Belgiern das Rheinland besetzten, um höhere Reparationsleistungen zu erzwingen. In den USA war am Tag meiner Geburt der amerikanische Präsident Warren G. Harding, der Nachfolger des bekannten Weltkriegspräsidenten Woodrow Wilson, gestorben.

Meine Eltern lebten in gutbürgerlichen Verhältnissen. Mein Vater, ein studierter Maschinenbau-Ingenieur mit einem Diplom der Technischen Hochschule in München, war vor dem Krieg in Nürnberg, seiner Vaterstadt, bei dem alten Traditionsunternehmen MAN tätig, wo später der erste Fahrzeug-Dieselmotor konstruiert wurde. Meine Mutter stammte von der schwäbischen Fabrikantenfamilie Rieker. Ihr Vater Heinrich Alexander Rieker hatte 1874 die bekannte Schuhfabrik in Tuttlingen gegründet. Er starb bereits 1905. Vier Jahre vorher war ihre Mutter, erst 48 Jahre alt, einem Krebsleiden erlegen. So war meine Mutter mit zwölf Jahren schon Vollwaise, und wuchs bei ihrer 15 Jahre älteren, verheirateten Schwester Helene in Weimar auf, besuchte dort das Lyceum Sophienstift und ging später wieder zurück nach Tuttlingen, um ihren noch unverheirateten drei Brüdern den Haushalt zu führen.

Amüsant und gleichzeitig bedenklich ist, was meine Mutter von ihren Eltern erzählte. Ihr Vater, also der große Schuhfabrikant Alexander Rieker, stammte ursprünglich von Schömberg, einem rein katholischer Landesteil von Württemberg, und war demnach katholisch. Tuttlingen gehörte zu Alt-Württemberg und unterstand früher direkt dem protestantischen Herzog von Württemberg in Stuttgart. Alexander Rieker heiratete die Tuttlinger evangelische Gerbermeistertochter Rösle Renz. Damals bestanden noch nicht die rigiden katholischen Ehevorschriften, wonach ein Katholik bei Eingehen der Ehe vorher ein Versprechen abgeben mußte, wonach er seine Kinder katholisch werden ließ, unabhängig davon, zu welcher Kirche seine Frau gehört.

Als dann die ersten Kinder kamen, fing ein großes Werben zwischen dem katholischen Dekan und dem evangelischen Dekan an. Jeder strebte danach, die Kinder in seiner Glaubensgemeinschaft zu haben. Gerade bei einer solch prominenten Persönlichkeit in Tuttlingen wie Alexander Rieker wollte die katholische Kirche nicht als Verlierer dastehen. Man einigte sich letztlich auf einen Kompromiß, indem die männlichen Nachkommen katholisch und die Töchter evangelisch getauft wurden. Ein Unsinn, eine Familie mit sieben Kindern so zu spalten, was natürlich in dieser Ehe stets zu Spannungen führte. Der eine Sohn, Heinrich, hatte dann als erwachsener Mensch eine evangelische Frau geheiratet und trat zur evangelischen Kirche über, sein ältester Bruder Ernst blieb mit seiner katholischen Frau ein treuer Katholik, der jüngste Sohn Karl heiratete eine protestantische Berlinerin und ließ seine Kinder evangelisch taufen, zum Leidwesen des katholischen Dekans. Erst als er starb, setzten die Schwierigkeiten mit seiner katholischen Glaubensgemeinschaft ein. Der vierte Sohn Hermann war schon sehr jung vor seinem Vater an Tuberkulose gestorben.

Zu erzählen ist vielleicht, wie sich meine Eltern kennengelernt haben: Mein Vater kam im September 1914, also kurz nach Ausbruch des Ersten Weltkrieges, schwer verwundet in einem Viehwaggon auf etwas Stroh liegend, durch Tuttlingen, wo meine Mutter als junges Mädchen beim Roten Kreuz Bahnhofsdienst versah und die vom Westen durchkommenden Verwundetentransporte mit versorgte. So auch an jenem Septembertag. Sie erschien dem Verwundeten im aufgeschobenen Torrahmen des Waggons wie eine Lichtgestalt und er hatte sich nur ihre Nummer gemerkt, die sie auf einer Armbinde trug. Wochen später kam ein Brief „An die Hilfskrankenschwester Nr. 5 der Bahnhofsmission Tuttlingen". Dieser machte erst die Runde und ging durch alle Helferinnenhände, bis die Leiterin zu meiner Mutter sagte: „Hier Rosel, das muß für dich sein, du hast doch die Nummer 5!" Meine Mutter reagierte entrüstet: „Ich kenne keinen Leutnant König", und dachte, man wolle ihr, dem Fräulein Rieker, etwas

anhängen, nahm den Brief aber letzten Endes doch an und war
beeindruckt. Sie schrieb darauf an den armen Versehrten zurück.
Man traf sich Monate später, und 1917 wurde die Hochzeit gefeiert. Als jener Leutnant König die Hilfskrankenschwester Nr. 5
so mir nichts, dir nichts anschrieb, konnte er noch nicht ahnen,
welch goldenen Fisch er da an der Angel hatte.

Nach dem Krieg kam eine spätere Tätigkeit meines Vaters in der
Schuhfabrik Rieker schon aus dem Grunde nicht in Frage, da
nach dem Tod meines Großvaters als der Alleininhaber in seinem Testament bestimmt hatte, daß seine drei Söhne die Fabrik
erbten und die drei Töchter ausbezahlt würden. Im Jahr 1905,
seinem Todesjahr, war für alle unvorstellbar, welche Geschehnisse einmal eintreten würden und daß eine damals allgemein noch
unbekannte Inflation einen großen Teil des Vermögens meiner
Mutter hinwegraffen könnte. Ihre wesentlich älteren Schwestern, die beim Tod des Vaters schon verheiratet waren, hatten
ihren Erbteil noch vor dem Ersten Weltkrieg sinnvoll verwendet.
Das Erbe meiner Mutter, das in der Firma als Geldguthaben stehengelassen wurde, hatte dagegen keinen Wert mehr, obwohl die
große Rieker-Fabrik ohne wesentliche Schmälerung die Inflation
gut überstanden hatte. Zwar kam es Ende der zwanziger Jahre in
ähnlich gelagerten Fällen und nach Einschalten von Gutachtern
zu einer gewissen Entschädigung für sie auf freiwilliger Basis. So
wurde daraufhin wenigstens ein kleiner Teil ihres Erbes wieder
aufgewertet. Ein minimaler Rest davon hat dann auch die Währungsreform nach dem Zweiten Weltkrieg überstanden, was uns
bei späteren dringend notwendigen „Westeinkäufen" sehr zustatten kam.

Nach dem Krieg zogen meine Eltern 1920 von Nürnberg nach
Weimar. Mein Vater war in das Unternehmen seines kurz zuvor
verstorbenen Schwagers – in die Nelkenkultur August Holz – als
Teilhaber eingetreten, nachdem er 1919 vom Militär entlassen
worden war und noch keine neue zivile Anstellung angenom-

men hatte. Die 15 Jahre ältere Schwester meiner Mutter, Helene Holz, hatte ihn sehr darum gebeten, da sie als Witwe mit zwei kleinen Söhnen nicht in der Lage war, das Geschäft, eine Großgärtnerei, allein weiterzuführen. Dieser Betrieb war spezialisiert auf Edelnelken – einem jungen, sehr erfolgreichen Zweig der deutschen Schnittblumenerzeugung – und ging in den ersten zehn Jahren glänzend.

Es sollte eine schicksalhafte Entscheidung meiner Eltern sein und künftig alles Weitere bestimmen. Zum Glück noch rechtzeitig vor der Inflation kauften sie ein älteres kleineres Wohnhaus im Zentrum der Stadt Weimar und führten dort ein kulturell und besonders musikalisch geprägtes Leben. Mein Vater war trotz seines technischen Berufsweges ein sehr musisch veranlagter Mensch, spielte hervorragend Cello und hatte mit Berufsmusikern der Weimarischen Staatskapelle ein Streichquartett gebildet, das mindestens einmal im Monat zu Musikabenden in unserem Haus zusammenkam. Diese Quartettabende gelangten in Weimar zu einer gewissen Bedeutung und viele Persönlichkeiten des Weimarer Kulturlebens waren bei uns zu Gast, wie Prof. Hans Wahl und Max Hecker von den Goethe-Instituten, die Kunstmaler Franz Huth und Prof. Hugo Gugg, um nur einige Namen zu nennen.

Sein Cellospiel war also seine große Leidenschaft und private Lieblingsbeschäftigung, und er nutzte jede freie Minute, um sich an sein Cello zu setzen. So auch mittags, wenn er zum Essen kam und noch eine Viertelstunde Zeit war, bis das Essen auf dem Tisch stand, spielte er schnell noch eine Solosonate von Johann Sebastian Bach oder übte einen schwierigen Lauf seines Celloparts von irgendeinem Streichquartett. Deshalb sind mir von seinem Spiel bis zu seinem frühen Tod die berühmten Solosonaten von Bach noch ganz im Ohr.

In diesem Haus wurde ich also geboren, eine Klinikentbindung war damals noch nicht üblich. Ich erlebte hier eine unbeschwerte Kindheit und wuchs mit meiner drei Jahre älteren Schwester Gisela wohlbehütet, sogar mit Kindermädchen, auf. Im Sommer fuhr man zur Sommerfrische, wie zum Beispiel 1926 nach Bansin an die Ostsee, wo meine früheste Kindheitserinnerung einsetzt. Meine Mutter kaufte dort an einem Strandkiosk täglich einige Bananen, wozu sie mich immer mitnahm. Einmal schickte sie mich alleine dorthin. Ich stapfte also wacker los und – kam nicht wieder. Meine Eltern suchten mich vergebens und fanden mich nicht. Ganz weit weg am einsamen Strand, nur noch als kleiner Punkt erkennbar, lief ich immer weiter in verkehrter Richtung. Mit dem Fernglas identifizierten meine Eltern diesen Punkt und holten mich zurück. Ich kann mich noch gut an dieses Gefühl der Verlassenheit erinnern.

1928 und 1929, als das Leben in Deutschland in einer Scheinblüte allgemein noch florierte und es uns durchaus gut ging, mieteten meine Eltern in St. Gilgen am Wolfgangsee im österreichischen Salzkammergut ein Ferienhaus, zeitweise zusammen mit meinem Onkel Heinrich Rieker aus Tuttlingen und seiner Familie. Er war auch mein Patenonkel. Dort verbrachten wir mit meiner Mutter den ganzen Sommer, mein Vater kam für wenige Wochen dazu. An diese Ferienzeit kann ich mich noch gut erinnern. Dort machte ich meine ersten Schwimmübungen und schwamm mit meiner Mutter, huckepack mich hinten an ihrem Badeanzug festhaltend, weit auf den See hinaus (die praktischen Schwimmflügel für die Oberarme gab es ja damals noch nicht). Auch schöne Wanderungen mit dem Suchen von kleinen wild wachsenden Alpenveilchen sind mir noch gut in Erinnerung.

Anfang der dreißiger Jahre waren solche Ferienreisen nicht mehr möglich, es langte dann nur noch zu Besuchen bei meinem Onkel Heinrich in Tuttlingen. Meine Vettern und Cousinen waren etwa gleich alt wie wir, und wir spielten gut zusammen. Mein Onkel besaß einen für damalige Verhältnisse besonderen Luxus: einen Swimmingpool, für heutige Verhältnisse sehr klein, in seinem Garten. Das war unser besonderer Spaß. Auf schönen Ausflügen in seinem großen Packard, einem offenen amerikanischen Wagen mit Verdeck, lernte ich den nahen Bodensee kennen und lieben und bin später oft dahin zurückgekehrt.

Die Heimreise wurde zu einem Abstecher nach Lindau am Bodensee genutzt. Hier erlebte ich neben dem Luftschiff „Graf Zeppelin", das wir auch schon vorher einmal über Weimar gesehen hatten, nun das legendäre Großflugboot DoX, das von Dornier in Friedrichshafen gebaut worden war. Es hatte sechs Doppelmotoren auf der hoch liegenden Tragfläche mit zwölf Propellern und war das größte Flugzeug damals weltweit. Über 100 Personen konnte es aufnehmen. Durch seinen späteren weltumspannenden Flug wurde es sehr berühmt. Jetzt in Lindau donnerte es einige Male über unsere Köpfe hinweg, was mir einen großen Eindruck hinterließ.

1930 war für mich ein besonderes Jahr: Ich kam in die Schule. In Thüringen gab es schon die den Schulanfang versüßende Sitte (damals noch nicht in ganz Deutschland!), jedem Erstkläßler eine große, unten spitz zulaufende Zuckertüte zu überreichen, die jeder stolz nach Hause trug. Sie war mit allerlei Süßigkeiten und bei mir mit Tierfiguren, die ich damals liebte und sammelte, angefüllt.

In meine erste Klasse ging auch ein gewisser Gotthard Glass, zu dem ich zwar keinen besonderen Kontakt besaß, da er in einer ganz anderen Gegend Weimars wohnte. Auf einem Klassenfoto sind wir beide zu sehen. Sein Vater war Jude und die Ehe seiner Eltern wurde 1936 in beiderseitigem Einvernehmen geschieden. Der Vater, ein Maler und Graphiker, wanderte, infolge der antijüdischen Stimmung durch die Nazis, nach Palästina aus und nahm seinen Sohn Gotthard mit sich. Dort machte dieser viele Jahre später, nunmehr als Uzil Gal, in der israelischen Armee eine stürmische Karriere, gilt als Erfinder der legendären Uzi-Maschinenpistole und gelangte zu großem Ruf. Seine Mutter Maria Glass lebte weiter in Weimar und blieb in brieflicher Verbindung mit ihrem Sohn. Sie war später mit meiner Mutter sehr befreundet. Für mich wurde Maria Glass nach dem Krieg zu einer wichtigen Mittlerin in meinem Leben.

Die sich verschlechternde Lage infolge der schweren Weltwirtschaftskrise brachte auch für uns eine einschneidende Veränderung mit sich. Mein Vater, der ja für das gemeinsame Geschäft verantwortlich war, meldete nicht nur sein Auto ab und legte es still, sondern drang auch darauf, daß die beiden kostspieligen Haushalte – unserer und der von meiner Tante Helene Holz – zusammengelegt wurden. Wir Königs zogen also mit in die viel größere Jugendstilvilla mit Turmerker, die im Nordviertel der Stadt lag. Zusammen mit meiner Tante und ihren beiden Söhnen bildeten wir jetzt eine große Familie. Meine Vettern, Hans, der Ältere, studierte Medizin, und Gert lernte als Gärtner, denn er sollte später einmal die Nelkenkultur übernehmen. Dieser schon lang vorher abgesprochene Familienplan zwischen Holz und König veranlaßte meinen Vater, bereits Ende der zwanziger Jahre eine auf seinen Namen lautende Nelkenkultur in Österreich, in der Nähe von Wien, zu gründen, denn die neuen großblumigen Nelken, die ursprünglich aus Nordamerika nach Deutschland gelangt waren, gab es dort noch nicht. Er leitete diesen Betrieb nebenher, indem er zweimal im Jahr nach Wien fuhr und dort nach dem Rechten sah, Kunden besuchte und weitere Blumengeschäfte für seine Edelnelken gewann. Die gärtnerische Leitung hatte, wie auch in Weimar, ein Obergärtner unter sich.

In Weimar war in einer Ecke des großen Gärtnereigrundstückes ein schöner Garten mit einer gemütlichen Gartenlaube angelegt worden, wo wir oft die Nachmittage verbrachten. Meine ganze Liebe galt jedoch unserem Betriebszimmermann Max Weise, den ich oft in seiner Werkstatt aufsuchte und dort an kleinen Holzwerkstücken bastelte. Er zeigte mir den richtigen Gebrauch von Säge, Hammer und Bohrer und wies mich an, wie man einen krummen Nagel mit der Beißzange wieder herausbekam. Die gärtnerischen Belange interessierten mich damals noch nicht.

Nun ging ich in eine andere Schule, die Sophienschule in Bahnhofsnähe. Ich muß wohl ein guter Schüler gewesen sein, denn in der 3. Klasse wurde ich eines Tages vom Direktor in eine Klasse des 8. Schuljahres gerufen. Was war los? Dort nahm man gerade die Schiffskanäle am Beispiel des Nord-Ostsee-Kanals durch, und keiner meldete sich, warum man einen solchen Kanal baute. Da wurde nun ich als kleiner Kerl gefragt, der vielleicht so etwas schon wissen könnte. Ich antwortete laut: „Damit die Schiffe nicht so einen Umweg fahren müssen." Mit geschwellter Brust ging ich darauf in meine 3. Klasse zurück. Ich muß heute sagen, es war schon ein gewisses Risiko für den Lehrer, ob sein Joker auch seinen Erwartungen entspricht. Aber ich enttäuschte ihn nicht. Der Mann hatte eben Vertrauen.

In dem neuen Wohnviertel begann für mich ein ganz anderes Leben. Ich hatte nunmehr viele Spielkameraden, die in den umliegenden drei- bis viergeschossigen Mietshäusern wohnten – unser Haus war das einzige große Einfamilienhaus dazwischen – und wir trafen uns fast jeden Nachmittag und trieben allerlei Unfug. Oder wir spielten auf einem unbebauten Gelände in der Nähe Fußball. Mehrere von uns hatten Luftgewehre, und wir ballerten damit nach Herzenslust in der Gegend herum und versuchten Spatzen zu schießen, was uns jedoch nur sehr selten gelang. Wenn tatsächlich einmal einer tot zu Boden fiel, gab es ein großes Freudengeheul, und ein Junge brachte den toten Vogel sofort zu seiner Oma, die ihn dann, in kleine Stücke zerhackt, den Hühnern zum Fraß vorwarf.

Damals regte sich kein Mensch über unsere Schießgelüste auf, und niemand fühlte sich in seiner Sicherheit bedroht, denn wir achteten sorgsam darauf, wohin wir schossen. Andere Tiere, etwa Hunde oder Katzen, waren tabu. Auch kannten wir die Singvögel, die wir nicht treffen wollten, ganz genau. Aber der Besitz eines Luftgewehrs gab uns ein Gefühl der Freiheit und steigerte unser Spaßerlebnis. Die heutige Jugend kann sich unser Tun gar nicht mehr vorstellen, würde doch so etwas jetzt zu einem mittleren Aufstand bei den Nachbarn führen, die gleich nach der Polizei rufen.

Sehr beliebt waren bei uns die sogenannten Klingelpartien. An mehreren Mietshäusern, meist in einer anderen Straße, drückten wir alle Wohnungsklingeln auf einmal und rannten dann schnell bis um die nächste Straßenecke. Vorsichtig lauschten wir, sicher hinter einem Haus verborgen, auf den Erfolg unseres Anschlags, und freuten uns diebisch, wenn in allen Stockwerken die Fenster aufgingen und die Leute nach unten sahen. Da sie niemand bemerkten, beugten sie sich noch weiter hinaus und riefen: „Hallo, ist da jemand!" Nun erschallten diese Rufe aus allen Fenstern, bis die Bewohner gegenseitig ihre Stimmen hörten und merkten, daß sie abermals einem üblen Streich aufgesessen waren. Jemand sagte dann: „Das sind sicher wieder die frechen Jungens gewesen!" Das freute uns natürlich, war doch unser „gutes Werk" erneut gelungen. – Zu jener Zeit gab es natürlich noch keine Sprechanlagen an den Hauseingängen wie heute überall.

Fernsehen und Computerspiele waren noch nicht erfunden, aber dafür Vergnügen und Späße, von denen die heutige Jugend nichts mehr weiß. Wir waren in dieser Beziehung sehr erfindungsreich. Fast alles, was wir taten, hatte mit sehr viel Laufen und Bewegung zu tun. So gehörte fast zum täglichen Laufspaß das sogenannte „Lauschecke"-Spielen, wobei wir uns die Lunge aus dem Hals rannten. Der Norden Weimars war ab 1870 in gleichmäßig quadratischen Vierteln geplant und gebaut worden, mit einer Seitenlänge von ca. 100 Metern. Nun mußte sich ein Junge unserer Gruppe an einer Ecke postieren, die anderen standen an der anderen Ecke des Viertels. Auf Kommando „Lauschecke" des einzeln Stehenden rannte dieser in Richtung auf die Gruppe zu, und diese Gruppe, so schnell sie konnte, auf dem rechtwinklig verlaufenden Bürgersteig zur dritten Ecke, um hinter dieser zu verschwinden. Sollte jedoch der Einzelläufer beim Erreichen seines Eckzieles noch einen Jungen jener Gruppe ausmachen und diesen laut verkünden, so mußte dieser daraufhin als Einzelläufer der Schar hinterher rennen. Das taten wir, bis wir keine Luft mehr bekamen. Jede Kindergruppe schafft sich eben die Lust und das Vergnügen, das für die jeweilige Spielwelt ausführbar war und erlebt werden konnte. Ein heutiger Mediziner würde seine helle Freude an unserem Bewegungsdrang und an dem vielen Aufenthalt an der frischen Luft haben, vielleicht außer dem Unfug, den wir trieben, aber der gehörte eben auch zum Spaß.

Zwischen uns gab es keinerlei soziale Unterschiede. So achteten wir gar nicht darauf, ob die eine Hose neu und die andere alt oder mit Flicken besetzt war. Der Begriff von teurer oder billiger „Marke" war damals noch völlig unbekannt, und damit gab es auch keine äußerlichen Rivalitäten. Wir waren eine große Gemeinschaft mit dem Ziel: unseren Spaß zu haben. Ganz im Gegenteil: Ich beneidete die Jungens aus den Familien, die sich nur Margarine aufs Brot leisten konnten, und schaute sehnsüchtig auf jenes große Plakat an den Litfaßsäulen – es war etwa 1932 oder 1933 – mit einem fröhlich strahlenden, etwas strubbeligen Jungen, der gerade in ein dick bestrichenes Margarinebrot beißen will. Weiße Zähne in weiße Margarine und dazu schräg in großer, roter Werbeschrift: „Ah Sanella". Das muß doch etwas Herrliches sein und erst recht gut schmecken! Bei uns gab es leider immer „nur" Butter aufs Brot. Vielleicht ist noch irgendwo dieses Plakat vorhanden, dann würde ich es mir sofort besorgen, und an die Wand hängen, in alter Kindheitserinnerung.

Es ist nun wirklich keine Absicht, hier irgendwelche Schleichwerbung zu treiben. Jene Erwähnung ist auch nicht mit dem Hersteller abgesprochen. Ich kann auch nichts dafür, daß diese Marke heute noch so werbewirksam auf dem Markt ist. Der Hersteller wird sicher selbst erstaunt sein, wenn er diese Zeilen liest – aber als jetzt 84Jähriger bin ich ja genauso berührt, wie lebendig mir heute noch dieses Plakat vor Augen steht und die Gelüste des damals 8- oder 9Jährigen wieder aufleben läßt!

Es gibt jedoch nicht mehr viele Markennamen, die heute noch dieselbe Bedeutung haben, wie vor dem Krieg. Zu nennen ist hier u. a. NIVEA, Persil, 4711 oder ASPIRIN! Die Werbefachleute werden sicher erfreut sein, über solche noch vereinzelt nachhaltige Wirkung ihrer Arbeit zu erfahren.

Und dann taten wir etwas, wofür ich mich heute noch schäme, wenn ich überhaupt nur daran denke. Aber Kinder können manchmal grausam sein. Unser Opfer war ein kleiner, schmächtiger Mann, der auch in der Ernst-Kohl-Straße wohnte. Dieser Unglücksmensch hatte einen seltsam spitz zulaufenden Kopf und in seinem hageren, eingefallenen Gesicht, das immer griesgrämig dreinblickte, saß eine mächtige krumme Nase. Wenn er auftauchte, ging er meist stadteinwärts. Sobald wir ihn – aus sicherer Entfernung – sahen, schrieen wir wie aus einem Mund mit unseren noch hellen, gellenden Stimmen „Spargelkopf mit Hakennase" und rannten dann schnell weg, verschwanden hinter einem Haus, schielten um die Ecke und warteten auf seine Reaktion. Der hilflose Mann blieb stehen, und wir sahen, daß er vor Wut kochte. Nun überlegte er, ob er uns nachrennen oder was er tun sollte. Aber dann gab er auf und setzte resigniert seinen Weg zur Stadt fort. Das trieben wir nicht nur einmal mit ihm.

Heute tut es mir sehr leid, was wir mit ihm gemacht haben. Deshalb möchte ich – wenn ich jemals zu viel Geld kommen sollte – diesen bedauernswerten Mann in Weimar ein Bronzedenkmal setzen, mit der Inschrift am Steinsockel: „Spargelkopf mit Hakennase" und darunter „Zum Gedenken an eine geschundene Seele"! Natürlich nur, wenn die Stadt damit einverstanden ist.

In jener Zeit bauten wir kleine Rennwagen – heute Seifenkisten-Autos genannt –, wobei wir uns alle notwendigen Teile dazu auf Schrottplätzen, Abraumgruben und Schutthalden zusammensuchten. Wichtig war zunächst, daß wir einen alten Kinderwagen oder ein „Fahrgestell" fanden, wo noch Räder und Achsen dazu vorhanden waren. Dann bildete ein Brett den Unterboden, daran befestigten wir die Achsen, wobei die Vorderachse schon beweglich und lenkbar mit Lenkrad ausgebildet war. Als Aufbauten verwendeten wir gebogene Bleche, und für ein rassiges Aussehen sorgten vereinzelt sogar alte, gebogene Aluminium-Staubsaugerschläuche, die wir am Vorderteil anbrachten, um so einen Kompressorantrieb vorzutäuschen. Wir hatten eine solche Routine im Bau solcher Gefährte, daß wir sogar welche verkauften. Unsere „Produktion" war einzig durch die knappe Zahl von alten Kinderwagengestellen begrenzt. Selbst wenn ich heute noch irgendwo einen alten Kinderwagen komplett mit den Rädern sehe – womöglich noch mit Luftbereifung – steigt in mir das Gefühl von damals auf, jetzt wieder einen weiteren Wagen bauen zu können. Natürlich veranstalteten wir auf der langen Gefällstrecke der Ettersburger Straße unsere Rennen mit der Absicht, einen Sieger zu ermitteln. Einmal hätte es schlimm ausgehen können, und einer von uns wäre beinahe an einen Baum gefahren. Schutzhelme waren noch unbekannt.

Vermutlich wären wir mit unseren zusammengenagelten Konstruktionen nicht durch den heutigen TÜV gekommen!

***

Seit Anfang 1931 waren wir, das heißt, die Familien Holz und König, mit dem Kunstmaler Prof. Hugo Gugg und seiner großen Familie befreundet. Es verging keine Woche, in der wir nicht zusammenkamen, meist bei ihm in seinem Atelier in Oberweimar. Er war noch ganz dem Stil des Klassizismus und der Romantik verbunden und malte in der Weise von Caspar David Friedrich oder wie die italienischen und deutschen Landschaftsmaler des 18. Jahrhunderts. Seine Stärke war die ungeheure Tiefenwirkung seiner Bilder. Als Professor an der Kunsthochschule Weimar leitete er eine eigene Malklasse und brachte seinen Schülern erst einmal das notwendige Grundhandwerk jeglichen künstlerischen Malens und Zeichnens bei, bevor diese dann ihren eigenen Stil suchen konnten. Zu den gleichzeitig lehrenden Bauhauskünstlern (Klee, Kandinsky, Feininger usw.) bestand zwar ein gutes kollegiales Verhältnis, aber die Kunstauffassungen der beiden Richtungen gingen doch weit auseinander. Bei Hugo Gugg gab es jedoch keinen Übergang in die Moderne oder zu den Impressionisten.

Seine Kenntnisse und sein Vermögen, sein Wissen zu vermitteln, waren außerordentlich, und so gestalteten sich die Abende bei ihm zu den fruchtbarsten Vorträgen und Unterweisungen. Es wurden neben künstlerischen Fragen auch dichterische Themen und viel von Philosophen wie Kierkegaard (bei diesem Namen muß ich noch immer an seine Ausführungen denken) behandelt. So wurde ich schon als kleiner Kerl nachhaltig von ihm geprägt und zum Kunstverständnis hingeführt, auch wenn ich davon noch nicht viel verstand.

In der warmen Jahreszeit machten die drei Familien, dazu meist noch einige seiner Studenten – wir waren oft 15 bis 20 Personen – an den Sonntagen lange Ausflüge in die Umgebung Weimars, meist in das schöne Ilmtal. Da brachte er uns bei, wie man eine Landschaft am wirkungsvollsten betrachten muß, nämlich tief gebeugt und mit dem Kopf seitlich nach unten und dem Blick nach vorn. Dann sind die Farben viel leuchtender, da die Augen stärker durchblutet werden. Man muß sich vorstellen, eine Gruppe erwachsener Menschen, von mir und meiner Schwester abgesehen, steht da mit tief seitlich gebeugtem Körper und blickt krampfhaft geradeaus. Wenn uns da jemand gesehen hätte, der wird gedacht haben, es mit einer Herde Verrückter zu tun zu haben.

Meine erste Anschaffung von meinen selbstgesparten Geld, etwa 30 Reichsmark, war folgerichtig auch ein Bild. Aber nicht vom Meister selbst – das hätte ich mir nicht leisten können –, sondern von seinem Sohn Camill, der auch bei seinem Vater lernte und ganz dem Stil von ihm nachzueifern suchte. Es ist eine kleine „Thüringer Landschaft". Sicher ist ihm sein Vater dabei noch sehr zur Hand gegangen.

Sie ist noch heute mein ganzer Stolz, habe ich doch schon als Elfjähriger damit den Anfang zu meiner heutigen kleinen Bildersammlung gelegt.

Als wir später im Geschichtsunterricht im Gymnasium anfingen, die Renaissance-Zeit zu behandeln, fragte uns der Geschichtslehrer auf gut Glück: „Damals gab es in Italien einen großen Maler, ein Genie, der neben seinen Bildern und Entwürfen sogar schon Flugapparate, gepanzerte Kampfwagen, die verschiedensten Maschinen und den Fallschirm konstruiert hat, weiß jemand, wer das war?"

Ah! Das hatte ich vom Meister Gugg bereits mehrfach gehört und viele Zeichnungen in einem Kunstband gesehen. Ich meldete mich und sagte: „Leonardo da Vinci", was mir eine „Eins" in seinem Notizbuch einbrachte.

1935 entwickelte sich aus unserer Freundschaft sogar eine verwandtschaftliche Beziehung, indem mein Vetter Gert Holz seine jüngste Tochter Esther heiratete, die erst im November 2006 starb.

Dann gingen seine Söhne alle außer Haus, die Töchter waren verheiratet, mein Vetter Gert zog mit seiner jungen Frau nach Süddeutschland. So kühlte unsere Freundschaft nach und nach etwas ab und wir lernten 1941 einen anderen bedeutenden Maler kennen, der einen ganz anderen Stil, den „Expressiven Realismus" vertrat: nämlich Alexander von Szpinger. Er war der letzte Vertreter der Weimarer Malschule und vor dem Ersten Weltkrieg Schüler von Christian Rohlfs. Seine sehr pastos gemalten Bilder wurden später gerade noch so von den Nazis geduldet, um nicht als „entartete Kunst" verdammt zu werden. Uns verband bald eine enge Freundschaft, und als alleinstehender Witwer war er sehr oft an Sonntagen unser Gast. So ergänzten sich auch meine Sichtweisen und ich bekam einen umfassenderen Eindruck der Malerei. Zu den ganz extremen und abstrakten Kunstrichtungen, wie sie heute allgemein in Mode sind, besonders zu den bizarren Installationen, Stein- und Schrotthaufen, habe ich jedoch keinen Zugang gefunden und bemühe mich auch nicht, diesen Ausdrucksformen etwas abzugewinnen. Bis zu Kandinsky gehe ich mit.

***

In diesem Jahre, es war wohl 1932 oder 1933, wollte meine Mutter etwas für ihre Gesundheit und zur Auffrischung ihres Wohlbefindens tun. Sie unternahm mit ihrer Freundin eine „Wellness-Kur", wie wir heute sagen würden, in einer vor dem Krieg in ganz Deutschland bekannten, damals sehr modernen Einrichtung, die man mit den Worten „Zurück zur Natur" bezeichnen könnte. Die beiden besuchten eine Kuranstalt für Naturheilverfahren namens „Jungborn" bei Bad Harzburg im Harz, geleitet von einem August Just. Der ließ seine Kur-Gäste den Tag über völlig nackt im Park spazieren, natürlich streng nach Weiblein und Männlein getrennt. Wenn sich irgend so ein armer Mann – mit oder ohne Absicht – in den Frauenbezirk verirrt hatte, scholl der entsetzte Ruf der Frauen: „Männer im Park" durch die Gegend, bis dieser vor lauter Schreck das streng getrennte Areal wieder verlassen hatte. Zur Ernährung gab es nur rein vegetarische Kost mit viel Rohkost, Müsli, Obstsäften, Getreideprodukten, und besonders der von ihm entwickelten Luvos-Heilerde, ein fein gemahlenes Lößpulver (heute noch in jeder Apotheke erhältlich).

Nach ihrer Heimkehr brachen für uns furchtbare Zeiten an, denn unsere Mutter war von der betont natürlichen Lebensweise so eingenommen, daß es bei ihr zu einem wahren vegetarischen Fimmel ausgeartet war. Sie meinte nun, in unserem Haus alles umstellen zu müssen. Ich wundere mich heute noch, daß sich mein armer Vater dies alles gefallen ließ.

Das Schrecklichste für uns Kinder bestand darin, daß wir jeden Morgen und Abend einen großen Eßlöffel voll Heilerde schlukken mußten. Wir würgten das trockene Zeug unter Todesverachtung herunter. Aber unsere Mutter war unerbittlich, obwohl wir doch kerngesund waren. Geschadet hat es uns jedenfalls nichts. Ja, vielleicht bin ich deshalb so alt geworden! – Zu dieser Zeit lernte ich, was Tapferkeit bedeutet!

Als mein Geburtstag kam, hatte mein Vetter Hans Holz ein Einsehen mit mir armen Jungen. Er nahm mich am Arm und wir gingen zum Fleischermeister Gerlach. Sein Ladengeschäft lag gleich schräg gegenüber, und seine Söhne Gerhard und Sigi gehörten auch zu unserer Jugendbande. Dort kaufte er mir eine Thüringer Leberwurst und noch andere schöne Sachen, die ich solange vermissen mußte. An diesem Tag drückte meine Mutter ein Auge zu.

**

Sehr bewußt erlebte ich, noch nicht zehnjährig, im Januar 1933 die Machtübernahme durch Adolf Hitler, die ganz legal auf demokratische Weise zustande kam. Ich befand mich gerade auf dem Eisplatz mit Kameraden beim Schlittschuhlaufen, als sich die Nachricht wie ein Lauffeuer herumsprach. Nach dem wirtschaftlichen Zusammenbruch, der hohen Zahl von sechs Millionen Arbeitslosen, der allgemeinen Not und den vielen Wechseln verschiedenster Regierungen, die bis auf Brüning unfähig und schwach waren und überhaupt kein Konzept hatten, hofften alle auf eine Wende und auf eine Besserung der Lage. Mein Vater und besonders auch meine beiden schon erwachsenen Vettern meinten, daß es nun aufwärts ginge. Eine allgemeine Aufbruchsstimmung erfaßte das ganze Volk. Jeder hoffte auf ein baldiges Ende der Not. Man wollte arbeiten, und keiner begnügte sich mit den staatlichen Almosen, sprich Unterstützung. Man glaubte wieder an die Zukunft.

Fast niemand durchschaute damals die wahren Absichten dieses Volksverführers. Man erkannte noch nicht die verhängnisvolle Tragweite jenes Ermächtigungsgesetzes, das im März 1933 im Reichstag von der überwiegenden Mehrheit der Abgeordneten ohne Zwang angenommen worden war, nur SPD und KPD stimmten dagegen. Dieser Freibrief für alle nachfolgenden Taten Hitlers war zu jenem Zeitpunkt den meisten Deutschen noch nicht bewußt gewesen. Hitler folgte in diesem ersten Stadium seinem großen Vorbild, dem faschistischen Diktator Benito Mussolini in Italien, der sich nach seinem Machtantritt 1922 ebenso unbegrenzte Vollmachten vom italienischen Parlament übertragen ließ. In Deutschland setzten nach den März-Gesetzen die ersten Verhaftungen besonders von KPD- und SPD-Mitgliedern ein, die jedoch in einer kleinen Stadt wie Weimar kaum wahrgenommen wurden.

Man muß auch bedenken, daß der Versailler Vertrag von 1919 wie eine nationale Schmach und wie ein großes Unrecht auf den durchweg patriotisch denkenden Deutschen lastete und die ungeheuren Reparationsforderungen das Volk und besonders die Wirtschaft zu Boden drückte. Dies haben wir Jugendlichen besonders empfunden, und so wirkte der Wunsch nach nationalem Aufbruch in uns, den Hitler geschickt für sich ausnutzte. Es galt aber nicht die Formel: Nationale Gesinnung bedeutet gleich Hitler-Anhänger zu sein.

Die Helden des Ersten Weltkrieges, wie der Jagdflieger Manfred von Richthofen und viele U-Boot-Kommandanten, oder die großen Heerführer wie Hindenburg, der Retter Ostpreußens, waren unsere Vorbilder, und wir verschlangen die Bücher über jene Kriegsjahre mit ihren aufregenden und doch so schmerzlichen Geschehnissen.

Uns war schon klar, daß Deutschland 1918 eine militärische Niederlage erlitten hatte, und die damals kursierende Dolchstoßlegende fand bei uns keine Anhänger. Aber wir konnten nicht einsehen, daß Deutschland allein für diesen Krieg so furchtbar büßen und leiden mußte. Dies war die Folge des unerbittlichen Hasses, der den französischen Ministerpräsidenten Georges Clemenceau antrieb, Deutschland in den tiefsten Abgrund zu stürzen und ihm alle Schuld für diesen Krieg aufzuladen. Der vom amerikanischen Präsidenten Wilson ausgearbeitete 14-Punkte-Plan, der einen relativ gemäßigten und gerechten Friedensvertrag auf der Grundlage des Selbstbestimmungsrechts der Völker vorsah, wurde von Clemenceau, dem Vorsitzenden der Friedenskonferenz, vom Tisch gewischt. Viele Großmächte hatten auf diesen Krieg hingearbeitet und jedes Land war im voraus von seinem schnellen Sieg überzeugt gewesen. Jene Länder, und dies besonders auch Frankreich in seinem Revanche-Bestreben, trugen genauso zum Ausbruch dieser dann so großen Völkerkatastrophe bei.

Man hatte in Frankreich nach dem verlorenen Krieg 1871 nicht begriffen und wollte dies auch nicht einsehen, daß die Wegnahme von Elsaß-Lothringen kein unrechtmäßiger Raub von französischem Gebiet war, sondern die Rückführung einer ehemals urdeutschen Region mit vornehmlich deutscher Bevölkerung. Dieses Land zwischen den Deutschen und den Franzosen kam bei der endgültigen Aufteilung des Reiches von Karl dem Großen schon in jenem Vertrag von Mersen 870 zu den deutschen Landen und hatte später Jahrhunderte lang unangefochten zum „Heiligen Römischen Reich Deutscher Nation" gehört. Erst der ruhmgierige französische König Ludwig der XIV ist im Jahr 1681 in jenen westlichsten Teil Deutschlands eingefallen, und hat Elsaß-Lothringen okkupiert. Es wurde damals von Frankreich völlig widerrechtlich von Deutschland abgetrennt und annektiert. Leider war der damalige deutsche Kaiser zu schwach, um Ludwig XIV. wieder aus dem Land zu vertreiben.

Der deutsche Kaiser Wilhelm II., in seinem übersteigerten militaristischen Machtrausch, ist dann am 1. August 1914 so tölpelhaft und voreilig, gedrängt von seinen Generälen wegen strategischer und taktischer Vorteile willen, in den Krieg eingetreten. Er konnte nicht abwarten, bis Frankreich aufgrund seiner Bündnisverpflichtungen an Deutschland den Krieg erklärt hätte. Man muß auch bedenken, daß Deutschland von allen Seiten von feindlich gesinnten Bündnissen umringt war. Das löste irrationale Befürchtungen aus, die Ende Juli 1914 zu einem katastrophalen Befreiungsschlag führten. Die deutschen Generäle erlagen ihrer eigenen negativen Meinung über die Lage und drängten in Überschätzung der eigenen militärischen Stärke Kaiser Wilhelm II., am 1. August 1914 an Frankreich den Krieg zu erklären. Auch nüchterne Militärs sind zu solchen emotionalen Entscheidungen fähig.

Der Hauptkrisenherd Anfang 1914 lag auf dem Balkan, wo Serbien unbedingt eine Großmacht werden wollte. Dann fielen die Schüsse von Sarajewo mit der Ermordung des österreichischen Thronfolgers. Der vom deutschen Kaiser schon 1909 eingesetzte Reichskanzler von Bethmann-Hollweg hatte sich bis zuletzt um einen Ausgleich und um Mäßigung bemüht und noch Ende Juli 1914 zur Annahme der von England vorgeschlagenen Krisenkonferenz geraten. Aber vergebens, die Dinge waren schon zu weit gediehen. Die erste Kriegserklärung erging von Österreich-Ungarn an Serbien, und daraufhin fielen alle anderen Staaten wie umstürzende Dominosteine aufgrund der gegenseitigen Bündnispakte in das Kriegsgeschehen ein.

Noch am 30. Juli 1914 bekam es Wilhelm II. mit der Angst zu tun, als ahnte er schon das kommende Unheil. Er telegraphierte an seinen Vetter, den Zaren Nikolaus II. nach St. Petersburg: „Nikki, nimm deine Mobilmachung zurück!" Dieser antwortete sogleich: „Zu spät, ich kann nichts mehr machen!" Darauf setzte bei Wilhelm II. schon bald ein Stimmungsumschwung ein und er verfiel in schwere Depressionen Ein vermeintlicher Kriegstreiber verhält sich anders. Die Machtgelüste, eigentlich eine persönliche Rivalität zu seinem Onkel, dem englischen König Edward VII. – er war der Bruder seiner Mutter – und nach dessen Tod 1910 zu seinem Vetter Georg IV., waren ihm vergangen. Unter diesem Gesichtspunkt ist auch das wahnwitzige Flottenbauprogramm Wilhelm II. Anfang des 20. Jahrhunderts zu verstehen, denn zur See drohte Deutschland damals von keiner Seite eine Gefahr. England hatte seit dem Mittelalter nie die Absicht, auf dem europäischen Kontinent wieder Fuß zu fassen.

Wer sich über die Situation und die Hintergründe, die zum Ausbruch des Ersten Weltkrieges führten, genau und umfassend informieren will, nehme sich das sehr kenntnisreich und objektiv geschriebene Buch des englischen Historikers Hew Strachan, Professor für Militärgeschichte an der Universität Oxford, zur Hand. Er gibt in seinem Werk „Der Erste Weltkrieg" ein allumfassendes Bild der damaligen Lage. In Deutschland bestimmen leider immer noch die abstrusesten Meinungen, auch von Historikern, das Bild über die Kriegsschuld Deutschlands an dieser Völkerkatastrophe.

In unserer Schule wurde jeden Montag bei der gemeinsamen Zusammenkunft in der Aula zum Wochenbeginn als Präambel der Satz aus dem Versailler Vertrag verlesen: „Die alliierten und assoziierten Mächte erklären und Deutschland erkennt an, daß Deutschland allein am Kriege schuld ist", und dazu: „Wer behauptet, Deutschland sei allein am Krieg schuld, lügt. Diese Lüge ist die Wurzel unserer Not." Frankreich hatte dem Friedensvertrag seinen Stempel aufgedrückt. England, die USA und die anderen

Länder gaben klein bei bzw. wollten auch ihr Stück von dem Sie-
geskuchen haben.

***

1934 wechselte ich auf das humanistische Gymnasium über, das
den Namen nach seinem Gründer Herzog Wilhelm Ernst von
Sachsen-Weimar (1662–1728) führte. Dieser Landesfürst war für
seine Zeit des verschwenderischen Absolutismus in Europa eine
Ausnahmeerscheinung, vergleichbar nur mit seinem zur gleichen
Zeit regierenden etwas jüngeren Herrscherkollegen, dem König
Friedrich Wilhelm I von Preußen (1688–1740), dem Vater Friedrich des Großen. Beide Landesherren hatten vornehmlich das
Wohl ihrer Länder im Sinn und förderten Landwirtschaft, Ge-
werbe, Bergbau, Gelehrsamkeit und Kultur. Der Friede war beiden wichtiger, als sich in die Händel der Zeit einzulassen. Beide
waren sehr sparsam und hinterließen ihren Nachfolgern jeweils
einen wohlgefüllten Staatssäckel. Die Gründung des Gymnasiums und die besondere Förderung seiner Universität in Jena gehörten mit zu den herausragenden Taten der Regentschaft von
Herzog Wilhelm-Ernst.

Er war jedoch ein sehr energischer und strenger Landesfürst, re-
gierte fast despotisch und eigenwillig, und verlangte unbedingten
Gehorsam von seinen Untertanen. So ist auch sein Streit mit
seinem jungen Hofmusikus Johann Sebastian Bach zu verstehen,
den er wegen Unbotmäßigkeit 1717 für vier Wochen im Stadt-
gefängnis einsperrte. Dies war ungewollt vielleicht eine seiner
besten Handlungen, denn die hatte zur Folge, daß J. S. Bach
Weimar endgültig den Rücken kehrte und nun als Kapellmeister
in die Dienste des kleinen Fürsten Leopold von Anhalt-Köthen
trat, wo er ein kleines Orchester leitete und viel mehr musikali-
sche Möglichkeiten hatte. Dort schuf er jene Kompositionen, die
zu den schönsten und reifsten Schöpfungen der Weltmusiklite-

ratur zählen: seine Soli- und Orchesterkonzerte, besonders sein Doppelkonzert für zwei Violinen in d-moll und seine Brandenburgischen Konzerte, die jener Markgraf von Brandenburg bei ihm bestellt hatte.

Unsere Schule war eher konservativ und in keiner Weise eine nationalsozialistische Erziehungsstätte.

Wir hatten nur einen ausgesprochenen Nazi als Lehrer, der immer in der braunen Uniform eines Ortsgruppenleiters deutlich sichtbar in der Schule seine stramme Gesinnung demonstrierte und versuchte, bei uns mit seinen Nazi-Doktrinen und Parolen durchzudringen. Er war nicht beliebt bei uns, denn wir waren für solche betonten Eintrichterungen von oben wenig aufgeschlossen. Besonders in den letzten Schuljahren, die schon in die Kriegsjahre fielen, hatten wir, das heißt, meine Klassenkameraden und ich, das *Denken* gelernt, und wir waren keine freudig mitmachenden Hitlerjungen mehr oder Nazi-Gläubige mit ständig erhobenem Arm. Und Judenverachtung oder Haß war bei uns überhaupt kein Thema.

Es gab in dieser Zeit natürlich Geschehnisse, die uns in Begeisterung mitrissen, wie die Olympischen Spiele in Berlin 1936 (schon lange vor Hitler an Deutschland vergeben!), bei der Deutschland die meisten Gold- und Silbermedaillen davontrug. Mit genauso großem Jubel verfolgten wir aber auch die fantastischen Leistungen des schwarzen Weltklasse-Athleten Jesse Owens aus Amerika, der als Leichtathlet vier Goldmedaillen errang (100 m in 10,2 sec. – damals Weltrekord, 200-Meter-Lauf, Weitsprung und Staffellauf). Er wurde für uns zu einem sportlichen Idol schlechthin. In den USA sind später seine Sterne, sprich Goldmedaillen, schnell verblaßt, denn er war ja ein Schwarzer. Wie ist schon bei Schiller nachzulesen: „Der Mohr hat seine Schuldigkeit getan, der Mohr kann gehen."

Hitler hat hier der ganzen Welt ein friedliches Bild von einem schönen und sauberen Deutschland vorgegaukelt, in dem Ordnung herrscht und die Menschen hoffnungsvoll und glücklich sind.

Das Ausland hat es auch zu gerne abgenommen.

Außer Olympia waren es andere große Sportereignisse, wie Max Schmelings K.-o.-Sieg über Joe Louis. Viele standen früh um 4 Uhr auf, um die Radioübertragung aus den USA zu hören. Gebannt verfolgten wir, wie die Menschen heute, die großen Autorennen im Radio – Fernsehen gab es ja noch nicht – und den ewigen Zweikampf der beiden großen Rivalen. Rudolf Caracciola (ein Berliner!) im Silberpfeil von Mercedes Benz und Bernd Rosemeyer, der den Rennwagen der Auto-Union steuerte (Zusammenschluß der Firmen Horch, Audi, DKW und Wanderer, mit dem Symbol der vier Ringe, die Audi auch heute noch als Markenzeichen trägt), dazu der Italiener Tazzio Nuvolari auf einem Alfa-Romeo. Es waren dies die Schuhmachers, Alonsos, Coultharts, Raikkönens von heute. Ich war Fan von Caracciola und Mercedes. Man mußte damals schon Tage danach ins Kino gehen und dort die Wochenschau, die jedem Spielfilm vorausgezeigt wurde, ansehen, um den Rennverlauf im Bild verfolgen zu können. Das galt auch für alle anderen Ereignisse und Veranstaltungen, und das tat ich auch reichlich, oft zweimal in der Woche.

Fußball spielte bei uns, abgesehen von unserem unbedeutenden Schulsport, keine Rolle, und darüber wurde bei uns Jugendlichen auch nicht diskutiert. Ich weiß nicht einmal, ob es damals schon eine „Reichsliga", entsprechend unserer heutigen Bundesliga, gab.

Zurück zum Herbst 1934. Damals unternahmen wir mit unserer Klasse, geführt von einem Lehrer, eine einwöchige Wanderung im Thüringerwald und hier besonders durch das schöne Schwarzatal. Der letzte Tag endete für mich sehr dramatisch: Mein rechtes Knie schmerzte schon eine Zeitlang und schwoll sehr stark an. Nur mühsam konnte ich mich zur Bahnstation für unsere Heimreise schleppen. Nachtragen muß ich noch, daß ich ca. zwei Wochen davor in der Schule im Turnunterricht auf dieses Knie schwer gestürzt war. Zudem hatte ich eine alte, offene Wunde am Knie, wie schon öfter, die nicht besonders gepflegt wurde und still vor sich hin eiterte. Ein paar Tage nach dem Sturz tat das Knie wohl noch etwas weh, aber als Junge hat man da nicht weiter darauf geachtet. Dann war es wieder gut. Und so trat ich bedenkenlos die Schulwanderung an.

In Weimar angekommen, kam ich nur mit Mühe und Not nach Hause. Meine Eltern riefen gleich den Arzt, einen Kinderarzt, an, der mich sonst behandelte, wenn ich einmal krank war. Der kam, sah das feuerrote, dick geschwollene, heiße Knie und das Fieber und sagte zu meinen Eltern, sie sollten gleich einen Chirurgen rufen. Am selben Abend traf noch der Oberarzt des Sophien-Krankenhauses Weimar, Dr. med. Fritz Daumann, ein und erkannte sofort, daß es sich hier um einen ganz schlimmen Fall, nämlich um eine Kniegelenkvereiterung, handelte. Er wies mich gleich in das Krankenhaus ein. Vor dem Weggang sagte er noch zu meinen Eltern, sie müßten damit rechnen, daß ich ein steifes Knie bekäme. Eine solche Kniegelenkvereiterung hatte bisher zwangsläufig zu einer völligen Versteifung des Beines geführt. Es gäbe jetzt zwar eine neue Medikamentengruppe (Sulfonamide), womit er versuchen wollte, das Knie zu retten. Das wäre aber in einem solchen Falle noch nicht erprobt worden und es lägen auch keine Erkenntnisse vor.

Ich wurde jetzt täglich punktiert und das Gelenk mit einer gelben klaren Flüssigkeit ausgespült. Dabei konnte ich selbst beobachten, wie die anfangs klare gelbe Lösung beim Herausziehen mit Eiterschwaden durchsetzt war. Dies wurde vier bis fünf Wochen lang jeden Tag wiederholt, bis sich die Flüssigkeit sauber und rückstandsfrei darstellte. Die Behandlung hatte Erfolg, das Kniegelenk wurde zwar etwas deformiert und die Gelenkkapsel von einer Arthrose schwer angegriffen, aber das Knie blieb be-

weglich. Beim Beugen rasselte es zwar, als ob Kieselsteine drin
wären, aber ich konnte wieder gut und schmerzfrei laufen. Natürlich mußte ich mich vor Strapazen hüten und sollte keine an-
strengenden Gebirgswanderungen (was ich viel später vereinzelt
doch tat) oder ähnliche Unternehmungen mehr riskieren, aber
das war zu ertragen. Ich machte mir sogar einen Spaß daraus, anderen Leuten das Gruseln beizubringen, indem ich sie, wenn wir
in einer Runde zusammen saßen, aufforderte, doch ihre Hand auf
mein Knie zu legen. Dieses beugte ich dann kräftig hin und her,
und wenn es daraufhin kräftig darin knirschte, dann erschraken
alle und zogen die Hand schnell wieder weg, als ob ihnen etwas
Schreckliches widerfahren sei. Ich lachte dabei. Erstaunlicher-
weise hat dann dieses lädierte Knie alle Stürme des Lebens wak-
ker mitgemacht und brav bis zu meinem 77. Lebensjahr durchgehalten. Dann war die Verschleißgrenze überschritten. Ich ging
zu einem Orthopäden, ließ mich untersuchen und beraten. Der
meinte, es wäre ja überhaupt kein Gelenkknorpel mehr vorhanden. Darauf wurde ich im Jahr 2001 operiert und erhielt ein neues Kniegelenk (Total-Endo-Prothese).

***

1935 hatten meine Eltern vor, den schon lang geplanten Umzug
nach Österreich im Sommer des gleichen Jahres in einen Vorort
von Wien auszuführen, um die dortige Nelkenkultur zu übernehmen. In Mödling war sogar schon eine Wohnung angemietet
worden. Dadurch sollte die Trennung der beiden Familien König
und Holz eingeleitet werden. Der eine Sohn der Familie Holz,
Gert, hatte inzwischen seine Ausbildung beendet und den Gartenmeister gemacht. Dieser sollte dann, obwohl erst 23 Jahre alt,
den Weimarer Betrieb für seine Mutter leiten.
Mein Vater litt damals an einem großen Blasenstein, und so wollte er noch vor dem Umzug in der Weimarer Sophienhaus-Klinik

den Stein herausoperieren lassen. Mitte Mai fand die Operation statt, ausgeführt vom Chefarzt. Sie verlief anfangs gut, so daß mein Vater am Samstag, dem 25.5., an der Hochzeit von Gert Holz mit Esther Gugg in Weimar teilnehmen wollte. Der Polterabend am Freitag bei uns in der Kohlstraße verlief für ihn noch ohne Komplikationen, doch dann setzten an jenem Sonnabend, dem Tag der Hochzeit, gleich frühmorgens starke Schmerzen ein, die ihn sofort wieder ins Krankenhaus zurückkehren ließen. Es hatte sich eine schwere Bauchfellvereiterung mit Darmverschluß gebildet, die ihm furchtbare Schmerzen bereiteten, so daß er am Mittwoch, dem 29.5.1935, verstarb, erst 49 Jahre alt. Sein Tod muß anscheinend die Folge dieses Eingriffes gewesen sein, dabei gehört die Entfernung eines Blasensteines noch zu den einfachen Operationen.

Wie wir viel später den Krankheitsverlauf und den Tod meines Vaters mit einem befreundeten Arzt eingehend besprachen, äußerte dieser die Meinung, sein Tod kann auch eine Folge seiner im Ersten Weltkrieg erlittenen Beinverletzung (Granatsplitter) sein, da sich damals sein Heilungsprozeß wegen eitriger Gasphlegmone an seiner Wunde sehr langwierig gestaltete. Man wollte ihm sogar zuerst das Bein amputieren. Bei einem geschwächten Körper könnten die damaligen Krankheitskeime wieder aktiv geworden sein, so daß es dadurch zu seinem frühzeitigen Tode kam.

Nun waren alle Pläne zusammengestürzt, und an einen Umzug war nicht mehr zu denken. Meine Mutter hat erst sehr unter diesem Verlust gelitten, meine Eltern waren zu diesem Zeitpunkt gerade 18 Jahre verheiratet gewesen. Ich war damals noch nicht zwölf, meine Schwester 15 Jahre alt, und wir beide hatten sehr an unserem Vater gehangen.

Nach zwei Monaten kam der nächste Schicksalsschlag für meine Mutter. Ihr ältester Bruder Ernst Rieker in Tuttlingen war bei einem wahnwitzigen Unfall ums Leben gekommen: Er ertrank in der Badewanne, geschehen an einem Sonntagmorgen. Seine Frau besuchte gerade die Tochter in Norddeutschland, die nach einem schweren Skiunfall in dem bekannten Sportsanatorium Hohenlychen bei Berlin lag, und sein Sohn Kurt befand sich auf einem Ausflug in der Schweiz. Das alte vertraute Hausmädchen war in der Kirche, kam gegen 11 Uhr nach Hause und wunderte sich, daß ihr Herr noch nicht gefrühstückt hatte. Als sie nachschaute, blickte sie auch ins Bad hinein und entdeckte mit Schrecken beide Füße, die oben über den Wannenrand herausragten. Darauf sah sie den schon toten Körper in der randvollen Wanne. Sämtliche Wiederbelebungsversuche blieben ohne Erfolg. Da mein Onkel schon früher eine sehr hohe Lebensversicherung abgeschlossen hatte, mit der Zusatzklausel einer doppelten Zahlung bei Unfalltod, hatte die Versicherungsgesellschaft das größte Interesse daran, eine natürliche Todesursache, wie etwa einen Schlaganfall oder ein plötzliches Herzversagen, festzustellen. Der Leichnam wurde zur Obduktion in die Universitätsklinik nach Tübingen gebracht und man konnte trotz langer Untersuchung keinen natürlichen Todesbefund ausmachen. Es muß also ein Unfall gewesen sein, obwohl man auch keine Spur einer Prellung oder einer Rötung nach einem eventuellen Aufschlag bei einem Sturz feststellen konnte. Selbstmord schied aus, denn er war ein guter Schwimmer und hatte keine Sorgen. Auch für die Versicherung war das Ergebnis eindeutig. Dies alles bedeutete ein ungeheures Ereignis bei einer so prominenten Persönlichkeit in Tuttlingen.

Nach einem halben Jahr regten sich die Lebensgeister bei meiner Mutter wieder. Zudem lief es in der Nelkenkultur nicht so problemlos, wie vorher geplant. So entschloß sich meine Mutter, die Leitung des Geschäftes selbst zu übernehmen. Es kam zwischen den beiden Schwestern Rosel König und Helene Holz zu der Vereinbarung, daß mein Vetter Gert erst noch einige Jahre in einem fremden Betrieb Erfahrungen sammeln sollte, bis er dann endgültig die Weimarer Firma übernehmen könnte, längstens nach Abschluß meines Gymnasiums-Besuches. Mein Vetter nahm eine Stelle bei einem Verwandten in Süddeutschland an, der auch eine Nelkenkultur betrieb, und ist dann gleich zu Beginn des Krieges 1939 zur Wehrmacht eingezogen worden. Noch waren beide Betriebe, Weimar und Wien, nicht getrennt und gehörten nach wie vor zusammen.

Meine Mutter traf eine weitere Entscheidung. Der tägliche Weg in die Nelkenkultur war ihr zu weit und zu umständlich. Radfahren konnte sie nicht und hat es in ihrem Leben auch nie gelernt, geschweige denn versucht. Darüber haben wir Kinder, meine Schwester und ich, öfter gelästert. Sie war eigentlich eine sehr sportliche Frau und gehörte schon in den Jahren vor dem Ersten Weltkrieg zu den ersten Skiläuferinnen in Tuttlingen. Sie erzählte von dieser Zeit, daß sie und ihre weiblichen Mitläuferinnen zunächst mit Röcken aus der Stadt herausliefen und sich erst draußen vor der Stadt trauten, in ihre Skihosen zu schlüpfen. Frauen in Hosen waren damals unmöglich! In diesen Jahren hatte sie auch an Skikursen des bekanntesten Skilehrers vor dem Krieg, des österreichischen Obersten Bilgeri, in St. Anton teilgenommen. Ihre Brüder waren ebenso begeisterte Skiläufer, und entwickelten schon vor dem Ersten Weltkrieg den berühmten Rieker-Skistiefel, der bis in die Zeit nach dem Zweiten Weltkrieg seine absolute Vormachtstellung behielt.

In Weimar strebte sie nun nach einer Wohnung, die im Betriebsgelände lag, und so wollte sie mit Hilfe der inzwischen ausgezahlten Lebensversicherung meines Vaters das Büro- und Werkstattgebäude um einen Stock erhöhen und dort die Wohnung für sich und uns Kinder ausbauen. Von dieser erhöhten Stelle hatte man einen fantastisch freien Blick über die Gewächshäuser hinweg auf Weimar und die gegenüberliegenden Höhen bis nach Belvedere und Gelmeroda, mit dem durch den Maler Lionel Feininger bekannten spitzen Kirchturm. Es wurde eine große Wohnung, in die wir Ende 1936 eingezogen sind.

Sie machte einen kaufmännischen Schnellkursus in Buchführung, Maschinenschreiben und Kundenbetreuung; es wurden doch viele Blumengeschäfte in Mitteldeutschland mit unseren Nelken beliefert. In Weimar ließ sich nur der geringste Teil unserer Blumenerzeugung absetzen. Der Blumenversand ging problemlos per Bahnexpreß, und täglich wurde eine große Anzahl Versandkartons zum Bahnhof gefahren. Um die gärtnerischen Belange brauchte sie sich nicht zu kümmern, lag doch hier die Leitung in den Händen eines alterfahrenen Obergärtners. Bei allgemeinen geschäftlichen Problemen holte sie sich neben ihrem Steuerberater auch den Rat ihres Bruders Heinrich ein, mit dem sie sich eng verbunden fühlte.

Für mich bedeutete die neue Wohnung ganz am Nordrand von Weimar, schon am Hang des Ettersberges gelegen, einen weiten Weg zu meiner Schule. Ich versuchte es anfangs mit dem Fahrrad, was mir aber wegen meines lädierten Knies und dem ständigen Geländeanstieg beim Heimweg vom Arzt dringend abgeraten wurde. Inzwischen fast 14 Jahre alt geworden, brachte dies für mich eine Lösung, um die mich alle meine Mitschüler an unserem Gymnasium beneideten. Ich erhielt aufgrund eines ärztlichen Attests von der Weimarer Polizeibehörde die Sondergenehmigung, ein leichtes Motorrad fahren zu dürfen, obwohl dies normalerweise erst ab 16 Jahren möglich war.

Meine Mutter kaufte mir eine NSU-Quick, ein kleines Motorrad mit 100-ccm-Motor und 3-PS-Leistung, und so fuhr ich nun täglich motorisiert zur Schule. Man muß sich vorstellen, daß dies damals noch eine kleine Sensation war, wenn ein Schüler mit dem Motorrad zum Unterricht kam. Selbst die Primaner, obwohl schon 18 oder 19 Jahre alt, fuhren mit ihren Fahrrädern, vom eigenen Auto ganz zu schweigen. Nun sah ich ja mit nicht einmal 14 Jahren noch sehr jung aus, so daß ich laufend von einem Ordnungshüter angehalten wurde, der glaubte, einen übermütigen Bengel erwischt zu haben. Ich wartete geradezu auf solche

Kontrollen: Dann zog ich stolz meine Sondergenehmigung aus der Tasche, und sie mußten mich wohl oder übel fahren lassen. Mancher Erwachsene, der den Vorgang beobachtete, schüttelte ungläubig den Kopf.

Mein Motorrad war nun auch ein begehrtes Mittel, um mich bei meinen Klassenkameraden beliebt zu machen. Auf abgelegenen Plätzen, wie etwa auf dem Stadionvorplatz, ließ ich sie gelegentlich eine Runde drehen. So etwas war der Wunschtraum von allen. 1939, nun 16 Jahre alt geworden und nur wenige Tage nach Kriegsbeginn, stand bei unserem DKW-Händler noch eine DKW-Maschine mit 200-ccm-Motor. Bis zu dieser Motorgröße konnte man ab diesem Alter (16) ohne Sondergenehmigung ein Kraftfahrzeug fahren, zum Beispiel auch unser Lieferdreirad im Geschäft, mit dem jeden Tag die Blumenkartons zum Bahnhof gebracht wurden. Das neue Motorrad war eine letzte Kaufgelegenheit aus dem Vorkriegsbestand des Händlers und schon eine bedeutende Klasse größer und stärker gegenüber meiner bisherigen kleinen NSU-Quick. Die neue fuhr schon ganz schön schnell. Trotz Krieg, wo jeglicher private Auto- oder Motorradverkehr untersagt war, durfte ich dieses Motorrad wegen meines Knieschadens bis zum Schulende weiterfahren, natürlich keine Ausflugsfahrten. Fahrtgenehmigungen hatten sonst nur noch gewerbliche Fahrzeuge, die dann einen roten Winkel auf das Nummernschild bekamen. So auch ich. Einmal wurde ich angezeigt, man hatte mein Motorrad geparkt vor dem Schwimmbad gesehen. Ich wurde zum Amt bestellt, man beruhigte sich wieder, als man mein Attest sah.

Ende 1936 hatte sich meine Mutter einen Personenwagen gekauft und zwar den damals neu heraus gekommenen Opel Olympia. Ihren Führerschein hatte sie schon 1924 als eine der ersten Frauen in Weimar – nach einer Ärztin – gemacht. Im Jahr darauf, 1937, war meine Konfirmation und ich erhielt von meinem Patenonkel Heinrich einen Fotoapparat geschenkt, was mich zu einem begeisterten Fotoamateur werden ließ. Ich durfte dabei auch meine erste Zigarre rauchen, aber da wurde mir speiübel. Ich habe erst im Krieg mit dem Rauchen begonnen und zum Glück später, mit 40 Jahren, wieder aufgehört!

Im Sommer 1937 fuhren wir zu einem Ferienaufenthalt an den Tegernsee, zu dem uns mein Onkel Heinrich, zusammen mit seiner Familie eingeladen hatte. Da wir dabei sowieso über München fahren mußten, wollte meine Mutter den damals berühmtesten Orthopäden seiner Zeit, Prof. Dr. Fritz Lange – er war sozusagen der Orthopädie-Papst Deutschlands – aufsuchen, um seine Meinung über mein beschädigtes Knie zu hören. Einen Termin hatten wir schon lange vorher vereinbart. Er war ein korpulenter, freundlicher Herr. Meine Mutter erzählte ihm den ganzen Hergang meiner 1934 erlittenen Kniegelenksvereiterung. Darauf sagte er ganz bestimmt: „Verehrte Frau, das kann niemals sein, ihr Sohn hat keine Kniegelenksvereiterung gehabt, das ist völlig unmöglich, sonst hätte er heute unweigerlich ein steifes Bein!" Meine Mutter antwortete betont: „Doch, es war so, wir haben ja laufend und ausführlich mit dem behandelnden Arzt gesprochen." Nun er wieder: „Nein, das kann nicht sein –, hat er denn überhaupt Fieber gehabt?" Daraufhin meine Mutter: „Ja, über 40 Grad!" Da wurde er still, sah sich mein Knie genau an und wunderte sich über die fast vollständige Beweglichkeit. Nun kam er auf mich zu, klopfte mir auf die Schulter und sagte: „Junge, Junge, da hast du aber Glück gehabt." Das war seine Bestätigung. Besondere Verhaltensregeln gab er mir nicht mit auf den Weg, ich solle das Knie eben nicht überanstrengen. – Anscheinend bin ich der erste Fall in der Medizingeschichte, bei dem das Knie nach einer so schweren Kniegelenksvereiterung beweglich geblieben ist!

Ich habe später wieder an allem Schulsport teilgenommen, auch etwas Fußball gespielt, und besonders Schwimmen war meine große Leidenschaft. Ansonsten lernte ich auf unserer Schule Latein und Englisch, dazu Alt-Griechisch, wie das auf einem humanistischen Gymnasium damals üblich war. Hier war ich nur ein mittelmäßiger Schüler. In den letzten Jahren hatten wir als unseren Klassenlehrer, der uns eine umfassende Bildung beibrachte, Oberstudiendirektor Dr. Emil Herfurth, ein hochgebildeter Mann, der in den zwanziger Jahren sogar als Abgeordneter im Thüringischen Landtag saß. Wenn er uns etwas Neues verkündete, sagte er jeweils dazu: „Das müssen Sie wissen, das gehört zum allgemeinen Bildungsgut." Er gab auch den Latein- und Griechischunterricht. Auch der Geschichtsunterricht bei Dr. Johannes Bergner, der zwar überaus streng war, beeindruckte mich sehr. Dabei lernte ich viel von den Ereignissen und Zusammenhängen in den vergangenen Epochen.

Hier möchte ich einen Klassenkameraden erwähnen, der leider auch nicht mehr lebt, es war unser Primus Wolfgang Sänger. Er war ein sehr bescheidener und zurückhaltender Mensch, glänzte nicht mit seinem Wissen, war deshalb sehr beliebt bei uns und der einzige unter uns, der zum Beispiel einen griechischen Text ohne Vorbereitung, quasi aus dem Stegreif, fließend übersetzen konnte. Später arbeitete er als Geograph bei der Baden-Württembergischen Landesbehörde in Tübingen und erstellte die offiziellen Kreisbeschreibungen.

Leider ist vor kurzem ein weiterer Klassenkamerad gestorben, der es im öffentlichen Ansehen am weitesten von uns gebracht hatte, der Botschafter a. D. Dr. Helmut Matthias in Bonn.

Den finanziellen Höhepunkt hat wohl unser Klassenfreund Werner K. erreicht. Schon 1945 in die USA ausgewandert, erklomm er dort als erfolgreicher Manager und energischer Industrieboß in der Informationsbranche Gipfelpositionen. Nun im Ruhestand, holt er alle jene Freizeitvergnügen und Reisen nach, auf die er Jahrzehnte lang wegen seiner angespannten und unabkömmlichen Tätigkeit hatte verzichten müssen. Zum Glück geht es ihm gesundheitlich noch so gut, daß er mit seiner deutschen

Frau jetzt alles nachholen kann. Er ist ein totaler Amerikaner geworden, mit „Stars and Stripes" an seinem Fahnenmast hochziehend. Im Krieg hatte er als Nachtjäger neun feindliche Bomber über Deutschland abgeschossen. Ich stehe mit ihm heute noch in Verbindung.

***

Zu Pfingsten 1938 hatte meine Mutter mit uns Kindern vor, diese Tage auf dem Schloß Elmau in Oberbayern zu verbringen. Sie hatte von dem mit ihr schon seit langem befreundeten, weltbekannten Pianisten Wilhelm Kempff – die Freundschaft bestand schon aus der Zeit seiner Tätigkeit an der Stuttgarter Musikakademie – den Hinweis bekommen, daß er dort Konzerte geben würde, und daß er mit seiner Frau dort sei. Meine Mutter war schon 1936 bei seinem „Opus 6", wie er ihn ankündigte, seinem einzigen Sohn Roland, Patin geworden und freute sich auf ein Wiedersehen. So buchte sie schnell entschlossen den kurzen Ferienaufenthalt.

Es waren wolkenlose klare Tage, und die herrliche Gebirgsnatur leuchtete in frischem Grün. Die Berge glänzten darüber noch mit weißem Schnee bedeckt. Alles paßte zusammen und die Konzerte waren ein einmaliger Genuß. Soweit ich mich entsinnen kann, spielte auch das bekannte Wendling-Streichquartett an einigen Abenden.

Das Schloß Elmau ist eine Schöpfung des bekanntesten Anthroposophen nach dem Gründer Rudolph Steiner, nämlich Johannes Müller-Elmau, der eine ganz eigene Lebensführung verkündete. Er hielt am Tage kluge und weise Vorträge, mit denen ich als damals knapp 15Jähriger zwar noch nicht viel anzufangen wußte. Zu den Mahlzeiten wurden wir nach einer bestimmten Tischordnung an verschiedene Tische gesetzt, wobei die Jugend abgesondert für sich saß. Da wurde ich nun zwischen zwei Mädchen postiert. Ich war damals noch ziemlich schüchtern und bekam kaum ein Wort heraus, obwohl sich die beiden Nebensitzerinnen redlich um mich bemühten.

Zu seinem Läuterungsprogramm gehörten tägliche Tanzveranstaltungen, an den er als schon 75Jähriger mit großem Eifer teilnahm. Er war ein kleiner korpulenter Mann und sein Gesicht prägte ein großer Schnauzbart. Unermüdlich drehte er jeden Walzer mit und kam dabei sehr ins Schwitzen. Mein heimliches Vergnügen war es, ihn dabei zu beobachten, wie er sich nach jedem Tanz das völlig verschwitzte Gesicht abwischte und darauf das nasse Taschentuch in eine Ecke hinter dem Klavier warf. Der weiße Tücherberg wurde immer höher.

Wenn Wilhelm Kempff zu einem Konzert in Weimar weilte, wohnte er stets bei uns, und übte oft stundenlang auf unserem Blüthner-Flügel. Am Konzertabend nahm er sich etwas zu lang Zeit, und wenn dann meine Mutter zu drängeln anfing und ihn zum Aufbruch ermahnte, meinte er gelassen: „Das Konzert kann ja sowieso nicht ohne mich anfangen!"

Durch die Beweglichkeit mit dem Motorrad konnte ich den damals unterbrochenen Klavierunterricht wieder aufnehmen, dazu kam nach dem Tod meines Vaters als weiteres Instrument: das Cello. Hier benutzte ich beim Unterricht immer ein zweites Instrument meines Cello-Lehrers, da ich ja meines auf dem Motorrad nicht mitnehmen konnte. Im Klavierspiel hatte ich es bis zu Schuberts Impromptus gebracht, die ich auch bei einer Schulveranstaltung in der Aula vorspielte. Nach dem Krieg phantasierte ich noch etwas auf dem Klavier, gab es aber dann ganz auf, ebenso das Cello-Spiel. Damit gingen meine eigenen musikalischen Ambitionen zu Ende. Um so mehr blieb die Liebe zum Hören klassischer Musik.

In Weimar hatten wir ein sehr gutes und in ganz Deutschland bekanntes Theater: das Deutsche Nationaltheater. Schon vor dem Krieg besaßen wir ein Dauerabonnement für Schauspiel, Oper und die Sinfoniekonzerte, und so lernte ich mit den Jahren fast das gesamte kulturelle Repertoire, das von Bedeutung war, kennen. Obwohl der Intendant eine im nationalsozialistischen Kulturleben wichtige Rolle spielte, nämlich Hans Severus Ziegler, der diesem Theater vorstand, war das Programm durchaus klassisch und schöngeistig geprägt. Ausgesprochene Nazi-Stücke wurden sehr selten aufgeführt, eine solche Theateraufführung ist mir jetzt überhaupt nicht im Gedächtnis geblieben. Dasselbe galt für die Sinfoniekonzerte, in denen fast ausschließlich Werke der klassischen Musikliteratur gespielt wurden. Nicht erlaubt waren Werke von Mendelssohn Bartholdy und die modernen russischen Komponisten, sowie auch Arnold Schönberg. Das Theater spielte sein volles Programm bis zu dem großen Luftangriff auf Weimar im Februar 1945 mit dem verheerenden Brandschaden an diesem Haus.

Besonders beeindruckt haben mich die Aufführungen der „Iphigenie" und „Torquato Tasso" von Goethe, Schillers „Wallenstein" und „Romeo und Julia" von Shakespeare. Bei der Oper waren es die Mozart-Opern und Beethovens „Fidelio", den ich sogar zweimal, 1942 in der Staatsoper in Berlin und 1943 in Weimar, sah. In den Sinfoniekonzerten lernte ich alle Beethoven-Sinfonien kennen und lieben, dazu die anderen Kompositionen der deutschen Klassik und Romantik. Die Werke besaßen wir dann zum Teil auch auf Schallplatten, die mein Verhältnis zur ernsten Musik weiter vertieften.

Da es ja damals noch kein Fernsehen gab, ging man, wie gesagt, sehr oft ins Kino. Dabei spielte die gezeigte Wochenschau eine große Rolle, wollte man doch die Ereignisse, die sich in aller Welt ereigneten (vor dem Krieg) nunmehr im Bild verfolgen. Im Krieg sah man selbstverständlich nur Berichte über die Kriegsereignisse mit entsprechenden Aufnahmen von den Fronten und den „immer siegreichen" deutschen Truppen. Dann gehörte zu jedem

45

Programm ein interessanter Kulturfilm, so wie diese auch heute im Fernsehen gezeigt werden. Unter den Spielfilmen waren zwar viele mit eindeutiger Nazi-Propaganda oder den Krieg verherrlichende Filme, es gab jedoch auch eine beträchtliche Zahl sehr anspruchsvoller Filme, wie „Der Postmeister" mit Heinrich George, „Romanze in Moll" von Helmut Käutner und Dokumentarfilme über große historische Persönlichkeiten, wie „Michelangelo" oder den Entdecker des Tuberkelbazillus, „Robert Koch". Und natürlich die leichte Muse mit den ach so beliebten Komikern Heinz Rühmann, Theo Lingen und Hans Moser, dazu die Tänzerinnen La Jana und Marikka Röck, die tanzte und dazu noch trällerte, oder die Musikfilme mit Ilse Werner („Wir machen Musik" mit Viktor de Kowa). Gerade diese Filme waren ganz unpolitisch und ohne jede Nazi-Tendenz. Selbst in den Kriegsjahren beherrschten diese leichten Spielfilme eindeutig das Kinoprogramm. Ich habe in jenen Jahren in kleinen Kalenderbüchern täglich einige Notizen gemacht, und ich war jetzt selbst erstaunt, daß die meisten Kinoprogramme – jeder Kino- oder Theaterbesuch wurde aufgeschrieben – zur leichten Muse oder zu Stücken mit Handlungen ohne viel Tiefgang gehörten, aber auch ohne eine Tendenz. Man muß sich vor Augen halten, daß zum Beispiel der bekannteste Filmklassiker unter allen komischen deutschen Filmen, „Die Feuerzangenbowle" mit Heinz Rühmann, im späten Kriegsjahr 1944 herauskam. Um so mehr war das Radioprogramm von Nazi-Propaganda und eindeutiger tendenzieller Berichterstattung durchsetzt. Im Krieg waren fast alle Radiosendungen nur noch ein nazistisch eingefärbter Dauerregen, mit dramatisch volltönenden Sprechern.

Neben der klassischen Musik begeisterte ich mich auch für den Jazz. Es war bis 1945 jedoch mehr eine leichte rhythmische Tanzmusik, als der harte Klang oder der große Sound, der erst nach dem Krieg von Amerika zu uns kam. Während des Krieges gab es in großen Städten wie München in einigen renommierten Cafés durchaus mehrere gute und moderne Kapellen, teils von Holland, die uns schon einen gewissen Vorgeschmack gaben.

***

Mädchen spielten bei uns damals überhaupt noch keine Rolle. 1940 als 17Jährige nahmen fast alle von unserer Klasse an einem Tanzkursus teil. Aber wir lernten nicht einmal Tango, da der Kurs wegen der Bombardierung von Freiburg (nach dem Krieg stellte sich heraus, daß es deutsche Bomben waren, die versehentlich von deutschen Flugzeugen abgeworfen wurden, die sich verflogen hatten und sich über Frankreich wähnten!) vorzeitig beendet worden war. Jeder brachte seine „Dame" nach der Tanzstunde brav nach Hause und damit hatte es sich. Lediglich einer von uns hatte eine feste Freundin. Gelegentliche Partys wurden erst ein Jahr später gefeiert, aber auch nicht sehr häufig, zuletzt vor unserem Schulende.

***

Meine letzten drei Schuljahre fielen in die Kriegsjahre 1939 bis 1942. Dieser Zweite Weltkrieg, an dem Hitler die alleinige Schuld trug, wurde nicht mit Begeisterung begrüßt, war doch gerade unserer Vätergeneration noch zu deutlich die schrecklichen Geschehnisse des Ersten Weltkrieges mit seinen erbitterten und verlustreichen Grabenkämpfen in Erinnerung. Den 1938 erfolgten Anschluß von Österreich, unserem Brudervolk, hatten wir noch, wie die Österreicher selbst, mit Begeisterung aufgenommen, und auch die Angliederung des deutschstämmigen Sudetenlandes nach dem Münchner Abkommen von 1938 (beschlossen durch Deutschland, Frankreich, England und Italien) fand unsere volle Zustimmung. Was aber darauf im Frühjahr 1939 mit dem Einmarsch deutscher Truppen in die Tschechoslowakei folgte, ließ uns schon das kommende Unheil erahnen. Als dann der Krieg am 1.9.1939 ausbrach, herrschte kein Jubel und man verfolgte mit Bangen und gespannt das weitere Geschehen. Es leuchtete zwar ein, einen direkten Zugang nach Ostpreußen, der 1919 unterbrochen worden war, wieder anzustreben, aber deshalb einen Krieg zu beginnen, entsprach nicht dem Willen der Mehrheit des deutschen Volkes. Die schnellen Siege in Polen beeindruckten zwar sehr, aber was dann mit ganz Polen geschah, als besetztes Land aufgeteilt zwischen Deutschland und der Sowjetunion, war für uns nicht historisch nachvollziehbar, sondern willkürliche Annexion.

Natürlich erlebten wir die Judenverfolgungen mit, die in der Kristallnacht im November 1938 ihren vorläufigen Höhepunkt fanden. In Weimar lebten nicht viele jüdische Mitbürger, und es blieb bei einigen eingeschlagenen Schaufenstern. Die damals Verhafteten kamen nach circa vier Wochen wieder frei, und die meisten von ihnen verließen daraufhin sofort Deutschland, unter Zurücklassung ihres Vermögens und Eigentums, was eine Bedingung für die Ausreiseerlaubnis war.

Hier will ich noch die Geschichte eines Nachbarn erzählen, der weiter ab von uns auch am Hang des Ettersberges wohnte und eine Obstplantage namens „Feines Höhe" mit einer kleinen Viehhaltung besaß. Das war Hans Engel, ein älterer etwas korpulenter Mann, der zum Beispiel seine täglichen Pillen immer mit einigen Gläsern Schnaps herunterspülte. Also ein Gemütsmensch. Zur Fütterung seiner Schweine konnte er sich mehrmals in der Woche aus der Kasernenkantine der SS-Wachmannschaften, die zu dem circa vier Kilometer entfernten Konzentrationslagers „Buchenwald" gehörte, Abfälle und Essensreste abholen. Die Kantine lag außerhalb des eigentlichen Lagers. Er zottelte dann mit seinem kleinen Pferdewagen zunächst über einen Waldweg und kam darauf auf die Zufahrtsstraße, die auf der Höhe des Ettersberges entlang bis zum Lager führte. Die prominenten Juden, vornehmlich die bekannten großen Geschäftsleute aus Frankfurt, wie die Oppenheims, hatte man im November 1938 im Lager „Buchenwald" inhaftiert. Sie waren nun entlassen worden. Da kam Hans Engel an diesem Tag wieder mit seinem Wagen auf jener Straße entlang. Er war auf der Heimfahrt. Hinten auf der Ladefläche das volle Faß mit den Küchenabfällen. Dabei überholte er eine Gruppe von circa acht bis zehn Männern, die leichte Koffer trugen und anscheinend auf dem Weg nach Weimar waren. Es war ein Teil jener entlassenen jüdischen Geschäftsleute aus Frankfurt. Beim Überholen sprach er sie an und erfuhr von ihnen, was geschehen war. Er forderte sie daraufhin auf, ihr Gepäck auf den Wagen zu legen und zunächst einmal mit zu ihm zu kommen. Dort konnten sie sich waschen und duschen und er ließ sie sogleich mit ihren Angehörigen telefonieren. Nach einem kräftigen Essen gingen sie zum Bahnhof nach Weimar weiter und fuhren nach Hause. Sie sind darauf sofort ausgewandert, meist in die USA.

Das Schicksal wollte es, daß sein Sohn Wolfgang Engel, etwa so alt wie ich, im Krieg 1944 bei der Invasion der Alliierten an der Kanalküste verwundet in amerikanische Gefangenschaft fiel. Da tauchte eines Tages ein amerikanischer Offizier im Lazarett auf, der fließend deutsch sprach. An seinem Bett blieb er stehen, und redete ihn an: „Du bist doch der Sohn von Hans Engel und stammst aus Weimar!" Es war ein Sohn eines jener Freigelassenen, die Hans Engel zuerst bei sich aufgenommen hatte. Jener amerikanische Offizier hat daraufhin für eine bessere Behandlung in jenem Lazarett gesorgt und vor allem, daß Wolfgang Engel schon kurz nach dem Krieg aus der Gefangenschaft entlassen wurde.

Eine gute Tat wird eben nicht vergessen, und wenn es auch erst Jahre später ist.

Von den später in den Jahren 1941 und 1942 in den Osten verbrachten Juden sprach man nur mir leiser Furcht (offiziell wurde nichts bekannt). Sie kämen dort zunächst in Lager und würden

angeblich irgendwo angesiedelt. Von den unvorstellbaren Ver-
nichtungsaktionen dort, die dann später Holocaust genannt wurden, erfuhr man absolut nichts, es wäre für uns auch unvorstellbar gewesen. Auch in den ausländischen Nachrichten, die wir
fast täglich heimlich abhörten, war kein Wort davon zu vernehmen, obwohl die Westmächte von diesem grausamen Geschehen
via Schweden und der Schweiz informiert waren, wie wir erst viel
später nach dem Krieg erfahren mußten.

Von Auschwitz und den anderen Vernichtungslagern habe ich
zuerst im Herbst 1945 durch das Buch von Eugen Kogon „Der
SS-Staat" erfahren. Er war selbst jahrelang im Konzentrationslager Buchenwald inhaftiert gewesen. In Weimar wußte man über
die entsetzlichen Geschehnisse in diesem Lager nichts Genaues.
Es war nur soviel bekannt: „Dort oben geschehen schlimme Dinge!" Insgesamt sollen dort 56 000 Häftlinge im Laufe der Jahre
(ab 1937) umgekommen sein. Es war eine total abgeschottete
Welt. Von dem Konzentrationslager „Buchenwald" kannte man
keinerlei Einzelheiten. Die wenigen, die wieder herauskamen,
schwiegen eisern.

Wir waren in die Geschehnisse so eingebunden, daß jede Äu-
ßerung eines Verdachts oder einer kritischen Meinung höchst
gefährlich war. Man schaute ängstlich hinter sich und dämpfte
seine Stimme oder schwieg ganz. Diese ständige Rückwärtsschau
bekam dann auch schnell den Namen: „Der deutsche Blick." Jeder wußte, auch wenn es nur ein politischer Witz war, daß man
schnell denunziert werden konnte und das bedeutete: Konzentrationslager. Aber es war für den normalen Bürger unmöglich,
selbst unter Todesverachtung die Geschehnisse ändern zu wollen,
deshalb hielt man sich zurück, schwieg und begehrte nicht auf.
Es ist jetzt sehr leicht, uns Menschen von damals zu verurteilen.
Bei der heutigen Meinungs- und Redefreiheit in einer Demokratie ist es für die Nachkriegsgeneration einfach nicht vorstellbar,
daß wir so passiv alles über uns ergehen ließen. Selbst mein Pfar-

rer, Pfarrer Wessel in Weimar (der Vater des späteren BND-Präsidenten), bei dem ich konfirmiert worden war, kam für kurze Zeit in das Lager Buchenwald, da er 1941 in seinem Gemeindebrief sehr vorsichtig einige kritische Worte äußerte. Man ließ ihn 1942 nach vielen Bemühungen der evangelischen Gesamtkirche wieder frei, und er wurde dann nur noch in der Kirchenverwaltung eingesetzt.

Übrigens hat Pfarrer Wessel schon seit den zwanziger Jahren den ersten beleuchteten großen Weihnachtsbaum öffentlich aufgestellt, damals auf den Stufen des Weimarer Museums, und hielt dort Andachten und Predigten. Er ist also quasi der „Erfinder" des „Christbaums für alle", dieses weihnachtlichen Kultes. Heute stehen sie überall in der Welt zur Weihnachtszeit. Auch in Japan oder China.

***

Nach den militärischen Anfangserfolgen im Westen im Mai/Juni 1940 sahen wir zwar endlich die Beendigung des so unseligen, mit Haß erfüllten Versailler Vertrages von 1919, der letzten Endes mit dem von Frankreich und England erzwungenen Friedensdiktat den Nährboden für ein nationales Aufbäumen bildete. Auf dieser Welle und der großen wirtschaftlichen Notlage durch die Weltwirtschaftskrise ist dann Adolf Hitler zur Macht gekommen. Wie er daraufhin das deutsche Volk benutzt hat, seine Weltmachtpläne ohne Rücksicht auf das Wohlergehen Deutschlands und dem friedlichen Zusammenleben der Völkergemeinschaft mit aller Brutalität durchzusetzen, war nicht mehr im Sinne vieler aufrechter Deutscher. Aber es hat viele gegeben, die in Begeisterung verblendet, mitgemacht haben.

Ich kann mich noch entsinnen, wie am 22. Juni 1941, einem Sonntag, meine Mutter uns erschüttert und verzweifelt frühmorgens weckte und uns mitteilte, daß auf Befehl Hitlers nun auch der Krieg im Osten gegen die Sowjetunion begonnen hat. Uns wurde klar, daß damit der Krieg in eine entsetzliche und grauenhafte Dimension eingetreten war. Hatte doch schon Napoleon 1812 versucht, durch seinen Feldzug durch Rußland dieses Land zu unterwerfen und ist an der grenzenlosen Weite und der bitteren Kälte so kläglich gescheitert. Der jetzige Gegner, Stalin, war zwar auch ein höchst brutaler Diktator gewesen, der über 20 Millionen seiner Landsleute umbrachte. Aber rechtfertigte dies unseren Einfall in dieses riesige Land? Und die Propagandaparole „Wir brauchen das Land im Osten" galt nur für die Einfältigen und Hitler-Gläubigen.

***

Im Sommer 1941 fand in Weimar ein großes Schillerjubiläum statt, zu dem Delegationen aus dem ganzen Reich herbeiströmten. Ein bedeutendes Kulturprogramm umrahmte die einzelnen Darbietungen, mit Führungen durch die Weimarer Kulturstätten. Da nicht genügend Führungspersonal da war, wurden wir Schüler aus den letzten Klassen herangezogen und in einem Schnellkurs dazu ausgebildet, im Schillerhaus, Goethehaus und allgemein in der Stadt die einzelnen Jugendgruppen zu begleiten und ihnen die Sehens- und Denkwürdigkeiten nahe zu bringen. Diese Aufgabe hat mir viel Spaß gemacht, da unsere Arbeit durchaus auf fruchtbaren Boden fiel.

Im Frühjahr 1942 machte ich das Abitur. Die Hälfte unserer Klasse war bei der Prüfung nicht mehr dabei, da sie sich vorher freiwillig zur Wehrmacht, Luftwaffe oder zur Marine (keiner zur SS) gemeldet hatten. Wohl weniger aus Heldendurst und Vaterlandsliebe, sondern wegen der Zusicherung, das Abitur auch ohne Prüfung mit den Noten des letzten Schuljahres geschenkt zu bekommen. Es muß hier ausdrücklich festgestellt werden, daß man nur dann zur SS kam, wenn man sich freiwillig darum beworben hatte. Eine pflichtmäßige Einberufung zur SS – wie zur Wehrmacht – hat es nie gegeben. Wer dieses behauptet, lügt.

Unser Wilhelm-Ernst-Gymnasium wurde während der DDR-Zeit in Goethe-Gymnasium umgenannt. Diesen Namen trägt diese ehrwürdige Anstalt auch heute noch. Mit dem Abitur in der Tasche fühlte man sich schon sehr erwachsen und war voller Pläne. Für mich stand fest, daß ich einmal Architekt werden wollte. Nach dem Krieg sollte ein Studium an der Hochschule für Architektur in Weimar begonnen werden. Es war die Bildungsstätte, an der Anfang der zwanziger Jahre das Bauhaus mit Walter Gropius, Mies van der Rohe und den anderen revolutionären Baukünstlern wirkte. Zu meiner Zeit gab es natürlich das Bauhaus nicht mehr. Von Weimar nach Dessau übersiedelt, wurde das Bauhaus 1936 von den Nazis aufgelöst.

***

Im Sommer 1942 fand auch unsere Wiener Filiale ein von oben diktiertes Ende. Meine Mutter hatte sich schon große Sorgen um die weitere Existenz dieses Betriebes gemacht, um den sie sich nach dem Tod meines Vaters auch kümmern mußte. Um das Fortbestehen dieses Betriebes zu ermöglichen, hätten die Heizkessel unbedingt erneuert werden müssen, da die alten ihren Dienst aufgegeben hatten. An einen Ersatz war in diesen Kriegsjahren für einen so unwichtigen Gärtnereibetrieb nicht zu denken. Außerdem wurden ihr die halbjährlichen Reisen nach Wien in den Kriegsjahren immer beschwerlicher. Das dortige große Grundstück lag an der Hauptausfallstraße von Wien nach Wiener-Neustadt, in Wiener-Neudorf. Hinter uns erstreckte sich ein ausgedehntes freies Gelände mit aufgelassenen alten Ziegeleien und viel Unland. Dieses Land war nun vom Staat dazu ausersehen, darauf ein großes Rüstungswerk zu bauen. Es sollte ein Filialbetrieb der Flugzeugwerke Junkers, Dessau, das Flugmotorenwerk Ostmark, entstehen. Unser Grundstück war für dieses riesige, kriegswichtige Bauvorhaben im Wege, und so kaufte man es, ob man wollte oder nicht, einfach auf. Ich war selbst mit meiner Mutter bei den Kaufverhandlungen in Wien dabei. Man war durchaus großzügig, ging auf alle unsere Wünsche ein, und man einigte sich auf einen sechsstelligen Reichsmark-Betrag. Geld spielte ja bei denen keine Rolle. Der Kaufvertrag wurde abgeschlossen und meine Mutter war im Grunde genommen sehr froh, eine Sorge weniger zu haben. Den dortigen Obergärtner, ein Bruder des Weimarer Obergärtners, konnten wir in Weimar gut einsetzen.

Am 1. April 1942 begann für mich ein neuer Lebensabschnitt: Ich fing bei einer Weimarer Baufirma ein halbjähriges Maurerpraktikum an, als Voraussetzung für mein späteres Architekturstudium. Die Baustelle lag in Jena. Es war ein neues Umspannwerk für den Strom der gerade fertig gewordenen zweiten Saaletal-Sperre. Um nicht jeden Tag mit der Bahn hin und her fahren zu müssen, mietete ich zusammen mit meinem Klassenkameraden Kurt-Olof Sundström ein gemeinsames Zimmer, und wir verbrachten eine schöne Zeit zusammen. Er war Schwede und seine Mutter eine gefeierte Opernsängerin am Nationaltheater in Weimar. Sein schwedischer Vater lebte in Schweden. Natürlich hatte er mit dem deutschen Militärdienst nichts zu tun. Er hatte ein Studium der Theaterwissenschaften an der Universität Jena aufgenommen. Am Abend tauschten wir dann unsere ziemlich verschieden gearteten Erlebnisse und Erfahrungen aus. Nach circa einem Jahr ist er zu seinem Vater nach Schweden ausgereist und wurde dort später ein großer Theaterregisseur und Intendant des Göteborger Theaters.

Leider ist er schon vor Jahren gestorben.

Die praktische Arbeit auf dem Bau hat mir großen Spaß gemacht. Meine Baukollegen waren meist ältere Maurer, größtenteils alte

Erste-Weltkriegs-Veteranen, die Jungen dienten ja alle beim Militär im Krieg. Unser Polier, ein sehr großer und kräftiger Mann von Anfang 50, hieß bei allen nur „der Lange", hielt seine Baustelle in Schwung, und da gab es keine Bummelei. Wenn man einmal, auf die Schaufel gestützt, etwas verschnaufen wollte, kam er sogleich angesprungen und rief einem zu: „Los, los, Geenich, stieh nich da, wie en Arweederdenkmal!" Aber auf der anderen Seite konnte er auch loben, wie zum Beispiel, als er zu dem von Weimar gekommenen Bauleiter sagte: „Nu guggen se sich ämol dem Geenich sei Stickchen an!" Ich hatte gerade, es war in den ersten Tagen, einen schwierigen Fenstersturz aus Klinkerbausteinen, die später unverputzt blieben, mauern müssen. Und das gelang nicht schlecht. Der Bauleiter erzählte dies später meiner Mutter, als er einmal Blumen in der Nelkenkultur holte. Die körperliche Arbeit war für mich schon ungewohnt und ich notierte in mein Notizbuch: „Das Wochenende ist doch etwas Herrliches, wenn man die ganze Woche schwer arbeiten muß!" Da ich nicht schwer zu tragen hatte, hielt auch mein Knie dieses halbe Jahr gut durch. Meine Maurerkenntnisse konnte ich später in meinem Leben immer wieder gut gebrauchen ...

Im September 1942 war es dann auch für mich soweit: Ich wurde zur Wehrmacht eingezogen.

2. Jungvolk und Hitlerjugend

Zurück in das Jahr 1934. Wie meine Freunde wurde auch ich im Frühjahr in die Hitlerjugend (HJ) aufgenommen und zwar in die Gruppe der Pimpfe, also in das Jungvolk. An diese Zeit habe ich nur schöne Erinnerungen. Unser Jungzugführer war ein Primaner meines Gymnasiums mit Spitznamen Leif, wie der Wikingerheld. Er kam ursprünglich von der Freischar, einer Jugendorganisation, die den Pfadfindern nahegestanden hatte, und nach der Machtergreifung automatisch in die Hitlerjugend eingegliedert wurde. Andere schon ältere Mitglieder waren auch Gymnasiasten in den oberen Klassen. Es war dies in keiner Weise eine nationalsozialistische Erziehung oder irgendeine politische Unterweisung nach einem von oben streng vorgeschriebenem Ablauf oder Dienstplan. Zu unseren wöchentlichen Heimabenden gehörten Singen von Volks- und alten Soldatenliedern, Vorlesen einer Abenteuergeschichte, Wiedergabe von Berichten aus dem Ersten Weltkrieg und jungenhafte Späße.

An eine Geschichte kann ich mich heute noch genau erinnern, es war eine Erzählung über den Freiheitskampf der niederländischen Geusen gegen die spanische Besatzungsmacht. Ich hatte vorher noch nie von den Geusen gehört, auch nicht im Geschichtsunterricht an unserem Gymnasium, deshalb hatte es mich so beeindruckt. In einem anderen Zug des Jungvolks, zu dem ein Klassenkamerad gehörte, wurde sogar aus einem Band von Karl May vorgelesen.

Die Hitlerjugendführer wurden nicht in nationalsozialistischer Weltanschauung besonders geschult, erst ab dem Bannführer, das waren die HJ-Führer eines ganzen Stadt- und Landkreises, mußten sie an einer Führerschulung teilnehmen. Den darunter liegenden HJ-Führern blieb also die Gestaltung des Dienstes in ihrer Gruppe selbst überlassen. Nach einem Ende der HJ-Zeit gab es keine automatische Übernahme in die NSDAP, also in die Nazi-Partei. Dies wurde uns auch nicht angetragen.

Damals gab es noch keine einfachen Vervielfältigungssysteme wie heute mit jedem normalen Kopiergerät. Entweder mußte jede schriftliche Mitteilung umständlich auf einer mechanischen Schreibmaschine, vielleicht mit zwei bis drei Durchschlägen, geschrieben werden, oder bei größerer Stückzahl gab es dann nur das kostspielige Druckverfahren in einer Druckerei. Die unteren HJ-Führer wurden also nicht mit Dienstanweisungen und Vorschriften überflutet, wie das sicher heute üblich wäre, denn selbst für einfache Schreibmaschinenarbeiten fehlten schlicht die Stenotypistinnen. Auch das primitive Ormig-Verfahren kam erst viel später.

Besonders angeödet haben uns Aufmärsche, wie zum Beispiel am 1. Mai, und das Anhören langer Reden, meist im Stehen. Nicht, daß ich diese damals schon aus Opposition ablehnte, das kam erst später. Wir fanden diese Pflichtübungen höchst langweilig. Dazu kam noch, daß bei Ansprachen von Adolf Hitler, die im Radio übertragen wurden, dessen betont eindringliche Stimme schon nach kurzer Zeit so heiser wurde, daß nur noch ein schnarrendes Lautgemisch herauskam. Zudem gingen seine Reden meist stundenlang, was unsere Ohren automatisch auf Durchzug stellen ließ. Genauso war es bei den Ansprachen unseres Gauleiters Fritz Sauckel, die wir original mit anhören mußten, und der seinem Herrn in Lautstärke und völligem Stimmversagen in nichts nachstand. Wir waren dann immer froh, wenn endlich Schluß war.

Jungvolk und Hitlerjugend war für uns ein gemeinsames Beisammensein von lebensfrohen Jugendlichen mit gemeinschaftlichen Unternehmungen und unbeschwerten Erlebnissen. Keine Erziehung zu Haß, Gewalt, und Vorbereitung für einen Krieg. Daran dachte damals niemand.

Besonders spannend wurden in den Sommermonaten unsere Wochenendausflüge, genannt Fahrten. Diese gingen am liebsten in das nahegelegene schöne Ilmtal, wo unser bevorzugter Zeltplatz auf einem weit ins Tal vorspringenden Felskegel, genannt „Große Nase", lag. Wir alle hatten einzelne Zeltplanen, die an den Rändern mit Knöpfen versehen waren (meine existiert heute noch!), wobei zwölf solcher Zeltbahnen zusammengeknüpft ein großes Rundzelt ergaben. Die Zeltspitze blieb offen zum Rauchabzug. Es waren zehn bis zwölf Jungen, die um ein in der Mitte schwach loderndes Lagerfeuer herumlagen. Zum Schlafen sind wir meist nicht viel gekommen, denn in den Nachtstunden wurde nach anderen Gruppen gesucht, die mit wildem Geheul überfallen wurden und bei deren Zelt man die Heringe an den Seiten herauszog, so daß dieses in sich zusammenfiel.

Gleich bei meiner ersten „Fahrt" mußte ich als Neuling eine Mutprobe bestehen. Unter uns, der „Großen Nase", floß die Ilm, der berühmte Fluß von Weimar, den schon Goethe besungen hatte. Dorthin gingen wir zum Baden. Ich wurde mit den Armen auf dem Rücken an den Handgelenken gefesselt und so mitten in das fließende Wasser gesetzt. Die Ilm war an dieser Stelle nicht tief, höchstens 30 bis 40 Zentimeter. Alle standen am Ufer und beobachteten mich. Ich ließ mich jedoch gar nicht beeindrukken, sondern bemühte mich, mit den Fingern das lange Ende des Seiles heranzuziehen, um mich so zu befreien. Nach einer guten halben Stunde erlöste man mich, und ich durfte wieder aus dem Wasser steigen. Ich hatte meine Mutprobe bestanden. Nun in den Kreis aufgenommen, gab man mir meinen neuen Spitznamen. Dabei hat man es sich sehr einfach gemacht, ich wurde mit Ilm-Wasser auf den Namen „King" getauft, indem man mich von oben bis unten mit dem Flußwasser begoß und bespritzte. Diesen Namen behielt ich während meiner ganzen Jugendzeit, auch in meiner Klasse wurde ich nur noch so gerufen. Auch heute noch, wenn wir unser Klassentreffen von den wenigen Übrig-gebliebenen haben, werde ich noch mit diesem alten Namen aus der Schulzeit angesprochen.

Einmal, es waren schon einige Jahre vergangen, sind wir sehr unangenehm aufgefallen. Aus Anlaß eines großen Pfingsttreffens der Weimarer Hitlerjugend trugen wir Kosakenlieder in russischer Sprache vor, die ein Älterer von uns, Wolfgang Beyer, mit Spitznamen „Steps" und auch ein Primaner unserer Schule, wochenlang vorher mit uns und seiner Balalaika eingeübt hatte. Er war ein hochbegabter Bildhauer und wurde deshalb erst später, nach drei Semestern Kunststudium an der Berliner Akademie, zur Wehrmacht eingezogen. Leider ist er im Krieg gefallen. Wir sangen also mit Begeisterung diese Kosakenweisen und das in russischer Sprache. Fast sollten wir vom Platz verwiesen werden, aber man beließ es dann mit einer ernsten Verwarnung. Obwohl diese Lieder noch aus zaristischer Zeit stammten, war alles Russische gleichbedeutend mit sowjetisch-kommunistisch und deshalb verwerflich. Das lag noch Jahre vor dem Krieg.

Mit 14 Jahren kam man dann in die eigentliche Hitlerjugend (HJ). Hier suchte ich mir eine Gruppe aus, in der es noch ziemlich unpolitisch zuging und die meinen Neigungen als begeistertem Schwimmer und Wassersportler entsprach. Mit noch einigen Klassenkameraden traten wir zur Gefolgschaft der Marine-HJ Weimar über. Wir hatten nicht die braunen Uniformen der üblichen HJ, sondern schmucke dunkelblaue Marinedienstkleidung mit dem in aller Welt üblichen mit weißen Streifen besetzten Matrosenkragen und einem Halsknoten, über den ein weißes Bändchen in kunstvoller Schleife gebunden wurde, dazu eine weiße Matrosenmütze mit schwarzem Mützenband, dessen zwei Enden weit über den Rücken reichten.

Geführt wurden wir von einem ehemaligen Unteroffizier der Reichsmarine, der zwölf Jahre lang aktiv in der Reichswehr gedient hatte und dort als Obermaat sicher auch die jungen Rekruten schulen mußte, denn er wies uns in alle Sparten einer seemännischen Ausbildung ein. So wurden wir perfekte Fahnenwinker, Blinkspezialisten, Knotenkenner und Kutterpuller, denn unsere Abteilung besaß in Jena, unserer Nachbarstadt, auf dem Saale-Fluß ein großes Ruderboot für elf Mann, genannt Kutter. Der Ausdruck „Rudern" war bei uns verpönt, denn seemännisch heißt diese Tätigkeit „Pullen". Dieses mußte von der ganzen Bootsbesatzung in gleichmäßigen Schlägen durchgeführt werden, wobei der elfte Mann hinten das Kommando und das Steuer führte. Es war für uns halbwüchsige Kerle ganz schön anstrengend, denn die „Riemen" waren keine kleinen Ruder eines üblichen Ausflugsbootes, sondern schwere Holzriemen, die bei jedem Schlag auch noch gedreht und in waagrechter Stellung durch die Luft wieder zurück geschwenkt werden mußten. Beliebt war dann das Kommando: „Riemen hoch!" Hier wurden alle Riemen senkrecht nach oben gestellt, streng ausgerichtet, und wir mußten in aufrechter Haltung stramm dasitzen und auf Kommando nach rechts oder links in Richtung zu einem vermeintlichen Parade-Abnehmer blicken. Dabei konnten wir jedesmal wieder etwas verschnaufen.

Unser Gefolgschaftsführer, etwa im Alter von Mitte 30, war schon etwas beleibt, weshalb wir ihn nur den „Dicken" nannten. Er wollte uns, als Vorbereitung zu einem vermutlichen Dienst in der Kriegsmarine, nur zu tüchtigen Seeleuten erziehen. Mit politischer Unterweisung hatte er überhaupt nichts im Sinn. Seinen Dienstplan entwarf er allein ohne Einwirkung von „oben".

Neben der Marine-HJ gab es noch andere Sondereinheiten, die jedoch in Weimar nicht so groß waren.

So gab es eine Motorsport-Schar, eine Flieger-Schar (Segelflieger) und eine Reiter-Schar. Wie der Dienst dort gestaltet wurde, ist mir nicht bekanntgeworden. Es galt jedoch allgemein der Grundsatz der Selbstführung. Also, jeder Gefolgschafts- oder Scharführer bestimmte selbst, was gemacht wurde. Grundsätzlich war für die gesamte HJ vorgesehen, daß neben den Spezialgebieten die weltanschauliche Schulung erfolgen sollte, aber das gestaltete jeder Führer in seiner Einheit selbst. Ich kann deshalb nur für uns in der Marine-HJ in Weimar sprechen, und hier spielte das Politische eine absolute Nebenrolle.

Im Sommer 1940 nahm ich an einem zweiwöchigen Kurs in einem Seesportlager an der oberen Saaletal-Sperre teil. Wir waren etwa 200 Jugendliche aus ganz Mitteldeutschland und wurden dort in intensiver Schulung auf die Seesportprüfung Klasse A vorbereitet. Es wurden noch einmal all die seemännischen Kenntnisse und Fertigkeiten mit uns durchgenommen und geprobt, die wir in den vergangenen Jahren bereits eingeübt hatten, diesmal jedoch von früh bis abends in militärisch strenger Unterweisung. Wir mußten nicht nur Kutter pullen, sondern lernten auch, einen Kutter zu führen und der Besatzung die entsprechenden Kommandos zu geben. Zum theoretischen Unterricht gehörte zum Beispiel die Beleuchtung eines Schiffes bei Nacht. Hier ist mir noch heute der für Binnenländer so schöne und unverständliche Satz über die seitlichen Positionslampen im Kopf, denn diese mußten leuchten „von recht voraus bis zwo Strich achterlicher als twars". Nun weiß jeder genau, wie die zu scheinen haben! Oder daß ein rechter Winkel acht Striche auf dem Kompaß sind.

Den Abschluß bildeten die einzelnen Prüfungen in den verschiedenen Disziplinen und zuletzt erhielten wir alle den begehrten A-Schein, der uns nun über die anderen erhob. Wenn ich auch später in meinem Leben nichts von den dort gelernten Kenntnissen und Fertigkeiten verwenden konnte, so gab es eine Ausnahme, nämlich meine gelernten Seemannsknoten, die ich später immer wieder einsetzen konnte. Wenn in unserer Familie irgend etwas anzubinden oder zu verknoten ist, dann ruft man nach mir als den Spezialisten für Seemannsknoten, um einen Pahlstek oder

Webeleinstek, einen Kreuzknoten oder einen halben Schlag, gekonnt anzuwenden.

Im September 1940 habe ich dann beschlossen, daß ich mit der Ablegung der A-Prüfung genug in der Marine-HJ gelernt hätte und nicht mehr zu den wöchentlichen Dienstabenden gehen wollte, denn ich hatte nicht die Absicht, später einmal bei der Kriegsmarine zu dienen. Eigentlich wurde zu dieser Zeit (1940) der Dienst in der Hitlerjugend als vormilitärische Ausbildung Pflicht. Mein Freund Ardie hatte sich bis dahin mit Erfolg von jeder Mitgliedschaft zur HJ gedrückt, aber jetzt wurde er regelrecht eingezogen, wie später zum Dienst bei der Wehrmacht. Auch ich hätte bis zu meinem Wehrdienst weiter daran teilnehmen müssen. Da kam mir zugute, daß mein Unterführer, ein Scharführer, zur Marine eingezogen wurde und als letzten Akt seiner Tätigkeit in der Marine-HJ alle Unterlagen, die mit seiner Schar zusammenhingen, verbrannte. An höherer Stelle wurde ich zwar noch als Angehöriger der Weimarer Marine-HJ geführt, aber in meinem Marine-„Verein" wurde ich nicht vermißt. So blieb ich von weiterem Dienst in der Hitlerjugend verschont, der bald immer militärischer wurde. Auch unser gemütlicher „Dicker" war dann nicht mehr dabei.

Abschließend möchte ich sagen, wenn ein Jugendlicher zu einem überzeugten oder gar fanatischem Nazi wurde, so lag das weniger an einer entsprechenden Erziehung in der Hitlerjugend, der Schule oder in einer anderen öffentlichen Einrichtung, sondern an dem Geist, der in seinem Elternhaus herrschte. War man hier kritisch, so lernte auch der Sohn oder die Tochter, die Dinge in der Welt mit offenen Augen zu beurteilen, gepaart mit festen Moralbegriffen, die einem als Richtung für seine Denk- und Handlungsweise mitgegeben worden waren. So war es bei mir.

Bei den meisten Menschen, die nicht viel über Politik nachdenken oder nachgedacht haben, wird wohl ihre geänderte Lebenssituation den Ausschlag gegeben haben. Nach jahrelanger

Arbeitslosigkeit haben sie wieder Arbeit gehabt, der allgemeine Aufschwung und damit die Hoffnung setzte ein. Für die Kinder war ein neuer, besserer Lebensweg in Aussicht, das hieß, heraus aus der Armut und der Perspektivlosigkeit. Das Wieso, Woher und durch Wen war zweitrangig. Daß Adolf Hitler ein Volksverführer war, der ganz andere Ziele verfolgte und alle nur für seine Machtzwecke ausnutzte, war für die meisten Deutschen nicht zu erkennen und nicht vorstellbar. Er war deshalb für viele „unser geliebter Führer", was sich bis zum Begeisterungswahn steigern konnte.

Wenn man heute Filme aus China sieht, wie zu Maos machtvollsten Zeiten die Menschen dort zu einer hirnlosen schreienden Masse degradiert sind, sind wir dagegen immer noch im Bewußtsein handelnde Menschen gewesen, die Gut und Böse unterscheiden konnten, bis auf die wenigen Deutschen, die sich bewußt in die Reihen der Unmenschen einreihten. Diese fanden den Weg zur SS.

3. Kriegsdienst und Verwundung

Schon bei meiner Musterung als 18Jähriger wurde ich wegen meines Knieschadens nur „als bedingt tauglich", als GvH (Garnisonsverwendungsfähig Heimat) eingestuft und zunächst für ein halbes Jahr zurückgestellt. Das bedeutete, daß ich nur für zwei Wehrmachtsteile in Frage kam: entweder zu den Landesschützen zur Bewachung von Kriegsgefangenen oder zu einer Kraftfahrereinheit. Da fiel die Wahl nicht schwer, war ich doch ein begeisterter Autofahrer und hatte meinen Führerschein sogar schon vor meinem 18. Geburtstag abgelegt.

Am 10. September 1942 wurde ich also zum Kraftfahr-Ersatzbataillon 29 nach Gera eingezogen. Meine Kameraden waren fast alles ältere Jahrgänge, so um die 40 Jahre alt. Nur noch ein Abiturient, der einen schweren Herzfehler hatte, und ich waren die beiden einzigen Jungen. Insgesamt waren wir circa 250 Rekruten. Der Schliff war entsprechend milde und durchaus ertragbar.

Schon nach wenigen Tagen wurden wir vereidigt. Diese Zeremonie findet anscheinend überall am Abend bei Dunkelheit statt. Wir waren mit Stahlhelm in mehreren Reihen angetreten und alles sprach gemeinsam die Eidesformel. Aus innerer Opposition wollte ich schon damals auf keinen Fall Adolf Hitler Gehorsam und Treue schwören. Deshalb blieb mein Mund stumm, nur die Lippen geöffnet. Das fiel in dem allgemeinen Gemurmel nicht weiter auf, und jeder schaute sowieso geradeaus. Zudem war es dunkel. Die Hand zum Schwur mußten wir nicht erheben. Das hätte mir im Ernstfall zwar nichts genützt, aber ich wollte innerlich ungebunden bleiben, und wenn notwendig, selbständig handeln können.

Alle erhielten noch einmal eine komplette Fahrerausbildung, obwohl jeder schon eine zivile Fahrerlaubnis hatte. Aber nun wur-

den wir gleich für den Lastwagenführerschein (Klasse 2) einge-
schult und es machte direkt Spaß, die meiste Zeit in der Gegend
herumzugondeln. Wegen kriegsbedingter Treibstoff-Knappheit
waren unsere Fahrschul-Lkws mit Holzgasgeneratoren ausgerüstet. Das waren große Kessel hinter dem Führerhaus mit einer
Füllklappe oben, in die ein Sack voll kleingehackter Holzstücke
nachgefüllt wurde. Von Zeit zu Zeit mußten wir anhalten und das
glimmende Holz von oben mit einem Eisenstab nachstochern,
damit es sich setzt. Dann passierte es, daß das entstandene Gas
mit einer großen Stichflamme verpuffte und dabei einem sehr oft
die Augenbrauen und Wimpern verbrannten.

Zum Schluß unserer dreimonatigen Grundausbildung war neben
der Führerscheinprüfung noch eine große Abnahme in einer Ge-
ländeübung durch den schon älteren General von Boltenstern,
mit Monokel, einem Offizier vom alten Schlag (seltsam, daß ich
mir diesen Namen gemerkt habe), anberaumt. Unsere Übungs-
aufgabe war die Bekämpfung von Partisanen. Wir lagen in einem lichten Wäldchen, schön verteilt, mit Laubtarnung an den
Stahlhelmen. Da ging dann der hohe Herr von Mann zu Mann
– fast alle standen ja schon voll im Berufsleben – und wechselte
ein paar freundliche Worte. Neben mir lag ein Kamerad, der mir
schon am Anfang als sehr gebildet aufgefallen war, ebenfalls um
die 40, und der gelegentlich schöne Gedichte aufsagte. Der General kam auch zu ihm und fragte ganz jovial: „Und was sind Sie
von Beruf im Zivilleben?" Seine Antwort kam laut und militärisch kurz, ohne den Kopf zu heben: „Universitätsprofessor, Herr
General!" Da hatte es ihm die Sprache verschlagen und er trollte
sich zum nächsten. Ich hatte zugehört und mußte grinsen.

Der Kamerad war der Juraprofessor Dr. Bernecker. Als wir einmal
zusammen zu einer Wache eingeteilt waren, schüttete er mir ein
wenig sein Herz aus. Es sei doch eine große und schwere Um-
stellung für ihn gewesen. Bisher bei seinen Studenten ein hoch-
angesehener Professor vorn am Podium, bei seiner Einberufung

mit großem Bleistiftklopfen verabschiedet, und nun ein kleiner Garnichts. Mir machte das alles überhaupt nichts aus, denn ich war jung. Das war eben so ein alter preußischer Zopf beim Barras (Militär)! Man stelle sich bei ihm folgende Situation vor: Er sollte in der Unteroffiziersstube etwas abholen. Er klopfte an, wartete das „Herein" ab, machte die Tür auf, stand vorschriftsmäßig stramm und mußte fragen: „Kraftfahrer Bernecker bittet, eintreten zu dürfen." Dann erst konnte er sein Anliegen loswerden. Wenn der Unteroffizier freundlich war, sagte dieser zu ihm: „Stehen Sie bequem", und er konnte eine lockere Standhaltung einnehmen.

Ich habe nach dem Krieg durch einen anderen Kameraden gehört, daß er diese Zeit gut überstanden und als Juraprofessor an irgendeiner westdeutschen Universität seine Lehrtätigkeit wieder aufgenommen hatte. Es wird sicher noch viele ältere Juristen geben, die diesen Bericht lesen und die bei ihm studiert haben und jetzt eine völlig neue Seite von ihrem einstigen Professor kennenlernen.

Im Dezember wurden wir, mein junger Abitur-Kamerad und ich, zu einem Unterführerlehrgang bei einer Kraftfahreinheit nach Bad Hersfeld versetzt. 1942/43 war ein schneereicher Winter und wir sind viel Ski gelaufen. Also auch ein erträglicher Dienst. Aber was kam dann?

Unser Gärtnereibetrieb zu Hause in Weimar, mit unserer Wohnung, lag direkt neben dem großen Kasernenbereich, in dem das Schützenregiment 1, später Panzergrenadierregiment 1, lag. Wir kannten durch meine Schwester verschiedene junge Offiziere davon, einer brachte immer den nächsten mit, und sie erholten sich bei uns in unserer gemütlichen, geistig und musikalisch anregenden Familie. Ein gutes Essen und zu trinken gab es auch. Einer davon war Oberleutnant Sepp Schelz, der als Adjutant des Bataillonskommandeurs fungierte (er machte sich nach dem Krieg als Journalist einen sehr guten Namen an der Arnsberger

Zeitung). Dieser schlug nun vor, daß er mich nach Weimar zu seinem Bataillon holen könnte. Da ich als GvH-Mann sowieso nur in der Heimat einzusetzen war, könnte er das veranlassen. Er hätte dann schon eine Verwendung für mich.

Gesagt, getan. Anfang März 1943 kam der Versetzungsbefehl zum Schützenregiment 1 nach Weimar, also in unmittelbarer Nachbarschaft zu meinem Zuhause. Als ich kam und mich bei ihm meldete, fragte er mich, ob ich schöne Schreibschrift schreiben könnte. Wir hatten zwar im Zeichenunterricht in der Schule ein bis zwei Stunden verschiedene Schriften probiert, aber keinerlei Übung darin. Oberleutnant Schelz sagte, daß die Stelle an dem Gedenkbuch für die gefallenen Offiziere zur Zeit unbesetzt sei und das wäre doch etwas für mich.

Ich übte einige Tage und konnte bald die gotischen Schriftbuchstaben schreiben wie ein alter Mönch in seiner Klosterschreibstube, nur daß ich nicht mit Federkiel schrieb, sondern mit einer besonders geformten Stahlfeder. Da das Schützenregiment 1 die Traditionen von zwei alten preußischen Ulanenregimentern übernommen hatte, dienten besonders viele Söhne vom Adel Mittel- und Norddeutschlands bei uns, unter anderem auch der Erbprinz von Sachsen-Meiningen, dessen Schwester nach dem Krieg den Habsburger Thronanwärter Otto von Habsburg geheiratet hat. Viele davon waren schon im Frankreichfeldzug und in den ersten beiden Jahren des Krieges gegen die Sowjetunion gefallen. Für diese, und natürlich für alle anderen gefallenen Offiziere, wurde nun das Gedenkbuch eingerichtet, das von dem bekanntesten damaligen Buchgestalter Deutschlands, nämlich von Professor Dorfner an der Kunsthochschule in Weimar, entworfen worden war. Jede Seite aus handgeschöpftem Bütten zunächst lose und ungebunden, enthielt den Lebenslauf des Gefallenen und dazu noch ein Foto in jeweils gleicher Größe. Ich mußte auch die Texte aufsetzen, die Korrespondenz mit den Angehörigen wegen der

Lebensdaten und Bilder führen und die Fotovergrößerungen bei einem Fotoatelier in der Stadt veranlassen.

Zur Stammkompanie wie alle Kommandierten (Schneider, Schuster, Schreiber usw.) gehörend, besaß ich mein eigenes kleines Zimmer, in dem ich bei Radiomusik meine Zeilen sorgfältig hintereinander setzte und nur aufpassen mußte, daß ich mich möglichst nicht verschrieb. Kein Vorgesetzter kontrollierte mein Tun.

Nach einiger Zeit erhielt ich sogar die Erlaubnis, zu Hause wohnen zu dürfen. Ich kam also früh zum Dienst anmarschiert und verließ abends wieder die Kaserne, nachdem ich vorher noch die Verpflegung für den Abend und das Frühstück beim Furier in Empfang genommen und in meiner Tasche verstaut hatte. Dann ging es zum Kasernentor hinaus und nebenan in unser Grundstück hinein.

Im August 1943 wurde ich zu einem zehntägigen Filmvorführer-Lehrgang nach Kassel kommandiert.

Es war eine willkommene Abwechslung in dem Einerlei.

Nach einem Jahr Wehrmachtszugehörigkeit wurde ich im September zum Gefreiten befördert und damit endete meine so schöne Zeit in der Abteilung „Gedenkbuch". Es kam eine große Zahl neuer Rekruten, der Jahrgänge 1924 und 1925, die nun militärisch auszubilden waren. Da nicht genügend Ausbilder zur Verfügung standen – wer halbwegs gesund war, stand ja an der Front – machte man mich kurzerhand zum Gruppenführer und teilte mir eine Gruppe von zehn Rekruten zu. Das Ausbildungsprogramm war ausführlich und exakt in der HDV (Heeresdienstvorschrift) festgelegt und ich mußte mich genau daran halten. Es ging dabei ausschließlich um militärische Kenntnisvermittlung und natürlich um Übungen auf dem Kasernenhof und besonders im Gelände auf dem nahen Ettersberg. Unsere Aufgabe war, die jungen Männer zu Kämpfern zu erziehen und zwar für den Angriff und besonders zur Verteidigung. Mit nazistischer Schulung hatten wir überhaupt nichts zu tun und wären dazu auch gar nicht imstande gewesen. Auch die HDV enthielt keinerlei politische Abschnitte.

Die militärische Lage im Osten hatte sich seit Juli 1943 total geändert, da der letzte deutsche Großangriff in Rußland, im Kursker Bogen, wo die größte Panzerschlacht des Zweiten Weltkrieges stattgefunden hatte, an dem erbitterten und enorm gewachsenen Widerstand der Sowjetrussen scheiterte. Somit kam die bisher verfolgte Vorwärtsstrategie Adolf Hitlers zum endgültigen Stillstand. Dadurch wurde der unaufhaltsame Rückzug der deutschen Truppen eingeleitet, bis zum bitteren Ende 1945. Die Schlacht bei Kursk bildete den militärischen Wendepunkt des Krieges. Die ein halbes Jahr vorher erlittene Niederlage von Stalingrad brachte zwar den moralischen Wendepunkt und zeigte der Welt, daß auch deutsche Truppen nicht unschlagbar waren und eine schwere Niederlage hinnehmen mußten. Stalingrad brachte aber nicht die Kriegsentscheidung. Diese Katastrophe, die nicht mehr zu verschweigen oder schön zu reden war, hat den meisten Deutschen die Augen geöffnet und die Erkenntnis gebracht, mit welch rücksichtsloser Härte Adolf Hitler seine Wahnsinnsziele verfolgte und dabei ohne Bedenken eine Armee von 250 000 deutschen Männern sinnlos opferte. Stalingrad wurde zum Symbol einer verlorenen Schlacht. Aber die deutschen Streitkräfte bildeten danach wieder eine geschlossene Linie und waren insgesamt nach wie vor intakt. Die Kampfkraft und die Moral der Truppen hatten auch diesen schweren Schlag ausgehalten.

Wir Ausbilder waren uns unserer Verantwortung sehr bewußt, daß die Einsätze im Osten nun immer härter wurden. Nach Abschluß der Ausbildung kamen unsere jungen Soldaten zu unserer kämpfenden Einheit, nämlich zum Panzergrenadierregiment 1, welche das Rückrat der 1. Panzerdivision bildete, die immer an den Brennpunkten des Geschehens eingesetzt wurde. Meist mußten an diesen Orten taktisch notwendige Gegenangriffe durchgeführt werden, sei es zur Abriegelung eines feindlichen Durchbruchs, zur Freikämpfung einer wichtigen Verbindungsstraße oder als letzte Feuerwehrtruppe in einer Abwehrschlacht zur Verstärkung der Verteidigung. Deshalb waren die Verluste enorm hoch.

Die uns anvertrauten jungen Männer wurden auf keinen Fall zu Tötungsmaschinen und Unmenschen oder gar zu Verbrechern erzogen. Es wurden auch keinerlei politische Themen behandelt oder die Rekruten mit politischen Parolen traktiert. Ebenso nicht von den Offizieren, die manchmal Vorträge in größerem Kreis halten mußten. Wir waren keine geschulten und dazu befohlenen Nazipropagandisten. Die Ausbildung dauerte drei Monate, dann kamen die nächsten Rekruten. Dieser Einsatz ging bis Ende Juni 1944. – Das Gedenkbuch ruhte, da keiner verfügbar war, der diese Schönschrift ausführen konnte.

Es hatte schon einen großen Vorteil für mich, daß ich während dieser Zeit zu Hause wohnen durfte, konnte man doch den Abend und besonders auch die Sonntage allein und frei gestalten. Für mich erbrachte es noch einen anderen, sehr wichtigen Zugang: Es war mir möglich, am Abend im Radio ausländische Sender zu hören, was wir etwa seit 1941 taten. Unsere Wohnung lag ganz allein, so daß niemand feststellen konnte, was wir taten. Meist hörten wir die Nachrichten vom Schweizer Sender Beromünster. Die Stimme war zwar wegen der großen Distanz nur sehr schwer zu vernehmen und man mußte fast in den Radioapparat hineinkriechen, aber wir verstanden die Worte gut. Den englischen Sender BBC haben wir gemieden, schon wegen des alle Mauern durchdringenden Erkennungssignals „Bum-Bum-Bum-Bäng". Denn wir konnten ja nie sicher sein, daß ein Fremder an der Hauswand stand. Dieses Signal war sehr arrogant und unbedacht gewählt und hat sicher für viele Menschen katastrophale Folgen gehabt.

So waren wir, meine Mutter, meine Schwester und ich, immer voll informiert und von den meist unwahren deutschen Nachrichten unabhängig. Wir erfuhren nicht nur die wirkliche Lage an den Fronten – seit Sommer 1943 immer nur Verluste und Rückzüge –, sondern auch von der Konferenz der drei Kriegsherren Churchill, Roosevelt und Stalin im November 1943 in Teheran. Dort war erstmals besprochen worden, daß Deutschland nach dem Sieg der Alliierten aufgeteilt werden soll, was dann im Januar 1945 auf der Jalta-Konferenz im Einzelnen endgültig beschlossen worden ist.

Im Frühjahr 1944 bemerkten meine Schwester und ich, daß unsere Mutter entgegen ihrer sonstigen Gewohnheit merkwürdig still und ernst war. Nach einer Woche gestand sie uns, daß sie fest damit gerechnet hatte, von der Gestapo verhaftet und in ein Konzentrationslager gebracht zu werden. Sie hatte vorher an irgendeiner kulturellen Veranstaltung teilgenommen, wo man anschließend noch an langen Tischen bei einem Glas Wein beisammen weilte. Neben ihr saß eine gut befreundete Dame mit gleicher politischer Gesinnung. Die beiden Frauen kamen in ein intensives Gespräch und wurden unvorsichtig – der Wein tat sicher auch seine Wirkung –, indem sie sagten, der Krieg sei ja sowieso verloren, und da wäre es gleich, in welchen Teil Deutschlands man nach den Aufteilungsplänen der Sieger käme. Plötzlich sah meine Mutter auf und bemerkte, daß der ihr gegenüber sitzende Generalmusikdirektor der Weimarer Staatskapelle, Sixt, sie ganz groß ansah und jedes Wort mit angehört hatte. Sicher war er Parteimitglied, sonst wäre er vom Intendanten des Deutschen Nationaltheaters, Hans Severus Ziegler, der ein strammer Kultur-Nazi war, nicht auf diesen Posten berufen worden. Behielt nun Sixt das Gehörte für sich, oder denunzierte er die beiden Frauen? Meine Mutter mußte mit dem Schlimmsten rechnen. Da nach einer Woche nichts erfolgt war, dankte sie ihm anonym mit einem großen Nelkenstrauß, den sie an der Pforte des Theaters ohne angeheftetes Kärtchen abgeben ließ. Sollte er denken, dieser mächtige Blumengruß sei ihm von einer Verehrerin zugedacht worden. Er hat sich also als ein hochanständiger Mann erwiesen. Als Dirigenten hatte ich ihn sehr geschätzt. Man mußte zu dieser Zeit höllisch aufpassen, was einem aus dem Mund entfuhr und seine Meinung eisern für sich behalten.

***

Auf Grund der hohen Verluste in den verschiedenen Kriegsgebieten wurde es immer schwieriger, die Fronttruppen mit den notwendigen Ersatzstreitkräften wieder aufzufüllen. Deshalb kam im Frühjahr 1944 die Anordnung, alle bisher nur in der Heimat verwendungsfähigen Wehrmachtsangehörigen noch einmal zu untersuchen, wobei die bis dahin geltenden strengen Gesundheitsanforderungen aufgelockert wurden. So nahm man auch mich unter die Lupe und stufte mich als „GvFeld" ein, das hieß, daß ich genauso in den Kampflinien eingesetzt werden konnte, wie ein Kv-Mann (kriegsverwendungsfähig). Man sagte mir, ich bräuchte ja keine schweren Munitionskisten schleppen und ich käme zu einer motorisierten Truppe, die keine langen Strecken, wie etwa die Infanterie, marschieren muß, und kurze Distanzen könnte ich doch gut laufen. Ich hatte schon seit längerer Zeit damit gerechnet, daß man auch mich zu einer Frontverwendung kommandieren würde. Kurz danach schlugen mir meine Vorgesetzten vor, mich für die Reserveoffizierslaufbahn zu melden, dann käme ich zunächst zu einem sechswöchigen ROB(Reserveoffiziersbewerber)-Lehrgang. Nach einem kurzen Fronteinsatz von einem halben Jahr würde ich zur Kriegsschule geschickt, und die dauert über ein Jahr. Wer weiß, was bis dahin geschehen sei. Eigentlich wollte ich kein Offizier werden, aber es leuchtete mir ein, so zu handeln. Ende Juni 1944 wurde ich dann zu einem ROB-Lehrgang nach Erfurt geschickt. Es waren die üblichen militärischen Kampfsituationen, die man mit uns meist anhand von Sandkastenspielen durchnahm. Aber das wußte ich schon fast alles, hatte ich doch lang genug den jungen Rekruten das Einmaleins des möglichen Kampfgeschehens beigebracht. Und draußen an der Front im Gefechtsablauf hat mir Winnetous Verhalten bei Karl May mehr genutzt als dieser Lehrgang.

Da Erfurt nur 20 Kilometer von Weimar entfernt liegt, fuhr ich jeden Samstag mit dem Fahrrad nach Hause, obwohl es keinen Wochenendurlaub gab. Das fiel nicht weiter auf, gab es doch bei uns Lehrgangsteilnehmern keine kleinlichen Kontrollen am Abend oder während der Sonntage. Ich haute also jeden Samstagmittag einfach ab. Meist wartete ich, bis ein langsam mit Holzgas fahrender Lkw ankam. An diesen hängte ich mich an und wurde bequem bis Weimar gezogen. Zwischen Erfurt und Weimar gab es jedoch eine längere Gefällstrecke und da ließ der Lkw-Fahrer den Wagen rollen, so daß dieser auch seine 50 bis 60 km/h Geschwindigkeit erreichte. Da mußte man höllisch aufpassen, mit einer Hand krampfhaft den Lenker des Fahrrads festzuhalten und mit der anderen die Bordwand des Lkws nicht loszulassen. Einmal standen innerhalb der ersten Häuser von Weimar Kontrollposten der Feldpolizei mit ihren großen vor der Brust hängenden, silbernen Kennschildern, die es gerade auf solche Leute wie mich ohne gültigen Urlaubsschein abgesehen hatten. Das wurde dann als „unerlaubtes Entfernen von der Truppe" schwer bestraft. Zum Glück sah ich sie rechtzeitig und erkannte die gefährliche Situation. So konnte ich mit ziemlichem Schwung noch vorher links in einen kleinen Seitenweg, der dann bergab führte, einbiegen, und war zwischen den ersten Häusern verschwunden.

Aber dann passierte etwas, mit dem keiner gerechnet hatte. Ich wurde nur durch den damals selbstverständlichen großen Zusammenhalt der Stubenkameraden gerettet, sonst hätte es böse Folgen gehabt. In der Nacht vom Samstag auf Sonntag war der Furierraum aufgebrochen und ein Sack Zucker gestohlen worden. Nun wurde am Sonntagmorgen jede Mannschaftsstube durchsucht, so auch bei uns. Und der Gefreite König fehlte. Wo ist der? Da hatte einer von ihnen die rettende Idee und sagte: „Der ist schon früh in die Stadt gegangen, zum Kirchenbesuch." Am Schwarzen Brett waren immer von beiden Konfessionen die Sonntagsgottesdienste angeschlagen, so daß die Erklärung ohne weiteres glaubhaft war und auch abgenommen wurde. Natürlich hat man mich am Sonntagabend nach meiner Rückkehr – kam ich doch wie immer nichtsahnend in die Stube – mit großem Hallo empfangen: „Hast du aber ein Glück gehabt", und sie erzählten mir den ganzen Vorgang. Selbstverständlich war dann eine Runde fällig. Es war wohl die Kameradschaft und das selbstverständliche Zusammenhalten in einer Art Schicksalsgemeinschaft, die positivste Erfahrung in dieser Zeit!

Während einer Übung auf dem Kasernenhof hatten wir ein ganz besonderes Erlebnis. Auf einmal kam ein kleineres Flugzeug, so groß wie ein Jäger, und flog in mittlerer Höhe in rasender, noch nie gesehener Geschwindigkeit über uns hinweg. Alles blieb stehen und starrte gebannt nach oben. Wie wir später erfuhren, war es die neu entwickelte Me 262, ein Jäger mit zwei Strahltriebwerken, von dem genialen Flugzeugkonstrukteur Willy Messerschmitt gebaut. Weltweit das erste Flugzeug mit einem Düsenantrieb (Strahltriebwerk), stand es für eine Epoche machende Entwicklung in der ganzen Luftfahrtsgeschichte. Es flog allen feindlichen Flugzeugen davon. Dieser Jäger war schon 1943 zur Serienfertigung herangereift und der damalige Rüstungsminister Speer hatte alles für eine Großfertigung vorbereitet. Im Frühjahr 1944 sollten schon so viele Düsenjäger zum Einsatz kommen können, daß es mit den gleichzeitig zur Verfügung stehenden neuen Boden-Luft-Raketen, die mit einem Wärmefühler ihr Ziel erreichten, zu einer entscheidenden Wende im Luftkrieg über Deutschland geführt hätte. Den feindlichen Luftflotten mit ihren verheerenden und gnadenlosen Bombardierungen deutscher Städte, denen Hunderttausende der deutschen Zivilbevölkerung zum Opfer fielen, wäre Einhalt geboten worden, da dann die Verluste bei den angreifenden feindlichen Flugzeugen zu hoch geworden wären. Aber Hitler untersagte die Großfertigung. Ihm waren diese Flugzeuge zu schnell für Material und Mensch (Raketen brauchten keinen Piloten!), für ihn unheimlich, sie überstiegen seinen technischen Horizont, der noch im Ersten Weltkrieg stehengeblieben war. Er hatte ja nicht einmal einen Autoführerschein. Sein Verhalten ist für uns heute vollkommen unverständlich und einfach absurd. Und dieser Mann hat sechs Millionen Juden vernichten lassen!

Unser Lehrgang ging weiter und wurde jäh unterbrochen durch ein alles überschattendes Großereignis.

Am 21. Juli 1944 wurden wir früh zusammengerufen und es folgte die Mitteilung über ein Bombenattentat auf „unseren geliebten Führer Adolf Hitler", jedoch noch keine Einzelheiten. Aber Adolf Hitler hat bekanntlich ohne nennenswerte Verletzungen diesen Anschlag überlebt. Für eine Bekanntgabe am Abend des 20. Juli war es schon zu spät, denn wir hatten gegen 17.30 Uhr Dienstschluß und kein Radio in der Stube. Ich war wie vor den Kopf geschlagen und konnte nur noch denken, warum hat die Bombe nicht getroffen und warum ist „Er" mit dem Leben davongekommen? Es wäre doch die lang ersehnte Wende gewesen, um den ganzen Wahnsinn zu beenden und das Geschehen noch zu einem halbwegs glimpflichen Ende zu führen. Gleichzeitig wurde der Befehl verlesen, daß sofort auch bei der Wehrmacht nur noch mit dem „Deutschen Gruß", das heißt, mit erhobenem Arm und flacher Hand, zu grüßen sei und der bisher in allen Armeen der Welt übliche Gruß mit der Hand am Mützenrand wegfällt.

Wir wurden auf unsere Stuben geschickt. In meinem Zorn und in meiner Empörung fing ich zu schimpfen an, es wäre doch immer so gewesen, daß man mit der Hand an der Mütze grüßt und das hätte doch nur für die SS gegolten, den Gruß mit dem gestreckten Arm auszuführen, bis ein Kamerad, der mir meine innere Erregung anmerkte, zu mir sagte: „Dir wäre es wohl lieber gewesen, wenn das Attentat geklappt hätte!" Da wurde mir plötzlich klar, in welch tödliche Gefahr ich mich mit meinem unkontrollierten Gerede gebracht hatte und schwieg von da an eisern. Aber Kameraden halten zusammen, da gibt es keine Denunziation.

Die Geschehnisse des 20. Juli 1944 waren sicher das tragischste Ereignis für das deutsche Volk seit dem Dreißigjährigen Krieg. Denn das Mißlingen dieses Umsturzversuchs bedeutete ein weiteres Hinziehen des zu diesem Zeitpunkt schon völlig sinnlos gewordenen Krieges um weitere zehn Monate. Während dieser Zeit sind die meisten Verluste an Soldaten, Zivilbevölkerung, zerbombten Städten und Ermordung von Juden und Zwangsarbeitern eingetreten, wie in den Jahren des Krieges nicht zuvor. Nach dem Scheitern des Attentats im Führerhauptquartier – Oberst Graf von Stauffenberg hatte in der Eile und Aufregung, als er zu seinem Vortrag in den Kartenraum gerufen wurde, für fünf Sekunden die Nerven verloren, und die zweite Bombe nicht mit in die Mappe gelegt, die von selbst, auch ohne extra scharf gemacht worden zu sein, durch die Sprengwirkung der anderen mit explodiert wäre. Dann hätte es eine solch ungeheure Detonation gegeben, daß selbst der zunächst schützende Betontischfuß des Kartentisches in tausend Fetzen zerrissen und Hitler unweigerlich getötet worden wäre.

Nach Mißlingen des bis in alle Einzelheiten vorbereiteten Umsturzversuches in Berlin hätte die Wendung doch noch gelingen können, da in Paris von den dort am Putsch beteiligten Generälen die Befehlsübernahme schon sehr weit vorangeschritten und gelungen war.

Der Oberbefehlshaber für die gesamten Weststreitkräfte lag zu dieser Zeit noch in den Händen von Generalfeldmarschall Erwin Rommel, dem als „Wüstenfuchs" populärsten und fähigsten Heerführers des Krieges. Es war nun wieder ein für Deutschland tragischer Eingriff des Schicksals, daß Erwin Rommel wenige Tage vor dem Attentat auf Hitler bei einem Tieffliegerangriff schwer verwundet wurde und damit als handelnde Person ausschied. Wochen vor dem Attentat hatten die dortigen Generale um den Generalmajor von Stülpnagel ihn auf die Seite der Hitlergegner ziehen können, indem sie ihn über die Greueltaten im Osten und die verbrecherischen Absichten aufklärten und ihn über die vorgesehene Beseitigung Hitlers informierten. Man hielt ihm vor, nur so kann noch der sichere Untergang Deutschlands abgewendet werden. Rommel war daraufhin bereit, sich an dem Umsturz zu beteiligen.

Sofort nach dem Ausfall Rommels hat Hitler den Oberbefehl für die gesamten Weststreitkräfte dem Generalfeldmarschall Hans-Günther von Kluge übertragen. Dieser gehörte eigentlich auch zum Widerstand. Aber alles scheiterte an dem völligen Versagen dieses Mannes. In diesen Stunden, wo er vom Schicksal zu einer Entscheidung von weltgeschichtlicher Bedeutung ausersehen war, ist er der ihm zugefallenen Rolle mit Angst und Zögern ausgewichen. Nur er als der verantwortliche Oberbefehlshaber im Westen wäre imstande gewesen, sofort mit den Westalliierten Verbindung aufzunehmen und über einen Waffenstillstand im Westen zu verhandeln. Auch gegen einen tobenden Hitler.

Sein Zaudern zeigte er bereits zum zweiten Mal. Schon im Frühjahr 1943 verhinderte er im letzten Moment den mit am besten vorbereiteten Attentatsversuch gegen Hitler unter der Leitung des Generalmajors von Treskow wegen angeblicher Bedenken, weil Himmler bei dem Besuch Hitlers an der Ostfront nicht mit dabei war. General von Kluge hatte in der Vorbereitungsphase den Plan zur Beseitigung Hitlers voll befürwortet und alle Einzelheiten des Attentats genau festgelegt. Diese einmalige Gelegenheit hat er durch seinen Rückzieher vereitelt. Daß dann beim

Rückflug Hitlers in sein Hauptquartier „Wolfsschanze" in Ostpreußen die an Bord geschmuggelte Bombe nicht explodiert war, steht auf einem anderen Blatt. Hier ist der als Geschenkpaket getarnte Sprengkörper mit in den unteren Frachtraum des Flugzeuges geladen worden. Voll dem Höhenfrost ausgesetzt, versagte der eingefrorene Säurezünder.

Auch in Paris war es so. Die Gruppe um Generaloberst von Stülpnagel hatte schon die Macht über SS und Gestapo übernommen und diese verhaftet. Von Kluge kam am 20. Juli gegen 18 Uhr von einer Kommandeurstagung zurück, an der alle maßgebenden Truppenbefehlshaber der Westfront, vom Armeegeneral bis zu den Divisions- und Regimentskommandeuren, teilgenommen hatten. Erst bei seiner Rückkehr erfuhr er von dem Attentat. Als er aber hörte, daß Hitler bei der Bombenexplosion am Leben geblieben war, wurde er zum Verräter seiner eigenen Gesinnung. Trotz eindringlicher Vorhaltungen der anderen tat er so, als wäre nichts gewesen, ließ die anderen Verschwörer im Stich und machte sogar deren schon getroffene Maßnahmen wieder rückgängig. Er verweigerte seine Zustimmung, sofort mit den Westalliierten wegen eines Sonderwaffenstillstandes im Westen, wie von den Verschwörern gefordert, Verbindung aufzunehmen. Dieses tat er, obwohl er wußte, besonders nach den katastrophalen Berichten auf der Kommandeurstagung, daß an der gesamten Invasionsfront die Lage sechs Wochen nach der Landung der Alliierten militärisch völlig aussichtslos geworden war. Der zu Ende gehende Abwehrkampf stand kurz vor dem Zusammenbruch. Bei einem Waffenstillstandsversuch wären auch die maßgebenden Truppenführer auf seiner Seite gestanden. Schon Rommel hatte kurz vor seiner Verwundung an Hitler am 15.7.1944 gemeldet, daß der Abwehrkampf im Westen nicht länger durchgehalten werden könnte ...

Dieser Gesinnungswandel von Generalfeldmarschall von Kluge und die Wendung seiner vorher mit den Verschwörern übereinstimmenden Haltung um 180 Grad brachte ihm zwar nicht die erhoffte persönliche Rettung. Es gehört eben mehr als ein Marschallstab dazu, im Augenblick weltgeschichtlicher Bedeutung eine besondere Verantwortung zu übernehmen und mit außergewöhnlichem Mut zu handeln. Der Lohn fiel dann anders aus, als er es sich vielleicht vorgestellt hatte, denn als bekannt wurde, daß auch er mit in den Verschwörerkreis eingebunden war, wurde er im August 1944 von Adolf Hitler seines Postens enthoben und in das Führerhauptquartier bestellt. Auf dem Weg dorthin schluckte er eine Giftkapsel.

Es sollte nicht sein. Der Weg bis zum bitteren Ende mußte durchlitten werden. Mich beschäftigen diese Ereignisse jetzt noch, und ich denke sehr oft darüber nach, was hätte geschehen können, wenn ...

In dieser Beziehung hadere ich heute noch mit dem Schicksal.

***

Im August war dann mein Lehrgang zu Ende, und ich konnte erst einmal zwei Wochen Urlaub machen.

Dann wurde es ernst, und Anfang September erhielt ich allein den Marschbefehl Richtung Osten. Da man bei der Ersatzeinheit in Weimar nicht wußte, wo sich die 1. Panzerdivision gerade befindet, mußte ich mich zuerst in Krakau melden. Von dort wurde ich nach Tarnow geschickt und dann weiter nach Südpolen. Der dortige Ortkommandant beorderte mich noch weiter in Richtung Süden, wo ich mit einem Lkw der Luftwaffe mitfuhr. Es war eine herrliche Fahrt bei schönstem Septemberwetter durch ein sich lang hinziehendes Tal, das auf die Beskiden zulief. Fast an der Grenze zur Slowakei traf ich auf mein Regiment. Es lag dort in Bereitschaft und sollte in zwei Tagen den Duklapaß wieder frei kämpfen, der eine wichtige Verbindungsstraße zu den im Süden kämpfenden Einheiten war. Die sowjetischen Truppen hatten sich dort auf den Höhen verschanzt und blockierten den Durchgang der ganzen Paßstraße.

Man hatte mir eine Gruppe neu angekommener junger Ersatzleute zugeteilt, alle ungefähr 18 bis 19 Jahre alt. Es waren durchweg Wiener, was mich sehr wunderte, galt doch die 1. Panzerdivision als ein hessisch-thüringischer Verband. Wieso erhielten wir Wiener? Aber wir sind bestens miteinander ausgekommen, und es waren dann neun sehr tapfere und aufopferungsbereite junge Männer.

Früh um 4 Uhr setzte heftiges Geschützfeuer durch unsere Artillerie ein, die die feindlichen Stellungen mit einem Granathagel bedeckten. Im Dämmerlicht stürmten wir einen Steilhang hinauf, zunächst durch einen Wald. Und oben auf einer Freifläche sahen wir an der aufgeworfenen Erde vor uns den Verlauf der feindlichen Schützengräben. Aber seltsamerweise schlug uns kein MG- oder Gewehrfeuer entgegen. Als wir an den Grabenrand herankamen, sahen wir, daß die Artillerie durchschlagende Wirkung gehabt hatte: Die Granaten waren so eingestellt, daß sie schon in der Luft explodiert sind, und die zerfetzten Geschosse trafen so genau, daß dies direkt über den Gräben geschah. Mit verheerender, furchtbarer Wirkung, Schutz und Deckung gab es davor nicht, sie hatten keine Chance. Die Schützengräben lagen voll mit toten russischen Soldaten. Ohne diese Vorbereitung hätte es bei uns schwere Verluste gegeben. Es war für mich der erste grauenvolle Anblick des Krieges, aber es blieb keine Zeit, darüber nachzudenken. Entweder du oder ich. Wir sprangen über die Gräben hinweg und stürmten weiter, einen leicht abschüssigen freien Hang hinunter. Auf der anderen Seite stieg das Geländer wieder an und mündete in einen Wald. Dort waren noch die letzten Russen zu sehen, die versuchten das rettende Gehölz zu erreichen. Nun setzte russisches Granatwerferfeuer ein und schlug mitten unter unsere weit auseinandergezogenen Reihen ein und krepierten, Splitter und Steinbrocken weit umher schleudernd.

Fast wäre nach zehn Minuten Kampfeinsatz – immerhin meine Feuertaufe – schon das Aus für mich gekommen, denn direkt circa sechs bis acht Meter vor mir explodierte eine Granate und ich lief voll in den Dreck- und Splitterregen hinein. Aber mir passierte gar nichts, lediglich ein winziges Splitterchen so groß wie ein kleines Pfefferkorn verletzte mich am linken Mittelfinger. Es blutete etwas, war aber nicht weiter schlimm. Unten sammelten wir uns und durchsuchten darauf die anschließenden Wälder, ohne auf viel Widerstand zu stoßen. Ich bin einen Tag später zu einem Sanitäter gegangen, um mir den kleinen Splitter herausschneiden zu lassen, da er mich bei der Beugung des Fingers störte. Da hat dieser anscheinend, ohne mein Wissen, gleich einen großen Bericht geschrieben, was zur Folge hatte, daß ich etwa zwei Wochen danach völlig unverhofft das Verwundetenabzeichen verliehen bekam. Ich genierte mich fast, wegen dieses kleinen Kratzers das Abzeichen anzustecken. Aber bald sollte ich es mir gleich zweimal verdienen, dann aber richtig.

In einem Waldstück bekam ein anderer ROB-Kamerad, der auch zur Frontbewährung eine Gruppe führte, den Auftrag, mit einem Spähtrupp den Wald vor uns zu erkunden. Nach circa einer Stunde kehrten sie zurück und trugen ihren ROB-Gruppenführer. Sie waren in einen Hinterhalt geraten, und bei dieser Schießerei erhielt er einen Bauchschuß. Es sah sehr schlimm für ihn aus, und ich glaube nicht, daß er durchgekommen ist. Denn ein Bauchschuß muß innerhalb von zwei Stunden operiert werden, sonst besteht keine Aussicht zu überleben, und ein Feldlazarett war nicht in der Nähe. Es war für mich eine besonders harte Lehre, denn wir als ROB-Gruppenführer wurden meist zu solchen Spähtruppunternehmen, die immer so etwas wie ein Himmelfahrtskommando bedeuteten, eingesetzt. Da bestand die große Gefahr, in eine ganz gefährliche Situation zu geraten. Also hieß es, höllisch aufpassen. Als Stoßtruppführer war man völlig auf sich allein gestellt, mußte blitzschnelle Entscheidungen treffen und hatte die alleinige Verantwortung für die einem anvertrauten Männer. Und selbst wollte man ja auch durchkommen. Ich wurde später ebenfalls zu mehreren solcher Unternehmungen kommandiert.

Am nächsten Tag stürmten wir aus einem Bachgrund heraus und verteilten uns auf einem ansteigenden Gelände, wobei vereinzelt feindliches Artilleriefeuer einsetzte. Der ganz rechts stürmende Mann befand sich höher als wir, die noch etwas in Deckung waren. Da wurde er bei einem Granateinschlag schwer verwundet und schrie auf vor Schmerzen. Dieser Punkt konnte aber schon vom Feind eingesehen werden und lag unter heftigem Gewehrfeuer. Unser Zugführer, ein altbewährter und langgedienter Hauptfeldwebel, befahl darauf einem ebenfalls erfahrenen Obergefreiten, zu dem Mann vorzustoßen und zu versuchen, ihn zu retten. Sobald er aus der deckenden Senke herauskam, nahm man ihn unter starken Gewehrbeschuß, und wir alle sahen, wie die Kugeln um ihn herum einschlugen und den Boden aufwirbelten. Es war nur eine Frage von Sekunden, bis auch er getroffen würde. Um ihn nicht auch noch zu opfern, erhielt er den Befehl, sich sofort wieder zurückzuziehen. Dem Verwundeten konnte nicht geholfen werden und er rief weiterhin mit zunächst noch lauter Stimme, die immer leiser wurde und dann ganz verstummte. Wir lagen bis zur Dämmerung in dieser Senke, erst dann war es möglich, zu dem Verletzten vorzustoßen. Er war inzwischen verblutet und tot. Es hat uns alle hart getroffen, einen Menschen so langsam dahinsterben zu sehen und ihm nicht helfen zu können.

In den kommenden Nächten mußten wir mehrere heftige Gegenangriffe abwehren. Da der Gegner keine Artillerie einsetzte, konnten wir uns gut behaupten und alles zurückschlagen.

Wenige Tage später lagen wir nachts vor einem Dorf und warteten ab. Da erhielt ich den Auftrag, mit noch einem Mann aus meiner Gruppe allein bis zum nächsten Ort vorzustoßen, um festzustellen, ob dieser vom Gegner besetzt sei. Es war eine stockfinstere Nacht und man hatte keine Ahnung, wo man eigentlich hinlief, kannte man doch das Gelände sowieso nicht, und ich hatte nur mit einer Handbewegung die Richtung angedeutet bekommen, in der wir losziehen sollten. Ich orientierte mich ungefähr nach den Sternen, um in etwa die Richtung einzuhalten. Bei Nacht konnte ich gut sehen, das war ein Vorteil für mich. Wir stießen auf einem schmalen Fahrweg, der in eine enge Senke mündete. Plötzlich setzte Artilleriefeuer auf unseren Hohlweg ein. Der Feind hatte nämlich dieselbe Idee, einen Erkundungstrupp gegen uns loszuschicken, und zu dessen Sicherheit beschoß man vorher dieses Nadelöhr mit Granaten, die um uns herum einschlugen. Wir beide lagen dicht an den Hang des Hohlweges gepreßt, Dreckklumpen und Steinbrocken schlugen an unsere Stiefel. Dann war es still. Ich schüttelte meinen Gefährten und fragte, ob alles in Ordnung sei. Er meldete sich flüsternd: „Alles o.k.!" Nun hörten wir plötzlich den Hufschlag von Pferden. Es war kein übliches Pferdegetrappel, sondern mehr ein ruhiges Trapsen, denn die Pferde liefen im Schritt. Somit war es eine berittene feindliche Streife von zwei Reitern, die im Hohlweg ganz dicht, höchstens 1 bis 1,5 Meter entfernt an uns vorbeizog. Zum Glück haben Pferde keine Hundenasen, sonst hätten sie uns sofort aufgespürt! Wir verhielten uns ganz still, hatten sie doch von uns keine Ahnung. Sie anzugreifen und den Helden zu spielen und womöglich eine große Schießerei anzufangen, wäre sinnlos gewesen, war es doch stockdunkel und wir hatten ja auch unseren Spähauftrag. Nachdem es wieder ruhig war, liefen wir weiter, bis wir von dem zu erkundenden Dorf Lichter sahen und laute Stimmen hörten. Somit war klar, daß es vom Gegner besetzt war. Auf unserem Rückweg kam uns wieder die russische Streife, die ebenfalls zurück wollte, entgegen. Wir bemerkten sie jedoch rechtzeitig an dem Hufgeklapper und begaben uns in Deckung. Darauf weiter, bis wir unsere Linien erreichten.

Nachdem der Duklapaß frei gekämpft und die umliegende Gegend vom Feind gesäubert war, wurde die ganze Division in der Slowakei auf Eisenbahnwaggons verladen und in Richtung Süden zum nächsten Brennpunkt gefahren: zur voll in Gang befindlichen Abwehrschlacht bei Debrecen in Ostungarn. Hier waren die Sowjetrussen mit starken Kräften durchgebrochen, und die Front befand sich in Auflösung.

Wir wurden zunächst an einem Kanal westlich von Debrecen eingesetzt, der bildete sozusagen die Frontlinie, soweit man überhaupt in diesem Durcheinander von einer Front sprechen konnte. Bei einer eisernen Bogenbrücke über den Kanal sollten wir einen Brückenkopf verteidigen, und wir lagen hinter der östlichen Deichkrone. Vor uns weitete sich die flache ungarische Puszta aus. In der Ferne hörten wir sowjetische Panzer fahren, und einiges Gewehr- und MG-Feuer strich über den Damm. Aber zunächst passierte nichts. Am nächsten Tag wurde die Einheit von uns, die am nördlichen Teil des Brückenkopfes lag, mit Stalinorgeln beschossen und es gab zahlreiche Verluste. Auf einmal kamen Hunderte von herrenlosen Pferden in wilder Panik auf der Deichkrone in südlicher Richtung angaloppiert. An den Sätteln sahen wir die SS-Zeichen. Sie mußten also zu einer aufgeriebenen Einheit der Waffen-SS gehören. Von den dazugehörenden Männern war weit und breit nichts auszumachen. Es war fast ein apokalyptisches Erlebnis, wie die völlig ungezügelten Pferde in panischer Flucht vorbei donnerten. Sie wurden auch nicht von den Sowjets beschossen.

Ich gehörte zur Kampfgruppe von Major Huppert. Da erhielt ich den Auftrag, mit meiner Gruppe nach Süden auf der östlichen Kanalseite am Damm innen entlang vorzustoßen und die Gegend zu erkunden. Es war schönes Herbstwetter und noch warm. Wir liefen dicht am Kanalwasser entlang, bis zum Damm waren es circa 25 Meter. Ich behielt ständig den oberen Dammrand genau im Auge, der sich deutlich gegen den hellen Himmel abhob, ob sich da etwas zeigte. Und plötzlich entdeckte ich zwei Glatzköpfe, die über den Rand uns beobachteten. Russen hatten prinzipiell kahlgeschorene Köpfe. Ich erkannte sofort die Gefahr und beorderte meine Truppe an den Dammfuß in Deckung, denn sonst wären wir ein lohnendes Ziel für ihre Maschinenpistolen geworden. Nach oben geklettert, sah ich auf die andere Seite des Dammes hinunter. Es waren nur zwei Kundschafter wie wir gewesen und keine Vorausspäher einer etwa unten wartenden größeren sowjetischen Truppeneinheit. Die beiden waren auch selbst sich ihrer Gefahr bewußt, sprangen auf ihre am Damm stehenden Pferde und galoppierten davon. Mit meinen Männern lief ich noch eine Strecke am Kanal entlang weiter. Wir konnten jedoch nichts Besonderes feststellen und so kehrten wir wieder um. Der erwartete große Angriff blieb aus.

Auf einmal fuhren drei russische Panzer vom Typ T 34 mit großer Geschwindigkeit auf die Brücke zu und versuchten diese zu überqueren. Auf der anderen Seite stand aber ein Pak-Geschütz (Panzerabwehrkanone) von uns, das nur auf diesen Moment wartete. Der erste Panzer hatte bereits die Brückenmitte erreicht, da wurde er mit einem Schuß erledigt und fing an zu brennen. Die Besatzung versuchte vergeblich, sich zu retten, wurde aber von den an der Brücke postierten deutschen Soldaten niedergeschossen. Die anderen Panzer blieben ebenfalls dahinter auf der engen Brücke stehen und die Mannschaften stiegen aus. Sie ereilte das gleiche Schicksal wie ihren aus dem brennenden Panzer geflüchteten Gefährten, da sie nicht einmal durch Hände hochheben den Versuch gemacht hatten, sich in dieser für sie aussichtslosen Lage zu ergeben. Dann kehrte erst einmal Ruhe ein.

Am nächsten Tag wurde unsere ganze Einheit herausgezogen und zu einem anderen Einsatzort gefahren. Wir sollten eine verlorengegangene Ortschaft zurückerobern. Der Angriff war für den nächsten Morgen vorgesehen. Und wieder wurde ich mit meiner Gruppe vorausgeschickt. Wir sollten schon in der Nacht erkun-

85

den, wo die sowjetischen Stellungen lagen, damit sich unsere bei Morgengrauen anrückenden Angriffsverbände genau auf die ersten Widerstandslinien des Feindes einstellen konnten.

Also wieder so ein Himmelfahrtskommando. Jetzt galt es besonders, sich so leise wie möglich vorwärts zu bewegen. Ich nahm mir zunächst jeden Mann vor und ging hinter ihm her, um jede klappernde Stelle an seiner Ausrüstung ausfindig zu machen und abzustellen. Jeder von uns trug doch einen Haufen Zeug bei sich: Patronentaschen am Koppel, Gasmaskenbehälter, Spaten, Seitengewehr, Brotbeutel mit Kochgeschirr, Munitionsgurte und natürlich unsere Gewehre und zwei Maschinengewehre vom modernen Typ MG 42. Als ich mit meiner Gruppe zufrieden war, marschierten wir nach Mitternacht behutsam los, sehr langsam, immer voraushorchend. Die Nacht war dunkel und wir liefen in Richtung Westen. Nach circa zwei Stunden, als ich meinte, schon dicht an den feindlichen Linien zu sein, postierte ich meine Leute am Rand eines Maisfeldes und lief allein weiter, eine breite Wegschneise zwischen den hohen Maisstauden entlang. Vorher hatte ich beide Maschinengewehre in Stellung bringen lassen und den beiden Schützen eingeschärft, erst zu schießen, wenn ich den Befehl dazu gebe.

Da fing es im Osten schon an, etwas dämmrig zu werden. Gegen den heller werdenden Himmel war ich natürlich gut auszumachen. Es war eine äußerst gefährliche Situation für mich und mein Adrenalinspiegel stieg auf Höchstwerte an. Vor mir war noch alles dunkel und ich starrte in ein Nichts. Nun schritt ich immer langsamer voran und fühlte, gleich muß etwas geschehen. Plötzlich stand ich vor einem Schützenloch, das aber leer war. Daneben weitere – auch leer. Die Sowjets hatten anscheinend kurz vorher ihre Stellungen geräumt. Meine Rettung. Im Weitergehen hörte ich, wie schon unsere Angriffstruppen herankamen und ich zog mich in einen Schuppen mit Lehmwänden zurück. Da fingen diese von hinten wie wild zu schießen an, und die Geschosse durchschlugen sogar die Lehmwand des Schuppens. Inzwischen war es hell geworden, und ich versuchte mich kenntlich zu machen. Schließlich wollte ich ja nicht von den eigenen Leuten niedergeknallt werden. So hängte ich meinen Stahlhelm an einen Stock und schwenkte ihn seitlich zur Öffnung heraus. Zum Glück bemerkte man mein Zeichen und hörte mit der Beschießung des Schuppens auf. Auch hatten meine Leute wohl den Angreifenden berichtet, daß ich allein schon da vorne wäre.

Nach den Feldern und einigen Büschen sahen wir in ungefähr 200 Metern Entfernung das Dorf, das nunmehr frei vor uns lag. Da bemerkten wir am seitlichen Dorfrand zwei Panzer T 34, die sofort das Feuer mit ihren Panzergranaten auf uns eröffneten. Alles ging zu Boden. Ich konnte mich gerade noch in eines der von den Russen gegrabenen Schützenlöcher retten, ein Mann von mir knallte auf mich oben drauf, aber wir waren beide in rettender Deckung. Mehrere von unserem Regiment sind dicht auf dem Boden liegend von den Splittern der Granaten, die sehr präzise und flach auf uns geschossen worden waren, tödlich getroffen worden. Der Angriff kam ins Stocken. Die beiden Panzer blieben bewegungslos stehen und feuerten weiter. Anscheinend hatten sie Motorschaden. Später gab die Panzermannschaft sie auf und verschwand zwischen den Häusern. Erst daraufhin konnten wir ungehindert das Dorf besetzen. Dort wurden wir von den ungarischen Einwohnern freudig begrüßt. Weiterhin erfuhren wir von ihnen, daß der nächste Ort von den Sowjetrussen nicht besetzt sei.

Nach Durchkämmen des Dorfes bewegten wir uns sofort auf diesen nächsten Ort zu. Auch er war frei.

Ich stieg auf den Kirchturm hinauf, um die Gegend zu überschauen und mir einen Überblick zu verschaffen. Es war aber nichts festzustellen, alles lag friedlich da. Nun kamen plötzlich zwei russische T 34 in schneller Fahrt durch das Dorf, anscheinend auch auf einer Erkundungsfahrt. Die allgemeine Lage war inzwischen so verworren, daß keine Seite mehr wußte, wer liegt wo, und ist der nächste Ort schon in Feindeshand oder noch frei? Hinter dem Geschützturm des einen Panzers saß ein Ivan mit schußbereiter Maschinenpistole. Dieser wurde jedoch gleich von unseren Leuten beschossen, so daß er getroffen vom Panzer fiel. Auch hatte man versucht, den einen Panzer mit einer Panzerfaust abzuschießen, aber das Geschoß ging daneben und traf ein gegenüberliegendes Haus, in das ein großes Loch in die Wand gerissen wurde.

An diesem Tag gab es keine weitere Feindberührung und wir konnten erst einmal essen und etwas verschnaufen. Warme Mahlzeiten hatten wir seit Tagen nicht bekommen, aber wir waren zufrieden mit unserer Brotration und etwas Wurst.

Tags darauf ging es zum nächsten Brennpunkt. Wir sollten in der Nähe eines Dorfes Stellung beziehen, das die Sowjets gerade erobert hatten und mußten verhindern, daß diese weiter vorstoßen.

Auf der Straße dorthin wurde ich mit meiner Gruppe abgesondert, um die Straße vor einem eventuellen seitlichen Angriff zu sichern und so den Rückweg für unsere Einheit frei zu halten. Diesmal hatten wir das bessere Los gezogen. Wir richteten es uns bei einem neben der Straße gelegenen Bauernhaus in Ruhe ein und schanzten im Umkreis von circa 100 Metern Erdlöcher, in die ich einzelne Posten verteilte. Neben dem Haus stand ein hoher Heuschober, auf dem auch ein Mann zur Beobachtung des ganzen Umfeldes Stellung bezog, der auch mein Fernglas bekam. Außer einem feindlichen Aufklärungsflugzeug, das in niedriger Höhe über uns hinweg ratterte, konnten wir nichts weiter entdecken. Diese Aufklärer, die sehr langsam flogen und gegen Erdbeschuß gepanzert waren, machten ein ganz spezielles tackerndes Geräusch, weshalb sie bei uns nur die „Nähmaschinen" genannt wurden. Aber anscheinend hatte man uns nicht bemerkt.

In der folgenden Nacht hörten wir starken Gefechtslärm aus der Richtung jenes Ortes, wo unsere Einheit lag. Bei uns war es ruhig. Meine Männer hatten in den verschiedenen Erdlöchern ihre Posten bezogen.

Sie sollten gut aufpassen, daß wir nicht plötzlich überrascht werden. Aber die Burschen waren so übermüdet und abgekämpft, daß sie auf der Stelle einschliefen. Das konnte ich nicht zulassen, hing doch unser aller Sicherheit davon ab. So tourte ich ständig von einem Loch zum anderen, und weckte sie wieder auf. Ich selbst konnte deshalb kein Auge zutun und mußte mich eisern wach halten.

Wir hörten wohl die heftige Schießerei, aber bei uns war es die Nacht über ruhig geblieben. Am Morgen kam wieder eine ihre Streife fliegende „Nähmaschine" in der Nähe vorbei. Nun dachten wir einmal an uns. Den Bewohnern des Hauses – diese ungarischen Bauern waren nicht geflohen – deutete ich an, sie mögen doch zwei Gänse für uns schlachten, die in großer Zahl herumliefen. Wir wollten endlich einmal wieder eine richtige warme Mahlzeit zu uns nehmen. Damit es keine Überraschung gab, war ständig der Ausguckposten auf dem Heuschober besetzt. Gegen Mittag meldete dieser plötzlich, daß eine Kolonne Soldaten aus Richtung des nächtlichen Kampflärmes die Straße entlang auf uns zukäme. Ich ging selbst auf den Beobachtungsstand, um festzustellen, ob es deutsche Soldaten oder schon feindliche Truppenteile waren. Beim Näherkommen sah ich, daß es meine eigene Kompanie war, mit meinem Zugführer an der Spitze. Ein kleiner Haufen, denn unser ganzes Regiment hatte damals noch eine Reststärke von circa 160 bis 180 Mann.

An unserem Bauernhaus angekommen, berichteten sie uns von den nächtlichen Abwehrkämpfen. Sie hatten nur mit Aufbietung der letzten Kräfte verhindern können, nicht von den Sowjets überrannt zu werden. Nun drängten sie uns, sofort mit ihnen rückwärts ziehend mitzukommen, um sich bis zur nächsten Ort-

schaft durchzuschlagen. Also wieder nichts mit unserem Gänse-
braten, auf den wir uns als willkommene Abwechslung schon so
gefreut hatten.

Auf dem Marsch überholten uns die eigenen Panzer vom Typ
Panther, die zu unserer Division gehörten. Es waren zu dieser Zeit
nur noch wenige Stück, das war der Restbestand der 1. Panzerdivision. Sie ließen uns aufsitzen und wir fuhren auf die kleine
ungarische Stadt Püspöklandany zu, das war der einzige Ort, den
ich mir gemerkt hatte. Unterwegs sahen wir die Reste des großen Schlachtfeldes und eines Kampfes, der sich in einem erbitterten Ringen vielleicht vor zwei bis drei Tagen hier abgespielt
haben mußte. Über hundert abgeschossene russische Panzer lagen überall im Gelände, und anscheinend waren viele berittene
Einheiten beteiligt gewesen, denn alles war mit prall aufgedun-
senen Pferdekadavern bedeckt, die inzwischen wegen des noch
warmen Herbstwetters einen fürchterlichen Verwesungsgestank
verbreiteten. Von der Abwehrschlacht selbst hatten wir nichts
mehr mitbekommen.

In Püspöklandany konnten wir erst einmal Pause machen. Da
sollte ich wieder mit meiner Gruppe einen Sonderauftrag übernehmen, aber ich war fix und fertig, erschöpft und konnte nicht
mehr, war ich doch über 48 Stunden ununterbrochen und ohne
Schlaf, immer unter höchster Anspannung, im Einsatz gewesen.
Es kam zu einem Nervenkollaps mit einem lautstarken Ausbruch
bei mir. Ich weigerte mich vehement, diesen weiteren Spähauftrag zu übernehmen und sagte, er solle doch einen anderen schik-
ken! Mein Zugführer erkannte die Situation und schickte mich
in eine Ecke zum Schlafen. Das hätte für mich gefährlich werden
können, denn das war ein klarer Fall von Befehlsverweigerung.
Auf diesen meinen totalen Ausfall komme ich in einem späteren
Kapitel noch einmal zu sprechen.

***

Zu unserer Verwunderung klappte der Nachschub mit Munition und Verpflegung noch verhältnismäßig gut. Wichtiger als Essen waren für uns jedoch die Zigaretten, denn fast jeder rauchte sehr viel, so auch ich damals. Wir Soldaten der kämpfenden Truppen waren ständig so ungeheuren seelischen Belastungen ausgesetzt, und jeder versuchte seine Erschöpfung, Angst, Verzweiflung, Entbehrung, Heimweh, Sehnsucht, Verwahrlosung und Abscheu vor dem grauenhaften Geschehen durch verstärkten Zigarettenkonsum zu betäuben. Die Wehrmachtsführung versorgte uns deshalb reichlich mit Rauchermaterial. Hochprozentigen Alkohol, wie bei den Russen, gab es bei uns keinen.

Und einer der Hauptlieferanten der Wehrmacht für Zigaretten war das Unternehmen Reemtsma, das genauso wie die Hersteller von Waffen, Munition, Fahrzeugen, Verpflegung, Uniformen und Ausrüstungsgegenständen zu den großen Kriegsgewinnlern zählte. Der Erbe dieses Firmenvermögens, der den gleichen Namen trägt, hatte jedoch vor Jahren nur das eine Bestreben, die Wehrmacht als Verbrecherorganisation abzustempeln und sie insgesamt für einzelne schreckliche Vorkommnisse und Vergehen, wie sie in jedem Krieg bei dem Verfall von jeglichen moralischen Wertbegriffen vorkommen, die Schuld zu geben. Von den vielen Partisanenüberfällen, die von den sowjetischen Kämpfern in Zivilkleidung ausgeführt worden sind, gar nicht zu reden. Diese standen auch nicht unter dem Schutz der Haager Landkriegsordnung von 1907. Gewiß, es gab eine Division der Wehrmacht, die in Rußland im Hinterland eingesetzt war, und Erschießungen durchführte, das war die 221. Sicherungsdivision. Diese sollte hauptsächlich die immer stärker werdenden Partisanenübergriffe abwehren. Da ging man zum Teil bei den Erschießungsaktionen darüber hinaus. Innerhalb der Wehrmacht gab es nur vereinzelt solcher Verbände, die an jenen Exekutionen beteiligt waren. Dabei sind selbst in der 221. Division die Mannschaften überfordert gewesen, denn nach Aussage eines Offiziers dieser Einheit „war die Masse der Männer ganz einfach zu weich, so daß Erschießungen schließlich von den Offizieren selbst vorgenommen werden mußten".

Gerade diese wenigen Verbände verdunkeln nachhaltig und ungerechtfertigt das Gesamtbild der deutschen Wehrmacht. Das Gros dieser riesigen Organisation hatte mit diesen Maßnahmen nichts zu tun und war an der Front mit ganz anderen Problemen konfrontiert. Die entsetzlichen Verbrechen im Osten, die unter dem Namen Säuberungsaktionen im Hinterland der Front liefen, wurden ausschließlich von der SS ausgeführt.

Auch bei den Amerikanern in Vietnam und heute im Irak sind Dinge vorgekommen, über die man nicht spricht, und etwa bei den Franzosen in Algerien, was heute noch in Frankreich zu den absoluten Tabuthemen gehört, scheut man sich jetzt noch, die vielen Untaten aufzudecken.

Wir wehren uns vehement gegen pauschale Verurteilungen. Die nachfolgenden Generationen sollen auch künftig über ihre Väter und Großväter mit Würde sprechen können. Und den Gefallenen muß ein ehrendes Andenken bewahrt werden! – Das muß an dieser Stelle einmal gesagt werden.

***

Zurück zum Kampfgeschehen. Die Schlacht bei Debrecen tobte mit aller Härte weiter. Am 12. Oktober sollte nun ein feindlicher Durchbruch bereinigt und ein Ort im Raum Udvari zurückerobert werden. Wir wurden in die Ausgangsstellung gefahren, und nach Durchquerung einiger Maisfelder sahen wir in circa 500 bis 600 Metern Entfernung das sich breit vor uns hinziehende Dorf liegen. Zunächst warteten wir ab und waren durch das Maisfeld gedeckt. Unsere Panzer unternahmen zuerst eine Erkundungsattacke und fuhren in den Ort hinein. Zum Glück standen dort keine Panzerabwehrgeschütze, sonst hätten wir noch weitere verloren. So kamen sie wieder heil zurück und berichteten uns, daß alles voller feindlicher Truppen sei. Und diesen Ort sollten wir wieder frei kämpfen! Wegen momentanem Munitionsmangel gab es keine Artillerieunterstützung wie damals am Duklapaß, die uns so geholfen hatte. Also waren wir auf uns allein gestellt. Bis zum Ort dehnte sich das flache Pusztaland aus, auf dem riesige weiße Gänseherden weideten. Vereinzelt schlugen russische Granaten dazwischen. Nach jedem Einschlag blieben mehrere Gänse leblos liegen. Es war ein seltsamer Anblick, die vielen Gänsescharen und jede Granate traf in einen weißen Haufen. Vor uns lagen noch einige einzelne kleine Bauernhäuser, aber dann gab es keine Deckung mehr. Nun kam der Befehl zum Angriff.

Inzwischen war noch eine weitere Division, eine Waffen-SS-Division, für diesen Angriff eingesetzt worden. Diese fuhren mit neuen Schützenpanzerwagen vor, so daß wir ganz neidisch wegen dieser neuen Ausrüstung waren. Einzelne Mannschaften zu Fuß sahen wir jedoch nicht. Aus dem Maisfeld herausgekommen, schlug uns heftiges Gewehr- und MG-Feuer entgegen. Da erhielt einer aus meiner Gruppe einen Halsschuß. Es war jedoch nur ein Streifschuß, denn er konnte noch gut reagieren und laufen. Er bekam einen furchtbaren Schock und schluchzte laut vor sich hin. Es war der erste Mann, den ich verlor, zum Glück nur verwundet. In diesem Moment kam ein Schützenpanzer der SS und nahm uns auf. Die waren ganz froh über diesen Verwundeten, denn sie meldeten an ihre Einsatzstelle: „Wir haben einen Verwundeten aufgenommen und fahren jetzt zurück, um ihn in Sicherheit zu bringen!" Ich fuhr ein Stück mit, stieg aber wieder aus und ging nach vorn zu meinen Männern, die sich hinter einem Bauernhaus gesammelt hatten.

Aber nun sollte der Angriff weitergehen. Diesmal hatte mich mein Instinkt, der mich die ganzen Wochen über so gut geleitet hatte, anscheinend verlassen. Ich stürmte als erster hinter dem Haus vor und nach einigen Metern konzentrierte sich das wütende Feuer ganz auf mich und die Kugeln pfiffen nur so um mich herum. Seltsamerweise hatte ich in diesem Moment keine Angst. Nach circa 20 Metern erhielt ich einen furchtbaren Schlag an das linke Knie und stürzte augenblicklich zu Boden. Mein erster Gedanke war: „Nun haben die mich doch getroffen!" Ich winkte meinen Kameraden, die noch hinter dem Haus standen, und die mein Fallen gesehen hatten. Ich wollte ihnen anzeigen, daß ich nur verwundet sei. Im Umwälzen befreite ich mich von dem ganzen an mir hängenden Ballast, konnte aber nicht einmal mehr kriechen. Da sprangen drei aus meiner Gruppe zu mir hin unter den pfeifenden Geschossen hindurch, packten mich am Mantelkragen und schleiften mich hinter das Haus. So waren wir erst einmal in Sicherheit. Mein linker Oberschenkel war mir dicht über dem Knie durch ein Infanteriegeschoß durchschlagen worden. Im Stall fand man eine kurze Leiter, auf die ich wie auf eine Trage gelegt wurde, und vier Mann faßten an den Enden an, um mich rückwärts zunächst in den Schutz des Maisfeldes zu bringen. Kaum waren wir hinter dem Bauernhaus wieder hervorgekommen, wurde unsere rasch laufende kleine Gruppe erneut unter stärkstes Feuer genommen. Da traf mich ein Schlag wie mit einem fünf Kilogramm schweren Vorschlaghammer mit voller Wucht auf die Brust: Ich hatte noch einen Durchschuß seitlich in den Brustkorb bekommen. Trotzdem war ich froh, daß es mich getroffen hatte und nicht einen der vier Träger, sonst hätte man mich womöglich fallen lassen und die unverletzt Gebliebenen wären sicher wieder in den Schutz des Hauses gesprungen. Außerdem wäre ein Mann wegen mir verwundet oder vielleicht zu Tode gekommen. Doch wir erreichten unbeschadet das Maisfeld und waren nach wenigen Metern außer Sichtweite und in Sicherheit.

Hinter dem Feld war eine kleine Sammelstelle für Verwundete eingerichtet worden. Mir ging es noch verhältnismäßig gut. Ich konnte frei atmen, wenn auch unter heftigen Schmerzen. Meine vier Träger eilten wieder nach vorn. Von da an habe ich nichts mehr von ihnen gehört (vielleicht liest einer von „meinen jungen, tapferen Wienern" von damals diesen Bericht, und wir könnten uns nach so langer Zeit einmal wiedersehen!). Ich wartete nun mit den anderen Verwundeten auf den Abtransport. Hierzu war ein radgetriebener Schützenpanzerwagen eingesetzt, der zur Aufnahme von jeweils zwei Tragen vorgesehen war. Man wartete, bis man dran war, dann kam ich an die Reihe. – Das war aber noch nicht alles.

Mit dem Kopf nach vorn wurde meine Trage in die Schienen der Aufnahmevorrichtung geschoben. Inzwischen hatte das Tageslicht abgenommen und es wurde zusehends dunkel. Der Fahrer konnte durch den schmalen Sehschlitz nicht viel erkennen, und so fuhr dieser Unglücksmensch mit den Vorderrädern in einen tiefen Granattrichter. Der schwere gepanzerte Wagen sackte vorn mit den Rädern ab, bis der Motorblock am Boden auflag. Er kam mit eigener Kraft nicht mehr frei. So saßen wir fest, und mein Körper hing schräg vorn nach unten, Kopf und Brust tief abgesenkt. Die Tragen konnte man nicht mehr nach hinten hinausziehen, denn sie hatten sich wegen der Schräglage verklemmt. Also mußten wir warten, bis ein Kettenfahrzeug zu Bergung gefunden wurde. Das dauerte ungefähr eine Stunde. Ich spürte jetzt, wie das Blut in Strömen aus meiner Brustwunde heraussickerte und ich immer mehr in einen Dämmerzustand eintauchte. Zuletzt bekam ich noch mit, wie das Fahrzeug ruckte und anscheinend nach hinten herausgezogen wurde. Dann fiel ich in tiefe Bewußtlosigkeit.

Wir wurden zu einem Hauptverbandsplatz (in Polgar) gefahren, wo zwei Ärzte die medizinische Versorgung sicherstellten. Anscheinend hat man mir in der Nacht mehrere Bluttransfusionen verabreicht. Am nächsten Morgen wachte ich wieder auf. Die Ärzte meinten: „Wir haben nicht geglaubt, daß Sie es noch einmal schaffen!" Zu groß war mein Blutverlust gewesen. Sie erklärten mir dann auch den Zustand meiner Brustverletzung, und daß ich dabei sehr viel Glück gehabt hätte. Denn die Kugel sei von der Seite unterhalb der rechten Brustwarze eingedrungen, an der ersten Rippe nach oben abgelenkt, über die anderen Rippen geschrammt, das Brustbein noch ein bißchen demoliert und über dem Herzen wieder herausgekommen. Das Ganze im Tempo: Schlag, husch, weg.

Ich fühlte wieder etwas von mir und ich war seltsamerweise immer noch nicht ängstlich. Nun überstürzten sich die Meldungen. Die Sowjets waren erneut durchgebrochen, und der Hauptverbandsplatz mußte am nächsten Tag Hals über Kopf geräumt werden. Wir wurden auf Lkws verladen, auf etwas Stroh liegend. Diese suchten ein Loch, um nach Westen durchzukommen. Vor mehreren Orten drehten die Wagen wieder um, da diese angeblich schon besetzt seien, und man mußte damit rechnen, in unserer Bewegungsunfähigkeit doch noch in Feindeshand zu fallen. Da ist auch mir der Mut vergangen. Restlos.

Aber wir schafften es in ein bis zwei Tagen bis zu einer Verladestation durchzukommen, wo wir von einem Lazarettzug aufgenommen wurden, der uns in Richtung Wien aus dem Kampfgebiet brachte.

Dort traf ich am 20.10.1944 ein und wurde in ein Reservelazarett, das in einem alten Konventsgebäude im östlichen Stadtteil Wiens, in der Großen Mohrengasse 12, lag, eingewiesen. Von da ab ist alles genau dokumentiert, denn meine Krankenpapiere sind teilweise erhalten geblieben und lagen bereits fein säuberlich auf dem Tisch, als ich mich nach meinem Weggang aus der DDR 1958 im Westen beim Versorgungsamt Rottweil meldete.

Auf dem langen Verwundetentransport von Ungarn bis nach Wien war die eine Brustwunde, die über dem Herzen, bereits zugeheilt und das Einschußloch rechts näßte nur noch etwas vor sich hin. Auch die Oberschenkelwunden hatten sich schon geschlossen und waren vernarbt. Der gebrochene Knochen bildete das Hauptproblem, da hier nicht eine einfache Fraktur vorlag. Die Bruchstelle war schräg und verlief wie bei einer vom Fleischer angeschnittenen Wurst. Dadurch hatten sich die Knochenteile zusammengeschoben, so daß das Bein anfangs circa fünf Zentimeter kürzer war.

Da es dort viele Verwundete mit einer solchen Verletzung gab, wurden diese in dem Lazarett zusammengelegt und in einem großen Saal eines frei stehenden Seitenanbaus untergebracht. Alle bekamen eine Extensionsbehandlung, das heißt, durch den Unterschenkel wurde ein Stahlstab gebohrt, daran ein Stahlseil befestigt, und dieses wurde über eine hoch liegende Rolle am Bettende geführt und daran ein 10-kg-Gewicht gehängt, so daß die beiden Knochenteile langsam auseinandergezogen wurden. Durch den sich neu bildenden Kallus sollte der Oberschenkelknochen in dieser Streckstellung wieder zusammenwachsen. Wir waren zur absoluten Ruhestellung verdammt.

Im November 1944 setzten die schweren Luftangriffe der Westmächte auf Wien ein. Die Bomben rauschten nieder und wir konnten doch nicht in den Keller gebracht werden. Unser Saal lag im 1. Stock, und an den beiden Längsseiten, wo unsere Betten standen, befanden sich riesige hohe und schwere Holzfenster. Es hätte also genügt, daß eine Bombe im Hof des Konventgebäudes eingeschlagen wäre, dann hätten uns die massigen Fenster unter sich begraben, von einem Volltreffer auf unser Gebäude ganz abgesehen. Wir lagen wie festgekettet und mußten das Geschehen über uns ergehen lassen. Bei dem heulenden Bombenhagel hatten wir alle entsetzliche Angst und viele verkrochen sich unter der Bettdecke. Eine tapfere Ordensfrau, die uns mit pflegte, harrte bei uns aus und spendete allein durch ihre Anwesenheit Trost und Zuversicht. Sie betete still vor sich hin.

Nach circa einer Woche kamen meine Mutter und Schwester nach Wien, um mich zu besuchen. Wir waren froh, daß wir uns überhaupt wiedersehen konnten.

Nach sieben Wochen Extension wurde das Gewicht abgehängt und mein Bein kam in einen Beckengips, der bis zur Taille reichte. Da die Luftangriffe immer mehr zunahmen, wurde das Wiener Lazarett geräumt. Ich kam nach Sachsen in das historisch bekannte Schloß Hubertusburg, wo 1763 nach dem 7jährigen Krieg der gleichnamige Friedensvertrag von Friedrich dem Großen, Österreich und Rußland geschlossen worden war. Ursprünglich eine Heilanstalt, war dieses nun zu einem Reservelazarett umgestaltet worden. Zu Silvester übernahm ich, da ich ja wegen meines Beckengipses sowieso nicht ausgehen konnte, die Rolle des UvD (Unteroffizier von Dienst) und meine Kameraden waren froh, ihr Silvester feiern zu können. Im Januar 1945, erhielt ich, vom Ersatzbataillon in Weimar ausgehend, meine Beförderung zum Unteroffizier.

Auf Antrag wurde es möglich, Ende Januar 1945 in ein Lazarett nach Weimar verlegt zu werden. Da man an mir jetzt sowieso nichts weiter behandeln konnte, durfte ich kurz darauf in ambulante Behandlung nach Hause übersiedeln und mußte mich nur einmal in der Woche in meinem Reservelazarett „Pestalozzischule" melden. Anfang Februar wurde der Beckengips entfernt, wobei man feststellte, daß doch noch eine Beinverkürzung von zwei Zentimetern zurückgeblieben war und das Bein eine etwas „bogenähnliche Verformung" hatte, also kurz gesagt, krumm wie bei einem alten Kosakenreiter war. Aber damit konnte man leben. Alle anderen Wunden waren verheilt. Es sind auch keine inneren Verletzungen zurückgeblieben. Natürlich war das Bein ganz dünn geworden und hing kraftlos am Körper, aber da halfen Massagen und Übungen, so daß ich mit der Zeit mit Stock langsam wieder laufen konnte.

Es kamen die letzten Monate des Krieges mit den grausamen Ereignissen, die noch so entsetzliches Leid über viele Menschen und Städte bringen sollten.

4. Kriegsende und Gefangenschaft

Durch den Beckengips war mein linkes Bein so dünn und kraftlos geworden, daß ich nun sehr oft zur Massage in das Sophien-Krankenhaus mußte. Erst langsam lernte ich wieder Laufen, was sehr mühsam war und ich einen Stock brauchte. Zum Glück hatten wir noch unseren Lieferwagen, mit dem mich meine Mutter oder Schwester in die Stadt fahren konnten.

Mit immer größerer Spannung verfolgten wir das zu Ende gehende Kriegsdrama. Am 9. Februar 1945 erlebte auch Weimar einen Bombenangriff, der viele Opfer forderte und historisch wertvolle Bausubstanz vernichtete. So wurde die ganze Nordhälfte des Marktplatzes und viele Altstadtviertel zerstört, das berühmte Nationaltheater brannte aus und auch die Stadtkirche, die als Wirkungsstätte Herders den Namen Herderkirche trägt, verlor ihren Dachstuhl. Am Goethehaus wurde ein Seitenflügel beschädigt und das einstige Wohnhaus von Johann Sebastian Bach ist vollkommen vernichtet worden. Der große Rüstungsbetrieb im Nordosten der Stadt blieb jedoch unbeschädigt. Bei uns fielen keine Bomben, obwohl wir neben dem großen Kasernenbereich lagen. Für unsere Gärtnerei mit circa 6 000 Quadratmetern Gewächshausfläche hätte ein Treffer – auch nur im Nahbereich – das sichere Ende bedeutet.

Bei den Aufräumungsarbeiten wurden auch Häftlinge aus dem nahen Konzentrationslager Buchenwald mit eingesetzt. Weimar, in der ganzen Welt bisher ein Begriff für Humanität, Menschlichkeit, geistige Freiheit und fortschrittlichen Denkens, die Wirkungsstätte Goethes und Schillers, dazu Herders und Wielands, hat seit dem Jahr 1938 auch ein anderes, entgegengesetztes Synonym erhalten: Es steht jetzt leider auch für Schrecken, Mord und Grausamkeit. Das Konzentrationslager Buchenwald lag oben auf dem Hausberg Weimars, dem Ettersberg, circa sechs Kilometer vom Stadtkern entfernt. Wir selbst wohnten in der Ettersburger Straße am Nordrand von Weimar, der Zufahrtsstraße zum Lager, nur vier Kilometer Luftlinie von uns bis dorthin. Die Weimarer wußten nichts Genaues. Doch schon bald sprach sich herum, daß dort oben schlimme Dinge geschehen, und mancher Weimarer Bürger war selbst eine Zeitlang dort inhaftiert. Aber jeder, der wieder frei kam, hütete sich, auch nur ein Sterbenswort über die Zustände in diesem neben Oranienburg und Dachau bedeutendstem Konzentrationslager des nationalsozialistischen Regimes zu erzählen, es hätte ihn sein Leben gekostet. Die Weimarer Einwohner sahen wohl gelegentlich den einen oder anderen Sträfling in seiner typischen gestreiften Kleidung, der unter Bewachung durch die Straßen gefahren wurde, und, wie gesagt, nach dem Bombenangriff wurden ganze Kolonnen zu Aufräumarbeiten eingesetzt, aber das Ausmaß des Schreckens konnte man nur ahnen. Von den SS-Wachmannschaften war kaum einer im Straßenbild zu sehen, das Lager führte ein vollkommenes Eigenleben. Selbst das SS-Führungspersonal lebte mit ihren Familien in einer eigenen Wohnsiedlung neben dem Lager.

Das wollen viele, ach so Kluge, von den Nachgeborenen heute nicht glauben, und meinen, der Welt klarzumachen, daß die Einwohner Weimars eine Mitschuld an dem grausamen Geschehen dort oben im „Lager Buchenwald" tragen und alles gewußt haben *müssen*. Ein vor einigen Jahren zur Durchführung eines bedeutenden Stadtereignisses von außen für einige Zeit eingesetzter Kulturbeauftragter verstieg sich sogar zu dem brutalen Ausspruch, „man müsse den Weimarern den ‚Buchenwald' wie Nägel in die Köpfe einrammen!" Aber selbst der erste Oberbürgermeister Weimars nach Kriegsende, Dr. Fritz Behr, der zuletzt selbst einige Zeit in „Buchenwald" inhaftiert war, bescheinigte den Weimarern, daß sie die ungeheure Dimension des Vernichtungsablaufs dort oben nicht wissen konnten. Erst nach der Befreiung wurde der ganze

Schrecken sichtbar. – Ich selbst sollte fünf Tage vor Eintreffen der amerikanischen Armee noch Zeuge eines furchtbaren und grausamen Geschehens werden.

Ein anderes apokalyptisches Vergehen ereignete sich in diesen Februartagen: Am 13. und 14. Februar 1945 wurde durch englische und amerikanische Bomben Dresden zerstört und ein furchtbares Massaker an der Zivilbevölkerung angerichtet. Es war aber nicht nur ein übliches Häuserzerstören, dies hat es während des ganzen Krieges gegeben. Obwohl mit diesen Bombardierungen Hitlerdeutschland mit den Angriffen auf London und dann besonders auf Coventry – hier war der Schwerpunkt für die Bombenabwürfe die dort konzentrierte englische Flugzeugindustrie – im Jahr 1940 angefangen hatte, kann man diese Angriffe als Entschuldigung für das, was in Dresden geschah, überhaupt nicht vergleichen und heranziehen. Hier in Dresden ging es in seiner Dimension um die bewußte Auslöschung von Zehntausenden unschuldiger Menschen – Männer, Frauen und Kinder. Dabei waren nicht nur die Einwohner Dresdens in das Inferno des Vernichtungsstrudels gerissen worden, sondern auch die vielen Flüchtlinge aus Schlesien, die sich vor den heranrückenden Sowjetrussen in diese bis dahin als sicher geltende Stadt gerettet hatten. Gerade durch diese weit über 100 000 Flüchtlinge, die nirgendwo registriert waren, läßt sich heute die Zahl der Toten nicht einmal annähernd schätzen. Die einen rechnen mit 40 000 bis 60 000, andere, und besonders Augenzeugen und Überlebende, sprechen von weit über 100 000 Toten. Die Hitze war so groß (über 1 200 Grad), daß die Leichnahme zu Asche verglühten und nichts mehr zum Zählen übriggeblieben war. Die Infamie des Angriffsplanes von Marschall Harris und seines Stabes gipfelte in dem Vernichtungsschlag des zweiten Angriffstages, der unter seinem Kommando von amerikanischen Bombern geflogen wurde und an dem in der Hauptsache die Elbwiesen bombardiert wurden. Hierher hatten sich Zehntausende, die das Inferno der

Nacht überlebt hatten, geflüchtet und sich in vermeintliche Sicherheit gebracht. Auf diesen Elbwiesen befanden sich weder Gebäude noch Eisenbahnlinien.

Das war ein Verbrechen gegen die Menschlichkeit, das nur noch durch den Holocaust von Hitler und seinem Mordgenossen Stalin, der sogar über 20 Millionen seiner eigenen Landsleute umgebracht hatte, übertroffen wurde. Bei den Angriffen auf Dresden sind die Industriegebiete Dresdens bewußt völlig unbehelligt geblieben. Für uns Deutsche ist es unbegreiflich, daß ausgerechnet dem Befehlshaber und Planer dieses zweitägigen Massenvernichtungsaktes, dem englischen Luftmarschall Arthur Harris, noch vor einigen Jahren ein Denkmal gesetzt worden ist. Sein heute noch lebender Adjutant führt jetzt an, daß Eisenhower die Bombardierung auf Drängen von Stalin gefordert hätte. Auch Churchill soll dieser Meinung gewesen sein. Jetzt versucht man also, dem einen wie dem anderen die Verantwortung zuzuschieben.

Der klägliche Rechtfertigungsversuch eines heutigen englischen Historikers, die Vernichtung Dresdens sei damals militärisch notwendig gewesen, da diese Stadt ein wichtiger Eisenbahnknotenpunkt war und man Verschiebungen deutscher Truppenverbände gen Osten hätte verhindern müssen, ist mehr als dürftig. Denn er hätte auf Grund seiner Studien wissen müssen, daß es zu diesem Zeitpunkt überhaupt keine Truppen mehr gab, die man hätte verschieben können. Die zurückflutenden Reste der deutschen Wehrmachtsstreitkräfte aus Schlesien hatten sich in die Tschechoslowakei abgesetzt. Aus dem Westen war nichts mehr abzuziehen, da die Front schon Westdeutschland erreicht hatte und eigene Verstärkungen brauchte. Und selbst wenn es diese fiktiven deutschen Truppenverbände damals noch gegeben hätte, so wäre es bei dem dichten deutschen Eisenbahnnetz ein leichtes gewesen, auf Umgehungsstrecken den Knotenpunkt Dresden zu umfahren. Von einem Historiker, der als Wissenschaftler ernstgenommen werden will, hätte man erwarten können, daß er erst sorgfältig recherchiert, bevor er solchen Unsinn behauptet.

Aber ich glaube, daß es nur eine Minderheit in England ist, die heute noch in der Vernichtung Dresdens eine damals notwendige Kriegsmaßnahme sieht, ungeachtet der vielen zivilen Opfer.

Es ist für uns sehr tröstlich, daß das Symbol der Zerstörung, die Dresdner Frauenkirche, auch mit britischen Geldern jetzt wieder aufgebaut worden ist und das neue in England gefertigte goldene Strahlenkreuz auf der Kuppelspitze mit einer Höhe von 5,5 Metern eine besondere Spende aus England darstellt, gefertigt von dem Sohn eines damals beteiligten englischen Bomberpiloten.

Der 14. Februar, also am zweiten Tag des Angriffs, war der Himmel klar und wolkenlos. Schon am Morgen hörten wir im Radio von den verheerenden und starken Nachtangriffen auf Dresden. An diesem relativ warmen Tag saßen wir auf unserer Terrasse und sahen unzählige Wellen über uns hinweg fliegender Bombengeschwader, mit langen weißen Streifen hinter sich herziehend, unendlich viele, ohne Unterlaß. Wir wußten zu dem Zeitpunkt noch nicht, welches neue Ziel man diesmal anflog. Noch einmal Dresden, war für uns unvorstellbar.

Dresden bleibt der schwarze Punkt der Westalliierten, an dem auch sie gemessen werden.

Wenn es zwei Symbolfiguren unter den grausamen und unmenschlichen Akteuren des 20. Jahrhunderts gibt, die als mahnendes Denkmal in der Hölle auf einem Podest von glühenden Kohlen stehen müßten, dann ist es der zynische deutsche General Erich von Falkenhayn im Ersten Weltkrieg, der als Schlächter von Verdun in die Geschichte eingegangen ist, und eben dieser englische Luftmarschall Arthur Harris, als der Initiator und Verfechter der Flächenbombardierungen der deutschen Städte, die zu den in die Hunderttausende gehenden Opfern in ganz Deutschland unter der unschuldigen deutschen Zivilbevölkerung führten. Dies war seine erklärte Absicht.

Das letzte Inferno strebte dem Ende zu.

Anfang April hörten wir schon den fernen Geschützdonner im Westen. Die Front rückte immer näher heran. Da kam doch tatsächlich noch so ein junger verblendeter Leutnant zu uns in den Versandraum, um Blumen zu kaufen, und es entwickelte sich ein heißes Gespräch zwischen meiner Mutter und ihm, da er ihr einzureden versuchte, jetzt stände der Endsieg kurz bevor. „Unser Führer" würde nun seine Geheimwaffen einsetzen und die brächten die Wende. Solche verbohrten und fanatischen Menschen gab es vereinzelt immer noch. Meine Mutter redete sich lautstark um Kopf und Kragen und versuchte ihm klarzumachen, daß in wenigen Tagen die Amerikaner hier stünden. Meine Schwester, die das Gespräch mit anhörte, bekam es mit der Angst zu tun und befürchtete, zu guter letzt könnte noch eine Katastrophe eintreten. Sie ging in das angrenzende Büro und rief unsere Mutter laut zu einem fiktiven Telefonanruf, um dem Wortwechsel ein Ende zu setzen.

In den letzten Tagen wurden die Außenlager des Konzentrationslagers Buchenwald aufgelöst und die Inhaftierten zum Teil in das große Stammlager auf dem Ettersberg überführt. So schleppten sich auch die Häftlinge von der Außenstelle in Ohrdruf am Thüringer Wald schon seit drei Tagen in Richtung Weimar und hatten etwa 70 Kilometer Wegstrecke hinter sich. Am 7. April wurde die Hauptkolonne außen um die Stadt herumgeleitet und unten in die Ettersburger Straße getrieben und kamen weiter oben an unserem Grundstück vorbei. Die ausgemergelten Gestalten in ihrer schmutzigen gestreiften Sträflingskleidung waren völlig erschöpft und am Ende ihrer Kräfte. Sie schlurften nur noch in ihren Holzpantinen und stützten sich gegenseitig. An den Seiten liefen die SS-Leute mit schußbereiter Waffe. Meine Mutter, meine Schwester und ich in Wehrmachtsuniform sahen, hinter unserem

Einfahrtstor stehend, völlig fassungslos diesem Elendszug zu. Alle paar Meter brach einer zusammen. Er wurde sofort von den SS-Wachen in den jenseitigen Straßengraben gezogen und durch Genickschuß liquidiert. Unser Grundstück ist ungefähr 150 Meter lang. Auf dieser Strecke hat es allein 12 bis 15 Morde gegeben. Den Schluß bildete ein Lastwagen, auf den die Toten geworfen wurden.

Dieses Geschehen war das grauenhafteste Erlebnis in meinem Leben. Frontkämpfe, Verwundung oder Bombenhagel haben nicht so tiefe Furchen bei mir hinterlassen. Die absolute Ohnmacht, nichts, aber auch gar nichts an diesem Tötungsablauf ändern zu können, führte zu einer Hilflosigkeit, die an die Grenzen menschlichen Seins und Handelns stößt. Wir standen wie angewurzelt und sahen auf diesen grauenhaften Totenzug, bis zum Schluß. Wir fühlten uns als Zeugen dazu verpflichtet, und wir schämten uns, Deutsche zu sein.

Am 11. April 1945 haben amerikanische Truppen das Konzentrationslager Buchenwald befreit. Es war das erste deutsche Konzentrationslager, das sie kennenlernten. Sie fanden Tausende von Leichen vor, und die Überlebenden waren meist elende kranke Männer. Einen Tag später, am 12. April, rückten die Amis auch in Weimar ein, das rechtzeitig von dem damals fungierenden Bürgermeister eines Teilortes kampflos übergeben worden war. Nun taten die Amerikaner etwas, was in diesem Moment das einzig Richtige war: Sie bestimmten aus jedem Haus Personen, die zu Fuß zum Lager Buchenwald gehen und sich die dort vorgefundenen Zustände als Augenzeugen ansehen mußten. Alle waren tief erschüttert, denn erst jetzt erfuhren sie, welche Verbrechen die ganze Zeit über so in ihrer Nähe verübt worden waren. Viele Weimarer Männer wurden zu Aufräumungsarbeiten und zur Bergung der Toten verpflichtet. Erst jetzt wurde den Weimarern das ganze Ausmaß dieses entsetzlichen Konzentrationslagers in ihrer Nachbarschaft bewußt.

Nachdem am 12. April die ersten amerikanischen Jeeps bei den Kasernen neben uns, die natürlich von allen Wehrmachtssoldaten restlos verlassen waren, auftauchten, hielt ich es für besser, sofort wieder stationär in mein Lazarett in der Pestalozzischule zurückzukehren und dort vorerst zu bleiben. Meine Schwester fuhr mich mit unserem Lieferwagen durch die neuen Besatzungstruppen, die Amis, unbehelligt hindurch.

Wir warteten in unserem Lazarett ab, wie es weitergehen würde. Es waren fast nur Schwerverwundete, die in diesem Haus gepflegt wurden, darunter sehr viele Beinamputierte. Ein Schulkamerad, er war eine Klasse über mir, war auch dort, und wir beide vertrieben uns die Zeit mit Tischtennisspielen und Lesen. Die Amis kontrollierten uns nicht. Alle warteten wir auf unsere baldige Entlassung, denn für uns stand fest, daß wir mehr oder weniger stark Behinderten sicher schnell frei kämen.

Am 1. Mai war es dann soweit. Zuerst auf Lastwagen verladen, wurden wir in Erfurt in offene Eisenbahnwaggons gesteckt und nach Westen gefahren, über den Rhein, bis wir bei Bad Kreuznach ausgeladen wurden. Zum Schluß landeten wir in den später so berüchtigten Rheinaue- und Nahe-Camps bei Bad Kreuznach. Von Entlassung keine Spur. Für uns endete der Krieg genauso, wie für Millionen andere deutscher Soldaten: in Gefangenschaft. Dieses Erlebnis und die Zustände dort, die einen noch einmal das Äußerste an Kraft und seelischem Einsatz abforderten, waren vielleicht für mich notwendig, um die entsetzlichen Eindrücke vom 7. April zu verarbeiten.

Dort hatte man riesige Wiesengebiete in einzelne Camps mit Stacheldrahtumzäunung eingeteilt. Beim Einzug in ein solches Camp gingen wir an einem hohen Stapel aufgeschichteter toter Soldaten vorbei. Da wußten wir, was uns erwartete. Anfangs war der Lehmboden durch vorausgegangenen Regen tief aufgeweicht, so daß wir im Schlamm saßen. Äußerste Verzweiflung machte sich breit, und erst nach Stunden waren wir imstande,

106

den Schlamm unter uns etwas wegzukratzen, um ein halbwegs trockenes Plätzchen zu schaffen. Wir mußten uns in Gruppen von je acht Mann einteilen, die ein Weißbrot als Tagesration bekamen. Ich war der Zuschneider des Brotes für unsere Gruppe, wobei nach Prüfung der Scheibengrößen durch alle jede einzelne Schnitte zuletzt noch verlost wurde. Die Brotteilung gestaltete sich gar nicht so einfach, da das Brot – ein Kastenbrot – in der Mitte gewölbt war und die beiden Endstücke zum Ausgleich etwas breiter geschnitten werden mußten. Aber alle waren zufrieden. So hatte jeder das Gefühl, daß die Verteilung so gerecht wie möglich vorgenommen worden war. Eine Scheibe amerikanisches Weißbrot pro Tag, das brachte einen ungeheuren Hunger, und wir alle magerten bis auf die Knochen ab. Viele waren den Strapazen nicht gewachsen. Wir hatten keinen Streit unter uns, sondern fühlten uns als eine große Schicksalsgemeinschaft. Unsere Gruppe hielt eisern durch.

Man muß der amerikanischen Siegermacht zugestehen, daß sie für die entstandene Entwicklung, auf diese Massen von Millionen deutscher Soldaten, die ihnen plötzlich zufielen, nicht vorbereitet und deshalb völlig überfordert waren. Obwohl sie ihren Feldzug und ihren Sieg so genau geplant hatten, an die dabei anfallenden Gefangenen, die ihnen bei der Eroberung in ihre Hände kamen, hatte man anscheinend nicht gedacht und auch nicht dafür vorgesorgt. Ich glaube auch heute noch nicht, daß dieser Mangel an Unterkunft (Zelte) oder Verpflegung als Schikane an den besiegten Deutschen ausgelegt werden darf. Zum Glück wurde das Wetter dann warm und trocken. Wir alle waren dunkelbraun gebrannt, da wir den ganzen Tag der Sonne gnadenlos ausgesetzt waren. Seit dieser Zeit bin ich kein Freund von langen Sonnenbädern.

Mehrmals mußten wir mit erhobenem linken Arm an den Kontrollposten vorbeilaufen. Sie suchten immer wieder nach untergetauchten SS-Leuten, denn jeder SS-Mann hatte seine Blutgruppe und seine Erkennungsnummer innen am linken Unterarm eintätowiert. Das war wie ein Brandmal. Bei dieser Gelegenheit wurden wir auch gegen Verlausung mit DDT eingestäubt.

Da wir später noch Konserven aus amerikanischer Armeeverpflegung bekamen, die in ganz stabilen und gegen Nässe imprägnierten großen Kartons verpackt waren, konnten wir aus diesen Isolierpappen Unterlagen für uns schaffen, so daß wir nicht mehr auf dem bloßen Boden liegen mußten. Die leeren Konservenbüchsen lagen in jeder Größe auf einem hohen Haufen, und wir bastelten uns daraus mit Hilfe unserer Messer einfache Wasserkocher, die wir mit kleingerissenen Papierschnitzeln aus zerrupfter Verpackungspappe fütterten. So konnten wir uns Kaffee kochen, den wir später reichlich bekamen. Ich konstruierte daraufhin aus verschiedenen Büchsengrößen einen besonders sparsamen Kocher, der mit nur wenigen einzeln zugeführten Pappschnitzeln auskam, um das Wasser in einer circa Viertel-Liter-Büchse zum Kochen zu bringen. Der Sparkocher erfreute sich bald einer starken Nachfrage bei meinen Kameraden. Einer schenkte mir dafür eine Zigarette, die ich wenig später gegen einen Füllfederhalter eintauschte.

Aber der Hunger blieb. In unserer Phantasie malte jeder seine Lieblingsspeise aus und schrieb sie sich auf, die er sich dann bei seiner Heimkehr wünschen wollte. Wohl kamen vereinzelt Einwohner aus den naheliegenden Dörfern und warfen uns Brote oder andere Lebensmittel über den Zaun. Das war gut gemeint, aber doch nur ein Tropfen auf den heißen Stein. Die Wasserversorgung klappte von Anfang an ausgezeichnet. Hier hatten die Amerikaner lange Leitungen mit Zapfhähnen installiert, so daß es uns auch möglich war, uns gegenseitig naß zu spritzen. Wir liefen die meiste Zeit sowieso völlig nackt umher.

Im Juni kam Bewegung in unser Dasein. Wir wurden registriert, wobei besonderer Wert auf unseren Wohnort gelegt wurde. Gegen Ende Juni erhielten wir unsere Entlassungsscheine, und dann wurde ein Teil von uns, darunter auch ich, herausgezogen und wieder in Waggons verladen. Der Zug fuhr Richtung Mitteldeutschland. Ungefähr am 25. Juni kamen wir in Erfurt an. Uns gegenüber stand ein Güterzug, der nach Auskunft eines Bahnarbeiters nach Weimar und dann weiterfahren sollte. Ich wechselte sofort dorthin, obwohl wir uns erst bei irgendeiner Stelle in Erfurt hätten melden sollen. So erreichte ich Weimar und nach einer halben Stunde war ich zu Hause. Da brauchte ich keinen Stock mehr. Die Freude kannte keine Grenzen. Meinen Essenswunschzettel hatte ich noch bei mir, und meine Mutter freute sich, mich aufzupäppeln.

In den nächsten drei bis vier Tagen räumten die Amis Thüringen und verließen also auch die neben uns liegenden Kasernen.

Obwohl es die meisten nicht ernst genug nahmen, bewahrheiteten sich nach dem 1. Juli die wild umher schwirrenden Gerüchte, daß Thüringen tatsächlich an die Sowjetunion übergeben würde, waren doch die Amerikaner bei ihrer Eroberung Deutschlands bis nach Leipzig gelangt. Keiner konnte und wollte es begreifen, daß nun das von ihnen besetzte Land, dabei drehte es sich hauptsächlich um Thüringen, an die Sowjetrussen übergeben wurde. Nun verstand ich auch, warum wir so schnell aus dem Gefangenenlager in Kreuznach abtransportiert und nach Hause, nach Thüringen, gebracht wurden. Wir sollten vorher noch heimkommen. Wie ich später hörte, ist ein großer Teil der Lagerinsassen noch zurückgeblieben und wurde später an Frankreich ausgeliefert, wo sie über zwei bis drei Jahre als Zwangsarbeiter schuften mußten.

Am 2. Juli trafen dann die ersten Sowjetrussen bei uns ein, zum großen Teil auf klapprigen Panje-Wägelchen mit kleinen zotteligen Pferden davor. Das war also die ruhmreiche Rote Armee. Aber ohne Zweifel, sie hatten uns besiegt. In die Kasernen neben uns zog eine Panzereinheit ein, mit modernen Kampfpanzern, dem Nachfolger des legendären Typs T 34.

Da sich die erste Siegerwut der sowjetischen Soldaten an der deutschen Zivilbevölkerung in den Monaten davor in den Ostgebieten schon ausgetobt hatte, kamen nur noch vereinzelte Übergriffe vor. Besonders scharf war man auf unsere Armbanduhren, und überall ertönte der Ruf: „Uhri, Uhri." Wir ließen dann prinzipiell unsere Uhren zu Hause.

Mit unseren neuen Nachbarn hatten wir erst ein reserviertes Verhältnis, das sich jedoch später normalisierte. Im Straßenbild waren nur Offiziere zu sehen, da die Mannschaften in der Regel die Kasernen nicht verlassen durften. Mit der Zeit bedauerten wir sogar diese ständig eingesperrten Menschen, die außer auf einem Transport von Deutschland nichts zu sehen bekamen. Aber das war wohl Stalins Taktik. So ließ er auch die nun befreiten russischen Kriegsgefangenen in Lager nach Sibirien verschleppen. Die durften nicht nach Hause, wie sonst jeder andere wieder frei gekommene Gefangene.

Es herrschte Frieden! Alles andere wird sich zeigen, und wir schauten erwartungsvoll in die Zukunft.

5. Neuanfang, Gärtnerlehre

Langsam kehrte das normale Leben wieder zurück. Freunde kamen aus der Gefangenschaft heim, einige hatten es sogar fertiggebracht, um eine Gefangenschaft ganz herumzukommen. Ein Teil meiner Klassenkameraden – viele sind gefallen – zogen es vor, gleich in Westdeutschland zu bleiben und dort nach einer Übergangszeit ein Studium aufzunehmen. Auch ich wollte ja studieren, und zwar an der Hochschule für Architektur in Weimar. Im August 1945 traf sich erstmals eine Gruppe von etwa 20 jungen Leuten, meist Heimkehrer aus dem Krieg, in dem von dem berühmten Architekten Henry van de Velde geschaffenen Bau, der unbeschädigt den Krieg überstanden hatte. Viele von uns hatten sich bereits während des Krieges immatrikulieren lassen. Es wurde sogar schon ein Studentenrat gebildet und auch der neue Leiter der Hochschule, Professor Henselmann, war bestimmt. Aber es gab keinen Termin für den Studienanfang. Die sowjetrussische Militäradministration, die ihren Sitz in Weimar hatte, gab das Gebäude nicht frei. Das sollte noch bis Winter 1946 dauern.

Also hieß es warten. Zu Hause in unserem Geschäft gab es für mich genug zu tun, sei es im Büro oder im Organisieren von allen möglichen Materialien, um den Betrieb überhaupt aufrechterhalten zu können.

Wir, meine Mutter und ich, hofften noch immer, daß mein Vetter Gert Holz, der als Gartenmeister die Betriebsführung übernehmen sollte, aus dem Krieg, das heißt, aus einer möglichen russischen Gefangenschaft, wieder zurückkommen würde. Er war seit Anfang 1943 bei den schweren Abwehrkämpfen im Mittelabschnitt der Ostfront vermißt. Zuletzt wurde er von Kameraden gesehen, wie er bei heftigem Schneetreiben an seinem defekten

Motorrad herumwerkte. Von da ab hat man nie wieder etwas gehört, weder Briefe, noch ein Zeugnis von anderen Kameraden.

Sein Bruder, mein Vetter Dr. med. Hans Holz, war in den letzten Kriegsjahren als Stabsarzt in Oberitalien eingesetzt, und wir hatten laufend sehr interessante Berichte von ihm bekommen. Da meinten wir ihn halbwegs sicher. In der Endphase des Kriegsgeschehens ist jedoch seine Einheit in die Tschechoslowakei verlegt worden und wurde dort der Armee des Generalfeldmarschalls Schörner unterstellt. Dieser General war in der ganzen Wehrmacht berüchtigt und galt als bedingungsloser Parteigänger Hitlers, der mit aller Brutalität gegen die eigenen Leute vorging. Als dann gegen Ende des Krieges im weiteren Verlauf gewisse Auflösungserscheinungen um sich griffen, schickte er gnadenlos seine Hinrichtungskommandos umher und ließ reihenweise die eigenen Soldaten erschießen.

So hat sich auch mein Vetter mit einem Arztkollegen und Sanitäter auf ein Durchschlagen nach dem Westen vorbereitet, um in amerikanische und nicht in sowjetische Kriegsgefangenschaft zu geraten. Dies erfuhr ein immer noch verblendeter Nazianhänger, ein Sanitätsfeldwebel, und zeigte sie an. Alle wurden von Schörners Exekutionskommando hingerichtet. Seine Frau, die mit dem Töchterchen Bettina am Bodensee lebte, erfuhr nichts davon und wähnte ihn immer noch in Italien. Erst ein Jahr danach erhielt sie von einem Geistlichen, der in der letzten Nacht bei meinem Vetter war, die Mitteilung von seiner Erschießung.

Übrigens hat mein Vetter Hans Holz seine medizinische Doktorarbeit über das Thema „Krankheiten und Tod von Wolfgang Amadeus Mozart" gemacht. Er war dafür längere Zeit in Salzburg, und hat dort sämtliche Briefe Mozarts nach Hinweisen über Beschwerden und Krankheiten durchgearbeitet. Auch andere Unterlagen wurden von ihm herangezogen. Dieses Thema hatte ihn besonders gereizt, da doch die Nazis behauptet hatten (wie auch bei Schiller), die Freimaurer hätten ihn umgebracht.

Die Freimaurer waren unter den Nazis eine streng verbotene Verbindung. Mein Vetter kam zu dem Ergebnis, daß Mozart eines natürlichen Todes gestorben ist. Diese Dissertation ist in jeder Universitätsbibliothek einzusehen.

Wir warteten alle auf die ersten genauen Nachrichten über den Ablauf der letzten Zeit. Das militärische Ende hatten die meisten von uns am eigenen Leibe miterlebt, jedoch das große Geschehen war noch nicht klar. Aber die Nachrichten im Radio beschränkten sich meist auf die aktuelle Lage, da ja der Krieg im Fernen Osten, im Pazifik, weiterging. Dann kam das ungeheure Ereignis: der erste Abwurf der Atombombe mit ihren so schrecklichen Auswirkungen. Man fragt sich heute, ob der Abwurf der zweiten Bombe über Nagasaki noch nötig war. Die erste Bombe über Hiroshima hat doch den Japanern klar vor Augen geführt, daß weiterer Widerstand völlig sinnlos war. Einer Atombombe hatten sie absolut nichts entgegenzusetzen.

Die vielen Verbrechen, welche die Nazis in den letzten Jahren noch begangen hatten, waren dem deutschen Volk noch nicht mitgeteilt worden. Es gab ja keine Zeitungen, die uns über die Einzelheiten hätten informieren können. Aber es lag auch daran, daß noch keine Stelle eingerichtet war, die alles sichtete und die Informationsdienste bediente.

Für mich gab es die große Aufklärung, die unsere schlimmsten Ahnungen und Erfahrungen weit übertraf, mit dem im November 1945 erschienenen Buch von Eugen Kogon „Der SS-Staat". Ich hatte ja in den letzten Kriegstagen viele grausame Taten der Naziverbrecher miterlebt. Aber welcher Höllenschlund sich da auftat, hat uns alle tief erschüttert. Eugen Kogon war bis zum Schluß im Konzentrationslager „Buchenwald", also nur vier Kilometer von unserem Grundstück entfernt, inhaftiert, und ist am 11. April 1945 von den amerikanischen Truppen befreit worden. Als Journalist wurde er sogleich von den amerikanischen Militärbehörden beauftragt, dieses ganze Geschehen zu recherchieren und aufzuarbeiten, einschließlich der Ereignisse, die in den östlichen Vernichtungslagern abliefen. Das war dann der „Holocaust", ein Begriff, der aus dem Griechischen stammt, und erst viel später für diese Menschheitstragödie angewendet wurde. Da habe ich auch das erste Mal von Auschwitz gehört. Später sind daraufhin die vielen Tausend weiteren Publikationen erschienen, die immer neue Enthüllungen brachten. Es gibt heute viele naive Menschen, die meinen, bei der heutigen Publizität des Ortes Auschwitz hätte zu jener Nazizeit jeden Tag etwas über Auschwitz n der Zeitung gestanden, und die Deutschen wären ja schon damals so informiert gewesen. Dies geschah alles im Verborgenen, und man achtete streng auf Geheimhaltung.

Über das Wesen dieses Nazi-Regimes habe ich mir keine Illusionen gemacht, sondern nur über die ungeheuren Dimensionen des Verbrechens. Adolf Hitler und seine Schergen haben das deutsche Volk an den untersten Rand der Menschheit geführt, wofür es noch heute, teils berechtigt, teils ohne Schuld, an den Folgen zu tragen hat. Dabei gibt man jetzt besonders unserer Generation eine schwere Mitschuld und meint, daß wir alle mehr oder weniger mitgewirkt und die Verantwortung zu tragen hätten. Dies wird hauptsächlichst von der 68er Generation behauptet.

***

Die engste Freundin meiner Mutter, Anni Schwager, mit der sie sich seit der gemeinsamen Schulzeit am Lyzeum „Sophienstift" in Weimar sehr verbunden fühlte, wohnte mit ihrem Mann, dem Gesandten Dr. Josef Schwager, seit 1923 im auswärtigen Dienst, in den jeweiligen Ländern seiner Auslandstätigkeit. Er hatte später als Beamter des Außenministeriums die Finanzabteilung in Berlin unter sich. Wegen der vielen Bombenangriffe während des Krieges kamen beide an den Wochenenden oft zu uns. Die letzten sechs Wochen vor der Einnahme Berlins verbrachte Frau

Schwager ganz bei uns. Die Freundschaft ist nun auch auf die Söhne übergegangen, Sohn Klaus ist zwei Jahre jünger als ich und diente bei der Marine. Am Ende setzte man ihn noch zu Bodenkämpfen in Westdeutschland ein, wo er am Arm verwundet wurde.

Etwa zwei Wochen vor Einrücken der Amerikaner traf auch Josef Schwager bei uns ein. Drei Tage später, circa Anfang April, konnten sie sich nach Süddeutschland, woher er stammte, absetzen und sind nach verschiedenen Zwischenstationen endgültig in Tübingen gelandet. Es war in der Familie Schwager ausgemacht, daß man sich nach Kriegsende bei uns in Weimar treffen wollte, deshalb kam auch der Sohn, mein Freund Klaus, schon Anfang Juni 1945 bei uns an, nur seine Eltern fehlten. Wir hörten erst nach Monaten wieder von ihnen.

Mein Freund Klaus hatte auch die Absicht, Architektur zu studieren, deshalb nutzte er die Zeit bei uns, bei der gleichen Baufirma wie ich ein Maurerpraktikum zu absolvieren. Im Sommer kam die erste Nachricht von seinen Eltern und er hat sich darauf im September über die „grüne Grenze" zu ihnen nach Tübingen abgesetzt. Dort änderte er seinen ursprünglichen Berufsplan und nahm später an der dortigen Universität ein kunsthistorisches Studium auf. Er hat sich im Laufe des Studiums für eine Universitätslaufbahn entschieden und gelangte über die USA und Heidelberg auf den Lehrstuhl der kunsthistorischen Fakultät in Tübingen.

Im Sommer kamen die ersten Flüchtlinge aus dem Sudetenland. Eines Tages stand die Mutter von Sepp Schelz, dem ehemaligen Adjutanten des nachbarlichen Schützenregiments, der mich als Wehrmachtsangehöriger 1943 nach Weimar geholt hatte, vor unserer Tür, zusammen mit noch zwei Ehepaaren. Sie kamen aus dem Sudetenland, wo sie in brutaler Weise gegen jedes Völkerrecht vertrieben worden waren. Da Frau Schelz nur eine Adresse im ehemaligen Reichsgebiet wußte, wo sie vielleicht erste Hilfe bekommen könnte, kam sie zu uns. Von ihrem Sohn hatte sie damals überhaupt nichts mehr gehört, und erst später erhielt sie über uns wieder Kontakt zu ihm. Natürlich nahmen wir alle auf und konnten für sie und ein Ehepaar eine Unterkunft bei Bekannten besorgen, das andere ältere Paar, ein Heilpraktiker namens Richard Kern mit seiner Frau, blieb bei uns. Er praktizierte mit der Augendiagnostik und brachte uns einen sehr erkenntnisreichen Wissenszuwachs nahe, dabei hat er vielen Menschen mit seiner Methode geholfen. Alle unsere Freunde und Bekannten, die bei uns auftauchten, wurden erst einmal zu ihm geführt. Er vertrat meist natürliche Heilmethoden, das waren Diäten, Überhitzungsbäder und homöopathische Arzneien, die teilweise zu erstaunlichen Resultaten führten. Auch las er aus den Handlinien eine Vergangenheitsschau und stellte Zukunftsprognosen. Aber das stimmte freilich nicht alles. Während er mir genau eine durchlaufene, schwerste Krankheit in meinem elften Lebensjahr sehr richtig herauslas, konnte er von meiner Verwundung, die nur knapp am Tod vorbeiführte, nichts erkennen. Er sagte, ich sei von Veranlagung her faul, suchte immer die einfachste Lösung und hätte in meinem Leben dauernd große Widerstände zu überwinden, aber ich schaffte es, weil ich immer beharrlich meinen Weg weiter ging. Er hatte recht, es hat bei mir später nicht mit einem großen Wurf geklappt, und es kamen viele Rückschläge. Ich hatte meine Kräfte an verschiedenen Objekten erfolglos eingesetzt, was ich jedoch erst später, aber noch rechtzeitig genug, erkannte, um auszusteigen und so vor großem Schaden bewahrt blieb. Aber ich begann immer wieder mit einem neuen Plan. Vielleicht war das notwendig, um stets reifer und härter zu werden, nicht gegen Menschen, sondern gegen die Dinge und gegen die Umstände. Meine größten Erfolge und die meiste Anerkennung fand ich bei meinen ehrenamtlichen Tätigkeiten, die aber nichts einbrachten als Lob, Erfahrungen und neue Erkenntnisse. Finanziell habe ich keine Reichtümer erworben, bin aber immer mit meiner großen Familie gut über die Runden gekommen.

Einen ganz erstaunlichen Heilerfolg hatte Herr Kern bei einem kleinen Jungen, der seit Jahren an einer nicht heilbaren vereiterten Knochenaufspaltung am Oberarm litt und deswegen schon seit langem bei verschiedensten Ärzten ohne Erfolg in Behandlung war. Herr Kern sah sich den Jungen sehr genau an und sagte: „Ja, ich kann ihn heilen, aber dazu müßte ich ihn mehrere Wochen ganz hier haben, denn der Arm sollte täglich behandelt werden und der Junge muß eine ganz besondere Diät bekommen." Seine Eltern hatten eine Molkerei, ungefähr 15 Kilometer entfernt von Weimar. Meine Mutter erklärte sich zur Aufnahme bereit und nach tatsächlich ungefähr sieben bis acht Wochen war der Junge vollkommen ausgeheilt.

Nun gab es noch ein großes Nachspiel, hatte sich doch meine Mutter mit einer illegalen stationären medizinischen Behandlungsdurchführung außerhalb eines offiziellen Krankenhauses strafbar gemacht, und erst die Einsicht des Amtsarztes, daß in dem seit Jahren hoffnungslosen Fall ein solcher Heilerfolg eingetreten war, ließ die Gesundheitsbehörde davon absehen, weitere Maßnahmen gegen meine Mutter zu ergreifen.

***

Im Sommer 1945 mußten wir eine ganz einschneidende Attacke abwehren. Da unser Betrieb direkt neben der jetzt von den Sowjets besetzten Kaserne lag, hatte man plötzlich ein Auge auf unsere Wohnung geworfen. Obwohl mitten in dem großen Gärtnereigrundstück gelegen und äußerlich recht unauffällig – war sie doch nur eine Aufstockung des alten Betriebsgebäudes -, hat diese ein maßgebender höherer Offizier entdeckt und wollte mit allen Mitteln durchsetzen, daß wir insgesamt räumten und er dort einziehen konnte. Wir erklärten, von den Werkstätten unten im Erdgeschoß käme viel zuviel Lärm. Mehrmals fuhren wir mit einer Dolmetscherin zur Kommandantur in Weimar. Unser Argument war, die Weiterführung des ganzen Betriebes werde unmöglich, wenn wir nicht auch unsere Wohnung dort hätten. Da schickte man eine Kommission zur Begutachtung. Nun wurde ein wahrer Theaterdonner veranstaltet. Unsere Leute gingen auf „Gefechtsstation" und machten einen ohrenbetäubenden Lärm: Einige schlugen mit schweren Hämmern auf Eisenstücke, unser Zimmermann hielt ein hartes Holz an die Kreissäge, was einen laut kreischenden Höllenlärm verursachte. Ein Tonmeister vom Theater hätte seine helle Freude an dieser Inszenierung gehabt. Mit Erfolg. Das Ansinnen jenes hohen Offiziers wurde abgelehnt und wir konnten aufatmen. Wir mußten dann später nur noch einen Kapitän Sascha aufnehmen, der sich in dem früheren Gästezimmer einquartierte.

Als er einzog und seinen Einstand mit viel gespendetem Essen und noch mehr Wodka gab, brachte er seinen Oberst mit, der von sich immer „Ich eleganter Oberst!" sprach, was dann zum geflügelten Wort in unserer Familie wurde. Die beiden hatten es darauf abgesehen, mich so voll Wodka zu pumpen, bis ich unter den Tisch fallen würde. Da es auch reichlich zu Essen gab, dachte ich nur noch: „Magen schmieren, Magen schmieren" und strich die Butter zentimeterdick auf die Brote. Wie üblich, wurde der Wodka aus Wassergläsern getrunken, eins nach dem anderen. Am Schluß konnte ich dank meiner Schmiertechnik, zwar schwankend, aber noch halbwegs gehen, während man dem „eleganten" Oberst ziemlich unter die Arme greifen mußte. Mit Kapitän Sascha sind wir sehr gut ausgekommen, und nach einem Jahr wurde er versetzt.

***

Der Betrieb nahm mich voll in Anspruch, wobei die Versorgung mit Kohlen meine Hauptaufgabe bildete. Im Kriegswinter 1945 hatte die Zufuhr besonders von Koks noch ganz gut geklappt, so daß wir sogar einen gewissen Vorrat anlegen konnten. Unser Glück für das nächste Jahr. Im Winter 1946 wurde es jedoch höchst dramatisch, da es dann nur wenige Waggons Braunkohlenbriketts gab. Koks erhielten wir überhaupt nicht mehr, denn der stammte ja aus Westdeutschland. Zunächst mußten die Temperaturen in den Gewächshäusern abgesenkt werden und dann wurden noch dreiviertel der Häuser total stillgelegt. Dank unserer vorhandenen Vorräte konnten wir wenigstens den Bestand unserer alten und bewährten Nelkensorten durchbringen.

Da ich mich selbst an den turnusmäßig wechselnden nächtlichen Heizdiensten, und dies besonders an den Wochenenden, beteiligte, konnte ich selbst beobachten, wie in unseren alten Heizkesseln, die noch aus dem Gründungsjahr 1911 stammten, innen das Wasser herunter lief, weil sie durchgerostet waren. Ein Ersatz war dringend notwendig. Im Sommer 1946 gelang es mir, noch gute Ersatzkessel in Berlin, die aus einem zerbombten Verwaltungsgebäude stammten, zu beschaffen. Aber von der Konstruktion her waren es spezielle Kokskessel, die für Briketts weniger geeignet waren.

Wir mußten viel Gemüse anbauen, besonders in den im Winter stillgelegten Gewächshäusern, vor allem Salat, Tomaten und Gurken. Das sprach sich sehr schnell bei unseren russischen Nachbarn herum, denn Tomaten waren für sie eine begehrte Delikatesse. Natürlich konnten nur Offiziere oder später ihre Frauen bei uns einkaufen, zu denen sich schon bald ein guter Kontakt einstellte. Sie waren durchweg freundlich und höflich und machten teilweise sogar mir, als noch jungem Menschen, im Bus Platz, wenn ich einmal dieses Verkehrsmittel in die Stadt benutzte. Das war mir jedoch peinlich und ich lehnte dankend ab. Die Haltestelle lag direkt vor unserem Grundstück.

Die einfachen Mannschaftsgrade hatten keine Möglichkeit, die Kaserne zu verlassen, um sich Tomaten besorgen zu können. Jede Nacht erhielten wir deshalb ausgiebige Besuche von unseren Nachbarn, die sich in den Gewächshäusern selbst bedienten, bis es mir dann zu bunt wurde. Der Tomatenanbau war hauptsächlich auf ein großes Gewächshaus, das neben dem Kasernenzaun lag, konzentriert. Aus einem ehemaligen Versorgungslager der Wehrmacht in unserer Nähe, das eine Nacht vor dem Einrükken der Amerikaner vom Lagerverwalter noch in Brand gesetzt worden war, sind viele Rollen blanken Kupferdrahtes unversehrt zurückgeblieben. Wir hatten eigentlich keine Verwendung dafür. Ich nahm aber doch einige Rollen mit, vielleicht könnte man so etwas einmal gebrauchen. Mit diesem Draht legte ich jetzt in jenem Gewächshaus, innen an isolierten Haken befestigt, eine Starkstromleitung und setzte sie jede Nacht unter 220V-Strom. Das hat geholfen. Es sprach sich herum und die Besuche hörten ganz schnell auf.

Auch mein Freund und Klassenkamerad Ardie kam im August wieder zurück und wir unternahmen jetzt, soweit es meine Zeit erlaubte, viel miteinander. Angefangen vom Hören der nun endlich auch zu uns gelangten amerikanischen Jazz-Musik, wobei wir besonders den vollen Sound von Glen Miller liebten.

Auch Duke Ellington, Lionel Hampton, Benny Goodman und Count Basie gehörten zu unseren Favoriten. Es wurden kleine Partys gefeiert, gemeinsame Versorgungsunternehmen durchgeführt bis hin zum Basteln an unseren Autos, denn er hatte eine gut eingerichtete Werkstatt auf dem großen Grundstück seines Vaters. Ich war ja, wie nachfolgend erzählt wird, schon im Juni 1945 zu meinem ersten Auto gekommen.

Uns ging es verhältnismäßig noch gut. Es gab Brot, wir bauten Kartoffeln und Gemüse an, hielten Hühner und fütterten auch jedes Jahr ein Schwein, dazu kamen nach dem Krieg noch Ziegen.

Weiterhin hielten wir Bienen, über die ich später ein besonders amüsantes Erlebnis zu berichten habe. Deren Haltung hatte schon vor dem Krieg angefangen, zuerst von unserem alten Obergärtner betreut, und auch meine Mutter interessierte sich dafür und machte mit. Da unser Obergärtner gegen Ende des Krieges gestorben war, übernahmen zunächst meine Mutter und dann ich ganz die „Abteilung Bienenzucht". Ich las einschlägige Bücher und war bei einigen Unterweisungen des Weimarer Imkervereins dabei. Dabei imponierte mir besonders, daß der alte Imker, der die Belehrungen durchführte, ganz ohne Handschuhe und ohne Gesichtshaube arbeitete. Sein einziges Abwehrmittel war seine Imkerpfeife, bei der im Gegensatz zu einer normalen Pfeife nicht gesogen, sondern der Rauch aus einem Röhrchen geblasen wurde. Die Bienen beruhigten sich dadurch augenblicklich. Er hantierte an den einzelnen Waben, wobei die Bienen auf seinen Händen herumkrabbelten. Zwar bekam er hin und wieder auch einen Stich, was ihn aber gar nicht erschütterte, da er gegen Bienengift schon ganz immun war. Ich dachte mir damals, soweit will ich auch einmal kommen.

Nach wie vor gab es noch die offiziellen Lebensmittelkarten. Außerdem war man ja sehr bescheiden geworden, Graupensuppe, jede Menge Kartoffelgerichte und viel Gemüse gehörten damals zur täglichen Mahlzeit. Heute würde man sagen, es war eine sehr gesunde Kost. Als das jährliche Schwein dran glauben mußte, gab es ein großes Schlachtfest, zu dem auch Freunde eingeladen wurden. Früh holte ich den Hausfleischer ab, der auf einem Dorf in der Nähe wohnte, dann fuhr ich das Schwein in den städtischen Schlachthof und kam mit den in zwei Hälften geteilten Fleischbergen wieder heim. Die waren ganz schön schwer, hatte doch so ein Schwein, mit dicken Speckschwarten versehen, mindestens drei Zentner. Dann wurde Kesselfleisch bereitet und für die einzelnen Wurstsorten vorbereitet. Jedem Neuling, der das erste Mal bei solch einem Schlachtfest dabei war, wurde bei der Zubereitung der Blutwurst eine „Wurst angemessen": Der Fleischer tauchte dazu ein Stück Schnur in die blutige Wurstmasse und paßte sie am Mund des verdutzten Neulings bis weit über die Backen reichend an. Der wußte erst gar nicht, wie ihm geschah, mußte aber dann doch lachen und wir mit ihm.

Der Beginn der Hochschule war in weite Ferne gerückt, da die sowjetische Administration das Gebäude immer noch für sich beanspruchte. Diese Zeit nutzte ich zu einem Kurzbesuch in Westdeutschland. Mein Freund Klaus Schwager hatte mir geschrieben, ich solle mich doch im Westen nach Studienmöglichkeiten umsehen und zunächst zu ihm nach Tübingen kommen. Im November 1945 überquerte ich im Raum östlich von Eisenach ungehindert die grüne Grenze und blieb einige Monate in Tübingen. Da versuchte ich, im nahen Stuttgart an der Technischen Hochschule anzukommen. In dem völlig zerbombten Stuttgart, wo es kaum noch Hörsäle für einen Hochschulbetrieb gab, war es völlig ausgeschlossen, einen Studienplatz zu ergattern. In Tübingen hörte ich noch einige philosophische Vorlesungen, besonders die von Romano Guardini und Helmut Thielecke und einigen anderen bekannten Philosophen. Weihnachten war vorbei, das neue Jahr hatte begonnen. Und für die Familie Schwager war es schwer, noch zusätzlich einen Mann mit durchzufüttern. So wollte ich wieder zurück, da ein weiterer Aufenthalt in Westdeutschland keinen Sinn ergab.

Inzwischen hatte ich Verbindung mit Sepp Schelz aufgenommen, der irgendwo in Westdeutschland gestrandet war und gern nach Weimar wollte, um seine Mutter zu besuchen. Wir verabredeten uns, um gemeinsam einen Weg über die Grenze nach Ostdeutschland ausfindig zu machen. Diesmal mehr im nördlichen Hessen, etwa im Raum südlich Göttingen-Friedland. Dort wurde uns eine Route beschrieben, die etwa 100 bis 200 Meter östlich des Flusses Leine entlang führte. Da ginge es zwar über freies Feld, man käme jedoch gut durch. Aber dem war nicht so.

Es war sehr kalt geworden und hatte geschneit. Der Schnee lag circa zehn Zentimeter hoch und wir liefen, wie uns geraten. Ungefähr nach Passieren der Grenzlinie erhob sich plötzlich vor uns ein russischer Soldat, der sein Gewehr im Anschlag hatte, er zielte aber nicht auf uns. Wie sich später herausstellte, wollte er Hasen schießen, und wir sind ihm in die Quere gekommen. Er deutete uns an, ihm vorauszugehen, bis zu seiner Wache. Diese lag aber auf der anderen Seite des Flusses und als Übergang war nur ein nicht allzu dicker Baumstamm gelegt. Mein Freund Sepp Schelz kam gut hinüber, aber ich verlor etwa in der Mitte des Gewässers das Gleichgewicht und stürzte in das eiskalte Wasser. Der Russe war genauso erschrocken wie wir und fürchtete schon, ich würde versaufen. Er hielt mir sofort sein umgedrehtes Gewehr hinunter, um mich am Kolben festhalten zu können. Irgendwie kam ich da wieder heraus, war aber vollkommen durchnäßt. In der geheizten Wachstube setzte er mich an den Ofen und dort harrten wir ein bis zwei Stunden aus. Da die Wachen aber nicht wußten, was sie mit uns anfangen sollten und mir ansahen, wie ich jämmerlich fror, ließen sie uns laufen. Wir eilten darauf, so schnell wir konnten, zum nächsten Ort, nach Arenshausen, wo eine Bahnstation lag. Noch am selben Nachmittag fuhr ein Zug Richtung Heiligenstadt, Mühlhausen nach Erfurt und von da nach Weimar.

Man muß sich vorstellen, so kurz nach dem Krieg waren die Eisenbahnwagen noch nicht repariert, ohne Heizung, und die fehlenden Fensterscheiben nur notdürftig mit Pappdeckeln verschlossen. Es zog an allen Ecken und Enden, und ich saß da, immer noch bis auf die Haut durchnäßt und fror Stein und Bein. Außerdem fuhr der Zug nicht gerade schnell, so daß wir regelrecht von Station zu Station bummelten.

Wir kamen wohl gut zu Hause bei mir an, aber am nächsten Tag wachte ich mit starkem Fieber auf, ich hatte mir eine saftige Erkältung zugezogen. Kein Wunder, nach diesem Badeausflug. Nach einigen Tagen im Bett war jedoch alles wieder in Ordnung.

***

Im Frühjahr 1946 wurde meine Mutter schwer krank und kam in die Universitätsklinik nach Jena. Dort hat man bei ihr eine Magenresektion vorgenommen. Kurz danach mußte sie noch eine schwere Gallen- und Leberoperation überstehen. Ich wurde also dringend gebraucht.

Was sollte ich tun? Die Hochschule in Weimar öffnete auch zum Frühjahrssemester noch nicht ihre Pforten. Von meinem vermißten Vetter Gert Holz hatte man nichts mehr gehört (er blieb auch später verschollen), ich mußte mich bald entscheiden. Im Frühjahr 1946 meldete ich mich zunächst einmal für eine Gärtnerlehre an, um gerüstet zu sein, die Betriebsführung später endgültig zu übernehmen. Es wurde anerkannt, daß ich die Lehre im eigenen Betrieb ableisten konnte, zusammen mit noch zwei Umschülerinnen, einer Bauerntochter aus der Nachbarschaft, die schon Kriegerwitwe mit einer Tochter war, und einer angehenden Musiklehrerin, die als Gärtnerin umsatteln wollte. Wir besuchten jede Woche gemeinsam die Berufsschule, wo uns ein ausgezeichneter Gartenbautechniker als Lehrer das notwendige theoretische Grundwissen beibrachte, und wir drei brauchten nur zwei Jahre Lehrzeit zu absolvieren, um zur Prüfung zugelassen zu werden.

Im Betrieb war ich in dieser Zeit wenig zu sehen, die praktischen Kenntnisse eignete ich mir so nebenbei an. Zudem waren wir damals noch ziemlich ein Spezialbetrieb mit fast reiner Monokultur, nämlich der Anzucht von Edelnelken, Freesien und Calla. Dazu wurde diese Schnittblumenzucht durch umfangreichen Gemüseanbau in den Gewächshäusern und im Freiland ergänzt. Der schon während des Krieges verstorbene alte Obergärtner war zu-

124

erst durch seinen ebenfalls bei uns tätigen Bruder ersetzt worden, der aber auch kein gelernter Gärtner war und deshalb nur einseitige gärtnerische Kenntnisse hatte. Mein Hauptaufgabengebiet lag in der Gesamtorganisation und in der Materialbeschaffung.

***

Im Herbst 1946 mußte ich mich wieder für mehrere Monate nach Westdeutschland absetzen, da ich erfuhr, daß man mich in Zusammenhang mit einem ehemaligen Nachbarjungen brachte, der mit mir in der Marine-HJ war. Dieser sollte anscheinend zu irgendeiner „Wehrwolf"-Nazi-Terrorgruppe gehört haben, die nach dem Krieg im Untergrund weiter kämpfte. Man hatte ihn verhaftet. Nun nahm man an, daß ich als sein Nachbar und sein ehemaliger HJ-Kamerad auch dazu gehören würde. Natürlich hatte ich damit überhaupt nichts zu tun. Ich wurde sogar einmal zu einem Ableger des NKWD, des sowjetischen Geheimdienstes, bestellt, der in einem sehr abgelegenen größeren Gartenhaus mit hoher Bretterumzäunung, ganz in unserer Nähe in einer Gartensiedlung, sein äußerlich unscheinbares Vernehmungsquartier aufgeschlagen hatte. Dort unterzogen mich einige sowjetische Offiziere einem strengen Verhör. Als es mir jedoch gelang, irgendeinen Witz anzubringen und sie zum Lachen brachte, merkte ich, daß das Eis gebrochen war und der vernehmende Offizier mir eine Zigarre zuwarf. Darauf ließ man mich wieder laufen.
Aber trotzdem hielt ich es für besser, eine Zeitlang zu verschwinden. Zudem hatte man die deutsche Kriminalpolizei mit eingeschaltet. Dort saß zum Glück mein alter Hauptfeldwebel, der auch den Krieg überstanden und der an der Front immer so ein bißchen seine Hand über mich gehalten hatte. Dieser meinte auch, der Fall sei noch nicht abgeschlossen und so sei es besser, erst einmal unterzutauchen. Dieses Mal ging ich gleich zu

meinen Verwandten nach Süddeutschland, nach Tuttlingen, und wollte dort abwarten, bis aus Weimar Entwarnung kam.

Kurz nach meiner Ankunft in Tuttlingen starb mein Patenonkel Heinrich Rieker, ich hatte ihn gerade kurz vor seinem Tod im Krankenhaus noch einmal sehen können.

Da ich mich polizeilich anmelden mußte, hauptsächlich um auch eine Lebensmittelkarte zu bekommen, meldete ich mich zunächst beim Einwohnermeldeamt. Dort gab man mir ein Antragsformular und sagte, diesen Antrag müsse ich zuerst von der französischen Besatzungsbehörde abstempeln lassen, da Tuttlingen zur Französischen Zone gehörte. In Tuttlingen war auf den Donauwiesen sogar ein großes französisches Kriegsgefangenenlager eingerichtet worden, dort sollte ich mich zunächst melden.

Ahnungslos ging ich dahin – und bin nur knapp an einer Katastrophe vorbeigeschlittert. Denn ich hatte meinen amerikanischen Entlassungsschein von 1945 eingebüßt. Das kam so: 1941 hatte ich aus einem bis dahin verborgen gehaltenen Bekleidungslager, welches damals zum Verkauf frei gegeben wurde, einen wunderbaren Wintermantel ergattert. Nun im Winter 1945/46 nahm man mit Freuden wieder an Tanzveranstaltungen oder sonstigen Festen teil. Bei einer solchen Gelegenheit hängte ich meinen Mantel außen an einen Kleiderhaken, mit sämtlichen Ausweisen in der Innentasche. Als ich dann weit nach Mitternacht gehen wollte, gab es ein böses Erwachen: Mein schöner Mantel mit allen Papieren war verschwunden!

Und auch nach Tagen kam nichts mehr. Die persönlichen, so wichtigen Dokumente wurden mir auch nicht anonym zugeschickt. Da ich eigentlich den Entlassungsschein nie mehr vorzeigen mußte und für die anderen Papiere mir Ersatz beschafft hatte, beruhigte ich mich zunächst, und mit der Zeit vergaß ich den Fall ganz. Seitdem habe ich nie mehr einen Mantel, Jacke oder einen Blouson in einem öffentlichen Lokal hingehängt, ohne daß ich vorher die Taschen leer gemacht habe.

Also zurück zu dem Lager in Tuttlingen. Ich meldete mich bei einem französischen Offizier, und der verlangte als erstes den Entlassungsschein von irgendeinem Kriegsgefangenenlager. Als ich ihm meine Geschichte erzählte, schaute er mich an und meinte zynisch: „Das kann ja jeder sagen. Sie haben sicher noch nie einen besessen. Womöglich sind Sie aus einem Kriegsgefangenenlager ausgebrochen!"

Ich wurde erst einmal festgehalten. Da hörte ich von anderen Leidensgenossen, daß die Franzosen in solchen Fällen uns arme Opfer nach Frankreich verbrachten, um sie zur Zwangsarbeit einzusetzen. Viele kamen erst nach Jahren wieder frei.

Zur Vorbereitung für diese Deportation wurde ich erst auf körperliche Eignung für solch einen schweren Arbeitseinsatz, wie vorgesehen, untersucht. Und da kam mir wieder mein alter Knieschaden zu Hilfe, und ich wurde als untauglich eingestuft. Man wollte ja keinen unnötigen Esser ins Land holen. Ich wurde entlassen, nun mit einem neuen, französischen Entlassungsschein. Und das geschah eineinhalb Jahre nach Kriegsende!

Es war für mich eine Bestätigung, wie schon so oft in meinem Leben, daß trotz aller Aufregungen und Befürchtungen zum Schluß alles noch gut wird.

Ende April 1947 kam dann die Entwarnung durch meinen ehemaligen Hauptfeldwebel, der laufend mit meiner Mutter Kontakt gehalten hatte. Die Untersuchung, die anscheinend sehr sorgfältig vorgenommen worden ist, war jetzt abgeschlossen und es bestand keine Gefahr mehr für mich. Anfang Mai 1947 traf ich wieder zu Hause ein. In den Monaten in Westdeutschland hatte ich mir natürlich sehr intensiv meine Gedanken gemacht, wie es weitergehen sollte. Nachdem von meinem Vetter Gert kein Lebenszeichen mehr gekommen war, hatte ich mich dazu entschlossen, nunmehr ganz auf eine Übernahme der Geschäftsführung hinzuarbeiten, obwohl die Eigentumsverhältnisse der Firma Nelkenkultur August Holz in Weimar noch vollkommen offen waren. Die Erben von Seiten Holz wohnten alle in Westdeutschland. Nun reiste ich ganz offiziell mit der Bahn von West nach Ost, da ich ja ein Rücksiedler war, und nahm meine Tätigkeit in unserem Betrieb wieder auf.

Der Versand der Blumen lag jetzt fast völlig in den Händen meiner Schwester. Ich ging einmal in der Woche brav in die Berufsschule. Seit Februar 1947 hatte ein neuer Obergärtner bei uns angefangen. Er kam von dem ehemaligen Luxusgut Holzdorf des verstorbenen Mannheimer Industriellen Dr. Otto Krebs und hatte dort die Pflege der Parkanlagen und die Gutsgärtnerei unter sich. Nachdem 1945 dieser nahe bei Weimar gelegene Herrensitz als passender Wohnort für den Kommandanten der sowjetischen Militäradministration von Thüringen, Marschall Tschuikow, dem zweiten Mann in der sowjetischen Militärhierarchie, bestimmt worden war, suchte Gartenmeister Fritz Rolf nach einem neuen Betätigungsfeld, da es für ihn dort nichts mehr zu tun gab. Meine Mutter stellte ihn zum 1. März 1947 ein. Er ergänzte dann unsere bisherige Produktion, so daß neben den Nelken auch noch andere Schnittblumen wie Chrysanthemen, Gerbera usw. kultiviert wurden. Nach circa einem Jahr verließ er uns wieder, weil ihm eine ihm gemäßere Aufgabe in der Stadt- und Landschaftspflege angeboten worden war. Inzwischen hatte jedoch ein junger Schlesier bei uns angefangen, der sich neben Schnittblumen auch als ein ausgezeichneter Topfblumenzüchter, wie Alpenveilchen, Primeln, Azaleen und anderes und als ein sehr erfahrener Praktiker auswies.

Im September legte ich mit den beiden anderen meine Gärtnergehilfenprüfung ab. Die Architektur hatte ich inzwischen ganz aufgegeben. Die Weimarer Hochschule hatte gerade während meiner Abwesenheit, im Spätherbst 1946 mit dem 1. Semester wieder ihren Lehrbetrieb eröffnet.

Ich wurde also der allseits anerkannte Chef und für den ganzen Betrieb, einer Großgärtnerei mit circa 25 Beschäftigten, verantwortlich. Durch die Größe unseres Grundstückes wurden wir immer mehr zu landwirtschaftlichen Produkten veranlagt, deshalb pachtete ich ein Stück freies Feld über uns in der Größe von zwei Hektar dazu, das bis Kriegsende von dem nahen Gut Lützendorf bewirtschaftet worden war. Nach der Besetzung durch die Sowjetrussen diente es ihnen kurze Zeit als Übungsgelände, da es auch neben dem Kasernenbereich lag. Weimarer Bürger mußten sogar einen Schützengraben ausheben, in dem aber nie geübt wurde. Dann blieb das Feld ungenutzt liegen. Es befand sich noch im Eigentum einer alten Weimarer Erbengemeinschaft. Ich verhandelte darüber mit einem sehr alten Herrn, und wir wurden uns schnell einig. Die dazugehörigen Erben waren schon in zweiter oder dritter Generation über ganz Deutschland verteilt, so daß nach der Wende anscheinend niemand mehr eine Ahnung von der Existenz dieses Grundstücks hatte. Es wurde auch von keiner Seite ein Antrag auf Rückerstattung gestellt, und darauf ist es dem Staat zugefallen. Ich kannte niemand davon, weshalb ich auch nichts unternehmen konnte.

Die Vergrößerung unserer Anbaufläche war nur möglich geworden, weil wir durch Vermittlung eines Bekannten eine Zugmaschine, einen gebrauchten Deutz-Traktor mit 28 PS, Baujahr 1936, kaufen konnten. Nun waren wir unabhängig, was auch dank zweier Anhänger für die vielen Kohlentransporte galt.

Natürlich wurden wir jetzt mit einem viel höheren Abgabesoll belegt: Getreide, Kartoffeln und mit Spezialgewächsen wie Koriander usw. Man meinte, das würde gut zu uns als Gärtnerei passen. Dazu kamen die erheblich gestiegenen Veranlagungen an Fleisch und Milch, Getreide und sonstigen landwirtschaftlichen Erzeugnissen. Diese Bauerntätigkeit lag ganz in meiner Hand und machte mir viel Spaß.

Lehrmeister wurde mir der alte Bauer Schmidt von nebenan, der Vater unserer tüchtigen Gärtnerin, die mit mir die Gärtnerprüfung abgelegt hatte. Er machte auch mit seinem Pferd und seinen leichten Geräten die Feinarbeiten, wie Eggen und die Saat einbringen, wofür mein Traktor mit seinen breiten Reifen zu schwer war.

Besonderen Spaß bereitete mir das herbstliche Pflügen, wenn mit dem großen Zweischarpflug die Schollen in dem schweren lehmigen Boden aufgerissen und gewendet wurden. Da fühlte man sich ganz mit dem Boden verbunden. Trotz der großen festen Schollen hat der Winterfrost auch die härtesten Brocken zerkrümelt. Es war für mich eine Bändigung der ursprünglichen Natur.

Nun wurden zwei bis drei Schweine gefüttert, hatten wir doch jetzt genügend Kartoffeln und Kraftfutter. Das Problem war die Milchmenge, die jeden Tag abgeliefert werden mußte, damit sie der LKW von der Molkerei mitnehmen konnte. Zwar war es möglich, daß man einen gewissen Austausch bei den Erzeugnissen vornehmen konnte, aber mit Ziegen war das nicht zu schaffen.

Also mußte eine Kuh her! Aber woher eine bekommen? Vor der Währungsreform verkaufte doch kein Bauer eine Kuh! Da fiel mir wieder mein Motorrad ein. Das brauchte ich doch nicht mehr, denn die Fahrten in die Rhön hatten längst aufgehört. Ich dachte nun, man müßte doch ein solches Motorrad, nur wenig gefahren, für eine Kuh eintauschen können. Der Friedenswert war etwa gleich.

Damals gab es bei uns noch eine spezielle Bauernzeitung. Also ging ich zur betreffenden Anzeigenabteilung und wollte eine Anzeige wie folgt aufgeben: „Tausche DKW-Motorrad, 200 ccm, Bj. 1939, suche Kuh". Die Dame lächelte mich an und sagte: „Das können wir so nicht herausbringen, da müssen Sie schon zwei getrennte Anzeigen hereinsetzen." Wir einigten uns darauf so, daß die Verkaufsanzeige oben stand und direkt darunter die mit dem Kuh-Gesuch. Als die Zeitung erschien, klingelte unentwegt das Telefon, alle wollten natürlich das Motorrad haben, bis ich ihnen ausführlich erklärte, daß die beiden Anzeigen eigentlich zusammengehören und ich das Motorrad nur gegen eine Kuh hergebe

Da blieben fast alle auf der Strecke, bis auf einen Landwirt, der den Tausch machen wollte. Es sei eine hochtragende Kuh, die bald kalben sollte.

Da ich damals von Kühen noch nichts verstand, nahm ich den Bekannten mit, ein Kenner auf allen Gebieten der Landwirtschaft, und der mir auch den Traktor besorgt hatte. Wir fuhren hin und schnell war der Tausch abgeschlossen. Nach ungefähr vier Wochen kam das Kalb, es war seit langem tot und im Mutterleib schon ganz versteinert. Wir hätten natürlich jetzt wieder neun bis zehn Monate warten können, bis das nächste Kalb kam, aber das wollte ich nicht, brauchten wir doch die Milch. So tauschten wir unsere Kuh bei einem anderen Bauern, der gerade kein passendes Tier zur Erfüllung seines Fleischsolls hatte, gegen eine andere von ihm ein. Wieder ging unser Bekannter mit. Es war diesmal eine schwarzbunte Kuh, die selbst mir als ausgesprochen mager und knochig erschien. Aber mein Bekannter meinte, die sei schon in Ordnung, und die solle ich nehmen. Nach einigen Wochen spuckte diese die Tuberkuloseknollen nur so heraus, so daß sie sofort in die Abdeckerei gegeben werden mußte. Nun war das Motorrad weg, die erste Kuh weg, und die zweite Kuh so gut wie verreckt, nichts mehr wert und somit auch weg. Ja, man muß eben bei allem sein Lehrgeld zahlen!

Inzwischen war die Währungsreform eingetreten, und da konnte man auch bei uns bei einem Bauern wieder eine Kuh kaufen. Diesmal nahm ich niemand mit und suchte selbst ein schönes Tier mit guten Anlagen aus, das kurz vor dem Kalben stand. Und es klappte, es war dann eine sehr gute Kuh, die viel Milch gab.

***

Wie ich schon erzählt hatte, gehörten zu meinem Betreuungskreis circa sechs Bienenstöcke. Mit der Zeit hantierte ich, wie damals jener alte Imker, ganz ohne Handschuhe und ohne Gesichtshaube. Natürlich bekam ich viele Bienenstiche ab, aber die machten mir nichts mehr aus, ich war schon ganz immun gegen das Bienengift geworden. Einmal jedoch hatte ich es übertrieben. Es war Ende Juni, zur Hauptflugzeit der Bienen, und sehr warm, ja sogar heiß. Ich hantierte, nur mit einer Badehose bekleidet, im Bienenhaus. Dort nahm ich den aufgesetzten Honigkasten weg, der unten offen war, und setzte ihn auf einen Tisch, um im unteren Teil des Bienenstockes nach überzähligen neuen Königinnenzellen zu suchen. Diese Arbeit dauerte etwas länger als vorgesehen. So waren die im abgesetzten Aufsatz eingesperrten Bienen inzwischen ganz wild geworden und beim Anheben des Honigkastens schoß ein Schwarm unten heraus an meine ungeschützten Beine und die Bienen stachen sofort zu. Jetzt hieß es Nerven behalten und den Kasten erst wieder absetzen und ihn nicht etwa fallen lassen, sonst wäre es zu einem Supergau gekommen!

Zum Glück blieben die einzelnen Stacheln, die einen kleinen Widerhaken am Ende besitzen, in der Haut stecken, so daß man sie mit einer Pinzette fein säuberlich herausziehen und dabei zählen konnte.

65 Stiche hatte ich abbekommen. Das war auch für mich etwas zuviel. Das Bein schwoll jedoch nicht an, sondern wurde nur ganz straff und schmerzte beim Berühren. Sonst hatten sich bei mir keinerlei Beschwerden eingestellt. Insgesamt habe ich sicher während der ganzen Imkerzeit meine 120 bis 140 Stiche erhalten.

Mein Trost war die medizinisch erwiesene Erkenntnis, das Bienengift das beste Mittel gegen Rheumatismus ist. Tatsächlich, und das kann ich bezeugen, habe ich in meinem Leben nie unter rheumatischen Beschwerden gelitten. Ich frage mich sogar heute, ob ich es mit meiner im elften Lebensjahr erlittenen schweren Kniearthrose so gut und lang ausgehalten habe – bis zum 77. Lebensjahr –, weil das damalige Bienengift so lange in mir nachgewirkt hat. Das wäre doch ein interessantes Thema für eine medizinische Doktorarbeit!

Also, wenn jemand irgendwelche Probleme mit Rheuma hat, kann ich nur die hier beschriebene Heilmethode empfehlen. Vielleicht etwas brutal, hilft aber ganz bestimmt. Und das beste ist noch, daß diese Behandlung vollkommen kostenlos ist, denn jeder Imker wird die paar Bienen, zumal sie für einen therapeutischen Zweck dienen sollen, als Serumspender gern ohne Entgelt hergeben.

Gesetzlicher Hinweis: „Zu Risiken und Nebenwirkungen ... fragen sie Ihren Arzt oder Apotheker!"

6. Mein erstes Auto

Es kostete mich keinen Pfennig, denn ich hatte es gefunden. Der Vorbesitzer war mit Sicherheit auch nicht ordnungsgemäß dazugekommen, sondern hatte es ohne Bedenken irgendwo mitgehen lassen.

Als dann ein kleiner Schaden eingetreten war, ist der Wagen einfach stehengelassen worden und man kümmerte sich nicht weiter darum. Dann ist man abgehauen. Das Auto gehörte also niemand, war quasi herrenloses Gut, und brauchte nur mitgenommen zu werden. Und das tat ich daraufhin.

Ende Juni 1945 bin ich aus amerikanischer Kriegsgefangenschaft wieder nach Hause gekommen. Wir wohnten in Weimar in Thüringen, wo ich auch 1923 geboren bin. Wie schon erwähnt, besaßen wir eine große Gärtnerei am Nordrand der Stadt, wobei unser Grundstück direkt an eine ausgedehnte Kasernenanlage anschloß. Da Thüringen im April 1945 von den amerikanischen Truppen erobert worden war, sind die Kasernen neben uns natürlich mit amerikanischen Truppen belegt gewesen.

Ende Juni packten die Amerikaner ihre Koffer und zogen ab, was wir alle nicht für möglich gehalten hatten bzw. wir nicht glauben wollten. Aber in dem Abkommen der Alliierten vom Februar 1945 in Jalta war zwischen den Siegermächten vereinbart worden, daß Thüringen der sowjetrussischen Besatzungszone zugeschlagen wird. Die Amerikaner hielten sich daran und räumten deshalb die schon besetzten thüringischen und sächsischen Gebiete fristgemäß bis Ende Juni 1945. Gleichzeitig mußten die Sowjets Westberlin verlassen. Am 2. Juli zogen dann die Sowjetrussen in Weimar ein.

Von unserem Wohnhaus inmitten der Gärtnerei konnten wir das Kasernengelände gut überblicken und hatten den Abzug der

Amis in den letzten Junitagen genau beobachten können. So waren bis zum 26. Juni die Kasernen neben uns leer. Von unserem Fenster sah ich, daß auf dem circa 200 Meter entfernt liegenden Kasernenhof eine große Anzahl Benzinkanister zurückgelassen worden waren. Die Kasernentore standen offen, und es war kein Ami mehr zu sehen. So ging ich hinüber und probierte alle Kanister durch, ob vielleicht noch Benzinreste darin zu finden wären, und ich wurde auch teilweise fündig. Es war eine willkommene Ergänzung unserer mageren Benzinvorräte für unseren DKW-Vorkriegslieferwagen, einen Kastenwagen, den wir für unser Geschäft den ganzen Krieg hindurch fahren durften und für den wir auch jeden Monat eine kleine Benzinzuteilung erhalten hatten. Es waren fast alles deutsche Wehrmachtskanister, die durch den praktischen Hebelverschluß (wie auch heute noch erhältlich) den Vorteil hatten, absolut dicht zu sein, während bei dem fast gleich großen amerikanischen Kanistermodell, das einen Schraubdeckel besaß, das Benzin immer heraussickerte.

Dann inspizierte ich die Fahrzeughallen nach weiteren Kanistern. Benzin fand ich zwar keines mehr, dafür aber einen zurückgelassenen Personenwagen, bei dem das Heck ganz abgesackt war, als Folge eines Federbruchs an der Hinterachse. Es war ein FIAT 1100 Cabrio, Baujahr 1938. Obwohl die Hinterräder innen am Kotflügel etwas schleiften, ließ sich das Auto noch gut bewegen. Sonst konnte ich keine Schäden feststellen, auch das Verdeck befand sich in guter Verfassung. Der FIAT war in grüner Ami-Armeefarbe gespritzt und trug an den Türen je einen weißen Fünfzackstern. Er war also ehemaliger Armeebesitz. Ob Eigentum, mag ich zu bezweifeln.

Ich lief gleich nach Hause und kam mit unserem Lieferwagen und einem zweiten Fahrer zurück. Mit einem Seil schleppten wir den Wagen ab und ich war nun Besitzer eines eigenen Autos. Skrupel brauchte ich mir nicht zu machen, denn zu dieser Zeit und unter diesen Umständen wäre es absolut unmöglich gewesen, den ursprünglichen Eigentümer des Wagens festzustellen, der ja auch schon aus Frankreich oder Belgien stammen konnte. Und die Russen, die nach dem Einzug in Weimar sofort die Kasernen neben uns belegten, hätten den Wagen als willkommene Kriegsbeute sowieso gleich vereinnahmt.

Der Zündschlüssel steckte zwar nicht, aber es bedeutete kein Problem, den Motor zum Laufen zu bringen. Also, abgesehen von der gebrochenen Federaufhängung, war alles in Ordnung. Nachdem ich die zwei weißen Sterne an den Türen mit einer ähnlichen Farbe zugepinselt hatte, brachte ich den Wagen in eine kleine Werkstatt in unserer Nähe, in der ein alter Mechanikermeister, ein wahres Genie und ein Alleskönner beim Nachbau von dringend benötigten Teilen, in seinem Element wirkte – wir nannten ihn nur Klemms' Wilhelm –, der die Federung ohne Probleme reparierte. Dabei überprüfte er den Wagen insgesamt noch einmal genau und meinte dann zu mir: „Da hast du aber einen guten Fang gemacht!"

Schon nach wenigen Tagen konnte ich mein erstes, nur mir persönlich gehörendes Auto wieder abholen und fuhr stolz die wenigen hundert Meter zu uns, es war meine erste Fahrt.

Nach kurzer Zeit gab es auch wieder eine Zulassungsstelle und die Anmeldung meines Wagens ging ohne Schwierigkeit vor sich, obwohl ich doch keinerlei offizielle Papiere dafür besaß. Aber bei den meisten Fahrzeugen, die damals wieder zum Verkehr zugelassen wurden, waren auch keine Dokumente mehr vorhanden, denn es waren vielfach aus mehreren Autorestteilen zusammengestoppelte Gefährte, die irgendwo beschädigt im Straßengraben lagen und schon vielfach ausgeschlachtet worden waren. Dies galt auch besonders für ehemalige VW-Wehrmachtskübelwagen.

Obwohl nach einiger Zeit die Autolackierer wieder Nitrolacke erhielten, ließ ich meinen FIAT in seiner unansehnlichen Farbe, denn es war damals nicht ratsam, mit einem schönen frischlackierten Wagen aufzufallen und herumzufahren. Außerdem benutzte ich meistens unseren alten Gärtnerei-Lieferwagen, und der FIAT-Cabrio wurde höchstens einmal am Sonntag aus der Garage geholt. Benzin war nach wie vor knapp.

Leider stellte sich dann heraus, daß der Wagen doch eine leichte Macke hatte. Schon vor dem Krieg hatte FIAT bei dieser Type einen deutschen GL-Anlasser eingebaut (leider nicht Bosch). Da mußte die Batterie voll geladen sein, sonst hat das Anlaßritzel nicht in den Zahnkranz des Motors eingegriffen, und der Anlasser schnurrte nur leer durch. Die alten Autobatterien taugten ja damals alle nicht mehr viel, stammten sie doch noch meist aus der Zeit vor dem Krieg.

Da half nur eins: Unten im Kühlergrill befand sich ein Loch, in das man eine Anlaßkurbel hineinschieben und, wie weiland der alte Henry Ford, den Motor ankurbeln mußte. Wenn nach kurzer Drehbewegung der Kurbel der Motor ohne Mühen anlief, bekam man ein viel persönlicheres Verhältnis zu seinem Auto. Ja, es war fast wie eine enge Zuneigung und ein Glückserlebnis. Sobald dann der Motor ruhig vor sich hin lief, so fühlte es sich an, wie wenn man ein Pferd am Kopf streichelt und es freudig aufwiehert.

Eine Unternehmung mit meinem FIAT ist mir heute noch besonders gegenwärtig. Das war 1948 während der Berliner Blockade. Damals wollte Stalin Westberlin aushungern, um diesen westlichen Stadtteil letzten Endes auch noch dem sowjetischen Machtbereich einzuverleiben. Sämtliche Straßen- und Wegeverbindungen nach Westberlin wurden von den Sowjets hermetisch unterbrochen und man stand kurz vor einem neuen Krieg, was die Westmächte, das heißt die Amerikaner und Engländer, auf jeden Fall verhindern wollten. Bekanntlich wurde daraufhin die Versorgung der westlichen Sektoren durch die großartige und technisch wie organisatorisch einmalige Luftbrücke sichergestellt.

Der Personenverkehr von den Ost- zu den Westsektoren war jedoch noch nicht unterbunden. Man konnte jederzeit unbehelligt von Ostberlin oder den an Westberlin angrenzenden Ostzonengebieten mit der S-Bahn, zu Fuß oder mit dem Fahrrad in den Westsektor überwechseln. Nur mit einem Fahrzeug gab es kein Durchkommen mehr, alle Straßen und Wege waren blockiert. Das änderte sich dann erst viel später im August 1961 mit dem Bau der berüchtigten und totalen Berliner Mauer, die Ost und West voll-ständig voneinander trennten, und wo jeder Versuch, in den Westteil der Stadt zu kommen, unter Einsatz von Schußwaffen unterbunden wurde.

Im Juni 1948 wurde in Westberlin das Westgeld eingeführt. Für uns galt die Überlegung: „Wie komme ich zu Westgeld?" Mit meinem Schulfreund Ardie heckte ich darauf einen sehr riskanten und verwegenen Plan aus, wobei mein FIAT eine wichtige Rolle spielte. In einer Sonderaktion im Herbst 1948 wagten wir während der totalen Blockade ein Eindringen nach Westberlin vom Rand der Ostzone aus. Wir überwanden durch ein mühsam ausfindig gemachtes Schlupfloch gleich dreimal den Sperring und fuhren mit meinem FIAT in den Westteil der Stadt hinein. Es war jedesmal ein tollkühner, filmreifer Ablauf!

Nach viermonatiger sorgfältiger Vorbereitung klappte dann alles wie am Schnürchen und wir kamen zu unserer West-Mark.

Dieses abenteuerliche Unternehmen habe ich ausführlich in meinem nächsten Kapitel „Waghalsiges Westgeld" beschrieben.

Bei aller Freude an meinem FIAT –, aber mitten in der Stadt war es auch nicht gerade angenehm, wie in der Autosteinzeit anfangen zu müssen, zu kurbeln.

In der Zwischenzeit hatte ich zusätzlich ein ganz besonderes Fahrzeug. Wenn ich das heute noch hätte, könnte ich mir dafür den tollsten Luxuswagen leisten. Es war ein Original-VW-Schwimmwagen von der Wehrmacht, und ich hatte sogar den Schiffsschraubenantrieb dazu. Das kam so. Im September 1945 hörte ich, daß ein solcher Wagen an einer abgelegenen Straße zwischen Eisenach und Gotha im Straßengraben liegen würde. Es würden jedoch die Reifen fehlen. Ich besorgte mir leihweise vier Räder von einem VW-Kübelwagen, packte Hebezeug und alles mögliche Bergungsgerät ein.

Mit meinem Freund Ardie, der kurz vorher wieder aus dem Krieg zurückgekommen war, plante ich die Bergung. Wir waren allgemein froh, die ganzen schlimmen Ereignisse und den Krieg gut überstanden zu haben, und wir unternahmen alles Mögliche, was Spaß machte. Beide hatten wir keine Existenzsorgen, und so genossen wir die neue Freiheit. Er war auch so ein Autonarr wie ich, und er freute sich auf die kommende Unternehmung. Nach langer Anfahrt fanden wir mit etwas Schwierigkeit die beschriebene Stelle und sahen dann das Wrack im Straßengraben liegen. Den Motor hatte schon einer ausgebaut, sonst war alles noch da, bis auf die fehlenden Räder. Mit Wagenhebern gelang es uns, die mitgebrachten Räder anzumontieren, mit Hilfe meines DKW-Lieferwagens und eines Abschleppseiles, unter Heben und Drücken mit den mitgebrachten Stangen und Hölzern, den Schwimmwagen aus dem Graben herauszuziehen. Die Rückfahrt verlief dann im Schleppzug problemlos.

Ich fand auch einen Monteur, der sogar einen VW-Motor besorgen konnte und in seiner Werkstatt den Wagen zunächst ganz auseinander nahm und wieder herrichtete. Nach ungefähr drei bis vier Monaten war es dann soweit, und ich konnte den Schwimmwagen sogar offiziell zulassen. Die dazugehörige original Schiffsschraube, die bei Wasserfahrt heruntergeklappt wurde, hatte ich zufällig auf dem großen Schrotthaufen bei Klemms' Wilhelm entdeckt. Er wußte jedoch auch nicht, wo die hergekommen war. Vorerst montierte ich sie noch nicht an, ich hätte auch keine Gelegenheit gehabt, damit in ein Gewässer zu fahren. Zudem sah es mir zu militärisch aus, und ich wollte Schwierigkeiten vermeiden.

Außer der Möglichkeit, im Wasser zu fahren, war der VW-Schwimmwagen der erste deutsche Personenkraftwagen, der mit einem zuschaltbaren Allradantrieb ausgerüstet war.

Die Freude an dem Schwimmwagen währte nur kurze Zeit. Im Sommer 1946 wurde in der Ostzone die Volkspolizei aufgestellt und die mußte mit Fahrzeugen ausgestattet werden. Eine Neuproduktion gab es noch nicht. Also requirierte man sämtliche verfügbaren ehemaligen VW-Wehrmachtsfahrzeuge. Ich stand natürlich auch auf der Abholliste. Dagegen konnte ich nichts tun. Man zahlte zwar eine Entschädigung, aber die wog all die Mühen und Kosten nicht auf, und der Spaß blieb auf der Strecke. Die nicht anmontierte Schiffsschraube, die in der Garagenecke lag, übersah man jedoch.

Bei unserem Weggang 1958 aus der DDR schenkte ich sie an meinen Freund Ardie als Andenken, der sie wie seinen Augapfel hütete. Er war inzwischen Opern- und Operettensänger geworden und hatte den schönen Künstlernamen Siegfried Carno angenommen. Bei allen späteren Umzügen schleppte er die Schraube mit sich herum. Da er ein großer Boots- und Schiffsfreund war, besuchte er 1996 in Bremerhaven das Deutsche Schiffahrtsmuseum. Hier stand ein VW-Schwimmwagen, bei dem man in Ermanglung des Originals irgendeine Art Propeller daran gebastelt hatte. Er sagte dort gleich: „Das ist aber nicht das Original!" Und weiter: „Ich habe eine Originalschraube, die ich gern dem Museum zur Komplettierung des Schwimmwagens zum Geschenk machen werde!" Da war man hocherfreut und heftete später an den Wagen einen Hinweis an, daß der Original-Schraubenantrieb von ihm gespendet worden sei. Nun hatte sich das lange Aufheben doch noch gelohnt, und mir war diese Endlösung auch sehr recht.

Jetzt war der FIAT wieder mein Hauptwagen, fristete jedoch sein Garagendasein weiter. Außerdem hatte ich noch mein DKW-Motorrad von 1939, mit dem ich damals in die Schule gefahren bin. Es existierte immer noch, so daß ich weitere Touren, schon aus Spritersparnis, mit dieser Maschine unternahm. Da fuhr ich häufig in die Rhön, wo ich bei einer Freundin das Wochenende verbrachte. Ich löste jedoch später diese Beziehung, weil ich erkannte, daß wir nicht zusammenpaßten ...

Einige Zeit später diente mein FIAT neben den wenigen Ausflugsfahrten auch zeitweise als Fahrschulwagen, was mir erheblichen Spaß bereitete und die Cabrio-Ausführung voll zur Geltung kam. Ich fungierte dabei kurzzeitig als eine Art Fahrlehrer bei einer sehr hübschen und jungen Fahrschülerin.

Im Herbst 1949 machte ich sodann einen ganz modernen Ford ausfindig, Baujahr 1939, die letzte Baureihe vor dem Krieg, nur wenige Kilometer gefahren. Es war der sogenannte „Buckelford". Den bekam ich ganz billig, da er einen Schaden hatte, den man damals in der Ostzone nur schlecht reparieren konnte: Die Kardanwelle zum Antrieb der Hinterachse war gebrochen. Ich stellte den Wagen zunächst in unsere Scheune, die an der gegenüberliegenden Seite der Ettersburger Straße, ungefähr 200 Meter von uns entfernt, gelegen war. Diese hatte man früher massiv mit Betonplatten verkleidet, so daß die eingelagerten Güter dort sicher verwahrt werden konnten. Den Ford wollte ich später einmal schön herrichten und voraussichtlich auch neu lackieren lassen. Wenn es gar keine Möglichkeit für eine Reparatur bei uns gegeben hätte, wäre ich auch gelegentlich nach Westberlin gefahren, um mir eine neue Kardanwelle von Ford zu besorgen. Das wäre mich zwar teuer zu stehen gekommen, denn ich hätte mit Westmark bezahlen müssen, aber möglich gewesen.

Wir hatten in Weimar noch eine Fordwerkstatt, und die sagten, man könne eine solche Welle anfertigen. Die Schwierigkeit wäre jedoch das Einfräsen eines Nutenkranzes an dem einen Wellenende. Man meinte weiter, vielleicht hätte das ehemalige Rüstungswerk von „Rheinmetall" in Sömmerda, circa 30 Kilometer nördlich von Weimar, noch eine solche Nutenfräsmaschine.

Nach positiver Abklärung fuhr ich im November 1949 mit meinem Motorrad los. Die neue Welle hängte ich mir, mit einem kurzen Seil oben und unten angebunden, wie ein Gewehr über den Rücken. Nach dem auch mitgebrachten abgebrochenen Teil hat man mir die neue Kardanwelle in wenigen Stunden nachgefräst, und freudig trat ich die Heimfahrt an.

Ich mußte dabei wieder über den Ettersberg und fuhr den oberen Teil der Ettersburger Straße hinab.

Die Sonne schien, und durch das Blätterdach der Kastanienbäume, die rechts und links wie bei einer Allee standen, wechselte Licht und Schatten hintereinander ab. Mir flimmerte es vor den Augen. Darauf überholte ich russische Soldaten, die dabei waren, ein dünnes Telefonkabel zu verlegen. Plötzlich hatte ich das Kabel am Hals, und es scheuerte mir die Haut auf. Zum Glück war es nur an einer Seite an einem Baum befestigt, auf der anderen Seite der Straße lag das Kabel noch auf der Rolle, die ein Mann auf dem Rücken trug. Und dieses gab nach und spulte sich ab. Sonst hätte es mich vom Motorrad gerissen. Ich erfaßte sofort die Situation. Während des Bremsvorgangs konnte ich mit einer Hand das Telefonkabel fassen und über meinen Kopf streifen. Wütend brachte ich mein Motorrad zum Stehen und drehte um. Anstatt betroffene Gesichter vorzufinden, grinsten alle über beide Ohren, als hätten sie soeben einen tollen Fang gemacht. Da packte mich vollends die Wut. Ich brüllte sie an, und stieß sämtliche russischen Flüche und Schimpfworte aus, die mein Repertoire hergab, und das war damals schon recht umfangreich. Es trat aber die gegenteilige Wirkung ein. Irgendwie müssen meine russischen Kraftausdrücke, nun aus deutschem Munde, doch recht komisch geklungen haben, denn die Kerle lachten lauthals auf. Ich sah daraufhin ein, daß hier nichts zu machen war, wendete und fuhr weiter den Berg hinunter bis zu unserem Grundstück.

Heute nennt man das den „Trappatoni-Effekt"! Als Trainer hatte er in der angelernten, für ihn falschen deutschen Sprache seinen Fußballclub „Bayern München" nach einer Niederlage so furchtbar beschimpft, daß diese Schimpfkanonade zu einem beliebten Hörspiel geworden ist!

Ich konnte damals froh sein, daß es diesmal noch so glimpflich für mich ausgegangen war. Sollten sie doch lachen!

Der Buckelford wurde im Juli 1951 fertig und erstrahlte im neuen Glanz, denn ich hatte ihn auch neu lackieren lassen. Im August 1951 diente er dann für eine wichtige Zeremonie und wir benutzen ihn bis 1953, als es mir gelang, das Traumauto aller ostdeutschen Autofahrer, nämlich einen VW-Käfer, anzuschaffen. Ich war wohl der erste bei uns (zumindest in Weimar), der es fertig gebracht hat, einen solchen VW von Westdeutschland einzuführen. Der Wagen war zwar nur das Standardmodell und gebraucht, aber für uns erstrahlte er wie frisch vergoldet. Wie hatte ich das geschafft? Ich erbrachte den Weimarer Behörden gegenüber den Nachweis, daß mein damals in Tuttlingen (Westdeutschland) noch lebender Onkel, Karl Rieker, der jüngste Bruder meiner Mutter, das Fahrzeug bezahlt hätte und er mir eine Bescheinigung über das Geschenk schrieb. Damit ging ich zu den Weimarer Behörden und erhielt nach vielen Laufereien die gültigen Überführungspapiere.

Ich wurde darob in Weimar sehr beneidet, und es kamen oft Leute, die von mir wissen wollten, wie man es anstellt, einen westdeutschen Wagen hereinzuholen.

Im Jahr darauf, Anfang 1954, holte ich ein weiteres Fahrzeug vom Westen, diesmal für unser Geschäft.

Es war ein gebrauchter VW-Transporter. Den mit den Fenstern, damit man auch einmal Ausflüge mit unserer Belegschaft machen konnte. Auch hier klappte die Überführung einwandfrei.

Wenn man eine Idee hat und sich einen genauen Plan für ein mögliches Gelingen ausdenkt und mit der notwendigen Hartnäckigkeit verfolgt, wird man auch in den meisten Fällen zum Ziel kommen.

7. Waghalsiges Westgeld

Die Teilung Deutschlands in eine West- und Osthälfte erreichte mit den Währungsreformen im Juni 1948 einen vorläufigen Höhepunkt. Während die Währungsumstellung im Westen am 20.6.1948 über Nacht erfolgte, versuchte die Sowjetunion dies in Westberlin zu verhindern und in ganz Berlin, das bis dahin durch eine einheitliche Besatzungskommandantur von allen vier Siegermächten verwaltet wurde, die von den Sowjets gleichzeitig vorbereitete Ost-Währungsreform durchzusetzen. Es kam zum Eklat mit dem Auszug der drei Westmächte aus der Kommandantur. Darauf führten die Sowjets am 23.6.1948 das Ostgeld in der gesamten Ostzone und in Ostberlin ein, worauf die Westmächte am 24.6.1948 das Westgeld auch für die Westsektoren Berlins als gültiges Zahlungsmittel erklärten.

Dieser Streit führte dann zu dem großen Bruch: Die Sowjetunion riegelte ganz Berlin von seinen Verbindungen zu den westlichen Besatzungsgebieten ab und verhängte eine absolute Blockade Westberlins zu Lande und zu Wasser. Die Unterbindung auch des Luftverkehrs traute sich Stalin dann doch nicht zu provozieren, denn das hätte unweigerlich zum Krieg geführt, und den wollte Stalin letzten Endes auch nicht. Der Personenverkehr zwischen den Berliner Ost- und Westsektoren blieb jedoch von diesen Maßnahmen verschont. Nach wie vor verkehrte die Berliner S-Bahn ungehindert und unkontrolliert zwischen Ost und West, lediglich die U-Bahn war unterbunden, und auch von den Zonenrandgebieten konnte man ohne irgendwelche Beeinträchtigung zu Fuß, mit dem Fahrrad oder vielleicht noch mit einem kleinen Handwagen die Westsektoren betreten. Für Autos gab es kein Durchkommen mehr, alle Straßen waren gesperrt, sei es vom Ostsektor oder den anliegenden Ostzonengebieten.

Die drei Autobahnen nach dem Westen durften künftig nur noch von den drei westlichen Besatzungsmächten und vielleicht noch von ausländischen Diplomaten benutzt werden, sämtliche Versorgungsgüter für die drei Westsektoren blieben jedoch ausgeschlossen. Das war dann der Beginn der großartigen Eröffnung der Luftbrücke, die in der Geschichte eine einmalige Leistung besonders der Amerikaner darstellt. So wurde Westberlin in seiner Existenz gerettet und damit die Freiheit vor der Unterdrückung durch die Sowjetunion bewahrt. Man kann diese Leistung auch als Grundstein für das spätere Ende der Sowjetunion bezeichnen, wenn dies auch erst 43 Jahre danach in einem weltgeschichtlichen Umbruch geschah.

Die Versorgung Westberlins während der elfmonatigen Blockade, wobei täglich bis zu 2 000 Tonnen Fracht eingeflogen wurde, je Flugzeug bis zu neun Tonnen, bestand in der Hauptsache aus Lebensmitteln, Kohle und Treibstoffen. Da keine privaten Fahrzeuge die Zufahrtsstraßen nach Berlin benutzen durften, kam es bald zu einem gewissen Mangel auch an Personenwagen. Gewiß, die Neuproduktion im Westen hatte kaum begonnen, man behalf sich auch dort, genau wie im Osten, mit den von vor dem Krieg übriggebliebenen alten Fahrzeugen, die man, so gut es ging, wieder reparierte und fahrbereit gemacht hatte. Westberlin hatte aber keinen nennenswerten Bestand an Vorkriegsautos, die man wieder hätte herrichten können, waren doch durch die Sowjets bei der Eroberung Berlins sämtliche ausfindig gemachten Fahrzeuge als Beutegut weggeschafft worden.

Wir Ostzonenbürger hörten schon Ende des Sommers 1948 von dieser Mangellage in Westberlin und von einem großen Bedarf, an halbwegs fahrbaren und noch ansehnlichen Autos, besonders von Personenwagen, trotz Benzinmangel dort. Dafür würde auch in neuem guten Westgeld bezahlt. Die Ostbürger hatten zwar auch eine neue Währung, nämlich Ostgeld, konnten sich aber genauso wenig kaufen, wie vor der Währungsumstellung.

Für uns hatte sich praktisch nur die Farbe auf den Geldscheinen geändert. Deshalb war Westgeld begehrt, und wir mußten damals dafür im Verhältnis 1:6 Ostgeld hergeben. Also stellten viele die Überlegung an: „Wie komme ich zu Westgeld?" Damit konnte man auch im Osten knappe oder sonst kaum erhältliche Waren auf dem schwarzen Markt erhalten oder eine dringend notwendige Dienstleistung bezahlen.

Mein Schulfreund Ardie und ich verfolgten deshalb einen Plan, einen noch guten Vorkriegswagen bestens aufzupäppeln und neu lackieren zu lassen und dann zu versuchen, diesen trotz Blockade nach Westberlin hineinzuschmuggeln. Wir sagten uns, irgendwo bei der langen Grenze müßte doch ein Schlupfloch zu finden sein, um vom Randgebiet der Ostzone aus, das an Westberlin angrenzt, in die Westsektoren zu gelangen. So beschlossen wir, erst einmal die Lage an Ort und Stelle zu erkunden.

An einem schönen Frühherbsttag fuhren wir mit meinem 1945 gefundenen FIAT 1100 morgens los und erreichten irgendwo im Süden die Sektorengrenze. Der Fußgängerverkehr lief zur damaligen Zeit noch ungehindert zwischen Ost und West, aber die Straßen und selbst kleinste Zufahrtswege waren jedoch mit Sperrpfählen, die im Abstand von circa einem Meter in den Boden eingelassen waren, versperrt. Ein Durchkommen mit einem Fahrzeug war deshalb unmöglich. Auch dazwischen liegendes Unland war so abgeriegelt.

Wir versuchten es an mehreren abgelegenen Stellen, aber überall das gleiche Bild. Irgendwelche Überwachungsstreifen durch Polizei oder etwa durch sowjetische Grenzsoldaten konnten wir jedoch nicht ausmachen. Gleichzeitig hörten wir die ständig ankommenden und abfliegenden Flugzeuge der Luftbrücke, die den Flughafen Tempelhof für ihre Versorgungsflüge benutzten.

Also noch ein Versuch. Wir fuhren auf einem kleinen Fahrweg an einem hohen Bahndamm entlang, der auf der rechten Seite direkt nach Westberlin hineinführte. Aber wieder das gleiche

Bild: Sperrpfähle auch hier, der äußerste vielleicht 20 Zentimeter vom Fuß des steilen Bahndammes entfernt. Schon wollten wir wieder aufgeben und dann endgültig nach Hause fahren, da sah ich mir die Sperrstelle noch einmal genau an und sagte mir, wenn man mit Schwung schräg in und auf den Bahndamm hinauffuhr, müßte man doch den äußersten Sperrpfahl umfahren können. Die Fliehkraft des kurzen Bogens hielt den Wagen sicher am Boden und verhinderte ein Abrutschen, und damit dieser nicht umkippte, mußte sich der zweite Mann auf das dann oben liegende Trittbrett (damals hatten alle Vorkriegsmodelle noch Trittbretter unter den Türen) des Wagens stellen, sich bei heruntergekurbeltem Fenster an dem Türrahmen festhalten, und sich als Gegengewicht weit nach hinten legen, wie ein Beiwagenfahrer beim Motorradrennen in der Kurve.

Ardie meinte auch, so müßte es gehen, und wir beschlossen, es doch gleich einmal auszuprobieren und nach Westberlin hineinfahren und dort die Lage erkunden. Dabei könnte man auch nach einem möglichen Autohändler als Käufer Ausschau halten. In Westberlin würden wir mit unserem Ost-Autokennzeichen nicht weiter auffallen, da damals aufgrund eines alliierten Kontrollratsbeschlusses alle Fahrzeuge schwarze Nummernschilder mit weißen Buchstaben und Zahlen trugen. In Thüringen galten zum Beispiel Fahrzeugschilder mit „ST-Nummer" für „Sowjetische Zone Thüringen" und ganz Berlin war mit „KB-Nummer" für „Kommandantur Berlin" gekennzeichnet.

Vorsichtshalber warteten wir, etwas entfernt und in Deckung, circa eine Stunde ab und beobachteten aufmerksam die angepeilte Durchgangsstelle. Hin und wieder kamen einige Fußgänger, auch Radfahrer fuhren gelegentlich entlang, und einmal schlenderten drei Männer in Zivil von West nach Ost, so daß wir schon dachten, es wären vielleicht Überwachungsleute in Zivil. Aber es erfolgte nichts weiter, und wir haben uns wohl getäuscht. Warum sollten sich auch Polizeibeamte in Zivilkleidung tarnen?

Nach Ablauf der einen Stunde gaben wir uns das Kommando „Los". Ardie stellte sich aufs rechte Trittbrett und hielt sich am Türrahmen fest und lehnte sich nach hinten. Ich nahm gehörig Schwung und fuhr schräg die Böschung hinauf und in kurzem Bogen um den Sperrpfahl herum. So funktionierte es also einwandfrei. Schnell nahm Ardie wieder im Wagen Platz, und wir tauchten zwischen den ersten Häusern Westberlins unter.

An einer größeren Tankstelle erkundigten wir uns, welche Autohändler für solche Gebrauchtwagen wohl Interesse hätten. Die ersten waren sehr mißtrauisch und glaubten nicht, daß es uns gelingen würde, mit einem Auto nach Westberlin hineinzukommen. Wir wiesen dann auf unseren Wagen mit dem schwarzen Ost-Kennzeichen mit der ST-Nummer hin.

Damit war klar, daß wir aus der Ostzone kamen. Wir sagten, wir hätten ein Schlupfloch gefunden, wo wir in den Westsektor hineingefahren wären. Mehr nicht. Zwei andere Händler waren dann durchaus interessiert und einer meinte, wir sollten, wenn es soweit ist, mit dem für den Verkauf bestimmten Wagen bei ihm vorbeikommen. Wenn dieser noch gut wäre und natürlich neu lackiert und maschinell in Ordnung, würde er einen guten Preis bezahlen.

Nun wußten wir, daß unser Plan, so zu Westgeld zu kommen, durchaus möglich war. Auf demselben Weg, wie wir hineingekommen waren, haben wir den Westsektor auch wieder verlassen. Diesmal war die Umfahrung des Sperrpfahls noch günstiger, da ich auch auf der linken, also oberen Seite des Wagens saß. Niemand hatte uns beobachtet und wir hatten auch niemanden gesehen. Nach einigen Stunden sind wir wieder sicher in Weimar gelandet.

Nach kurzer Zeit gelang es mir sogar, einen anderen FIAT aufzutreiben, auch einen Typ 1100, vom gleichen Baujahr, jedoch als Limousine. So brauchte ich zur Überführung nur die Nummernschilder von meinem Cabrio abzuschrauben und am neuen FIAT anzubringen. Sollten wir unterwegs wirklich einmal in irgendeine Kontrolle geraten, stimmten die Papiere auch für den Überführungswagen überein.

Motor und Aggregate waren an dem auserkorenen FIAT noch durchaus in Ordnung, lediglich am Blech mußte er etwas überholt und dann neu lackiert werden. Rostprobleme gab es auch bei noch älteren Fahrzeugen zur jener Zeit kaum, da damals im Winter kein Salz gestreut wurde. Folglich mußten Kotflügel und Beulen an der Karosserie nur ausgebeult und gespachtelt werden, um wieder eine neue Lackierung zu erhalten Zum Glück hatten die Lackierwerkstätten wieder Lacke, es waren dies Nitrolacke, die nach dem Aufspritzen erst mühsam in Handarbeit aufpoliert werden mußten. Das besorgten die Lackierer gleich mit.

Im Dezember 1948 war es dann soweit. Der überarbeitete Wagen stand in grauer Farbe wie neu da, bereit zur Überführung. Zum Glück lag damals noch kein Schnee, denn da hätten wir erst ein Abtauen und Abtrocknen abwarten müssen. Wir wollten doch keine Spuren hinterlassen und auch der schräge Bahndamm machte bei Schnee und Nässe Probleme. Es war wohl Mitte Dezember, als wir die gleiche Tour wie im Herbst begannen.

Unsere Vorbereitungen für die quasi waghalsige Expedition waren also abgeschlossen und mit der Ankunft an der Berliner Sektorengrenze hatten wir nun das „mittlere Basislager" erreicht. Nun sollte der letzte Gipfelansturm eingeläutet werden. Unser „Schlupfloch" fanden wir noch unverändert vor. Es war der Bahndamm einer schon seit den dreißiger Jahren stillgelegten Strecke zwischen der letzten S-Bahnstation in Westberlin „Lichterfelde Süd" und dem ersten Ort in Brandenburg namens Teltow, was ich jedoch erst später anhand eines Stadtplanes feststellte. Die toten Gleise lagen hier auf einem besonders hohen Damm mit steilen Flanken.

Nach kurzem Warten – kein Wachposten war zu sehen – starteten wir zum letzten Aufstieg. Ardie nahm wieder seine Position auf dem rechten Trittbrett ein und ich setzte zum nötigen Schwung an. Schon losgefahren, sahen wir plötzlich, wie ein Mann vom Westsektor her schnell auf uns zulief, dann sogar heftig mit den Armen schwenkte und zuletzt laut rufend auf uns zurannte. Zum Anhalten war es zu spät, wir fuhren hoch und um den Sperrpfahl herum, zurück auf den Fahrweg und hielten an. Zum Wenden war keine Möglichkeit mehr. „Nun sind wir dran", dachten wir und ahnten nichts Gutes, obwohl es sich wieder nur um einen Zivilisten handelte. Vielleicht wollte er uns auch bloß warnen. Zumindest war uns mulmig zumute. Mittlerweile kam er heran und sagte, noch ganz außer Atem: „Jetzt seid ihr ja doch schon durch, ich wollte euch nur helfen und mich mit aufs Trittbrett stellen!" Unsere Spannung löste sich augenblicklich in einem befreienden Gelächter, in das der freundliche Helfer mit einfiel.

Das war eine typische Haltung der Menschen von damals, jederzeit bereit, in Solidarität zu helfen und eine Aktion, besonders wenn sie sich gegen die östlichen Machthaber richtete, mit vollem Einsatz zu unterstützen.

Schnell fuhren wir darauf in den Westsektor hinein und zu dem Händler, der uns am ehesten den Kauf versprochen hatte. Er prüfte den Wagen, der jetzt sehr passabel aussah und machte eine Probefahrt mit uns, und wir dachten, nun sei alles gelaufen. Aber der Mann war ein Schlitzohr. Natürlich merkte er, daß wir die Sache so schnell wie möglich abwickeln wollten und fing zu handeln an, auch mit dem Argument, daß wir ja keine richtigen Papiere für das Auto hätten. Ich weiß heute nicht mehr, ob ich jemals irgendwelche Unterlagen dafür besessen hatte, Dies war im allgemeinen damals unwichtig, denn die meisten Wagen, die man seinerzeit erwerben konnte, waren entweder aus ihren Verstecken hervorgeholt oder im wahrsten Sinne des Wortes irgendwo an Land gezogen und wieder aufgebaut worden.

Erst mit der Bemerkung, wir würden dann eben einen anderen Händler aufsuchen, hätten wir doch noch mehrere Adressen, wurde er gefügiger und wir haben daraufhin noch einen halbwegs guten Preis ausgehandelt. Er sagte sogar, wenn wir wieder mit einem anderen Wagen nach Westberlin hineinkämen, dann wäre er durchaus an weiteren Käufen interessiert.

Befriedigt steckte ich das für uns so wertvolle Westgeld ein und wir verschwanden zur nächsten S-Bahnstation, mit der wir ungehindert in den Ostsektor hinüberfuhren. Mit dem Schnellzug kehrten wir abends in die Ostzone nach Weimar zurück. Erst nachträglich wurde uns bewußt, daß wir doch ein großes Risiko eingegangen waren, denn mindestens einmal am Tag mußte doch die Grenze durch eine Streife von Sowjetposten oder zumindest von Volkspolizisten abgegangen worden sein, schon um zu kontrollieren, ob die Sperranlagen alle noch in Ordnung sind, sonst hätte man doch in aller Seelenruhe die jeweils mittleren Pfähle wieder ausgraben können, und dann wäre sogar ein Lastwagen durchgekommen.

Zu weiteren Westgeschäften mit auffrisierten alten Wagen ist es jedoch nicht mehr gekommen, da zunächst kein weiteres Fahrzeug ausfindig zu machen war. Und außerdem hatte ich ja noch eine andere „kleine Nebenbeschäftigung", als Autohandel mit Westberlin zu betreiben. Mein Beruf als Betriebsleiter einer Großgärtnerei nahm mich auch so voll in Anspruch. Das eine Mal hat es Spaß gemacht: No risk, no fun!

Am 12. Mai 1949 war sowieso der ganze Spuk zu Ende, da Stalin an diesem Datum die Berliner Abriegelung aufhob. Die während der Blockade von den Westmächten verfügte Einstellung sämtlicher Ausfuhren von Westdeutschland nach dem Osten, besonders die Unterbindung der Kohle- und Stahllieferungen, zeigte immer mehr ihre Wirkung. Dadurch wurden die fast ausschließlich für die Sowjetunion arbeitenden ostdeutschen Industriebetriebe erheblich in ihrer Produktion beeinträchtigt. Alle Straßen und Wege zwischen den Berliner Sektoren wurden geöffnet und der Verkehr lief wieder reibungslos, bis zum Bau

der Mauer im August 1961, die dann die endgültige und totale
Trennung zwischen Ost und West brachte.

Nun kamen also wieder jede Menge Güter vom Westen direkt
nach Westberlin. Auch Autos.

8. Rettungsversuch einer bedeutenden Gemäldesammlung (Beutekunst-Sammlung Dr. Otto Krebs)

Vor dem Krieg hatten in Deutschland einige Privatpersonen Gemäldesammlungen von bedeutendem internationalem Rang zusammengetragen, die nicht nur in der Fachwelt, sondern auch einem weiten Kreis von Kunstliebhabern bekannt waren. Zu nennen sind hier die Sammlung des Industriellen Dr. Georg Schäfer, für die jetzt in der Stadt Schweinfurt ein Museum gebaut wurde, oder die von Josef Haubrich in Köln, dem sich danach das Ehepaar Ludwig anschloß. Weitere bekannte Privatsammlungen waren die von Friedrich Karl Siemens, einem Neffen von Werner von Siemens in Berlin, von Thyssen-Bornemisza, von Cassierer in Berlin (bis 1932), von Graf Kessler in Weimar-Berlin und in der Schweiz die von Oskar Reinhart in Winterthur. Es gab jedoch noch eine ganz bedeutende Sammlung, die im Verborgenen blühte, und die nur wenige zu Gesicht bekamen: Es war die außerordentlich umfangreiche und kostbare Sammlung französischer und deutscher Impressionisten, die der Mannheimer Industrielle Dr. Otto Krebs mit großem Kunstverstand nach dem Ersten Weltkrieg nach und nach erworben hatte.

Dr. Otto Krebs war der Inhaber der Strebel-Kesselwerke in Mannheim, die einen für damalige Verhältnisse revolutionären Heizkessel aus einzelnen Gußgliedern herstellten, der dadurch sehr vielseitig eingesetzt werden konnte. Die Strebel-Werke erlebten einen ungeahnten Aufschwung und stiegen schon vor dem Ersten Weltkrieg zu einem Weltunternehmen auf.

1920 zog Otto Krebs nach Heidelberg und lebte dort mit der verwitweten, bekannten Pianistin Frieda Kwast-Hodapp zusammen. Zu seiner Erholung und Entspannung hatte er schon 1917 das Landgut Holzdorf bei Weimar gekauft und es zu einem Mustergut und das Gutshaus zu einem repräsentativen Herrensitz ausgebaut. Leider blieb ihm neben der Leitung seines Unternehmens in Mannheim nicht viel Zeit, in Ruhe und Beschaulichkeit seinen Landsitz mit der ausgedehnten, neu gestalteten Parkanlage zu genießen, so daß er nur wenige Wochen im Jahr in Holzdorf weilen konnte. Frau Kwast-Hodapp dagegen war auch viel allein dort.

Seit 1920 sammelte der exzellente Kunstkenner ausgewählte Bilder, die er ausschließlich in seinem Herrenhaus in Holzdorf aufhängte, und die nur wenige persönlich bekannte Besucher sehen konnten, wenn er oder sie sich in Holzdorf aufhielten. Seine Sammlung umfaßte bis 1939 fast 100 Bilder – genau 98 –, dazu noch 19 Plastiken, so daß alle Kunstwerke nach heutigem Ansatz auf einen Wert von circa einer halben Milliarde Euro geschätzt werden. Zu seinen Gemälden – es war die größte private Sammlung französischer Impressionisten im deutschen Raum – gehörten die Franzosen Cezanne, Delacroix, Renoir, Signac, Pisarro, Manet, Degas, Matisse, Toulouse-Lautrec, Vuillard, Gaugin, van Gogh, Rouault, dazu Picasso und Hodler, und von den Deutschen waren Liebermann, Slevogt, Corinth und Kokoschka vertreten. „Das weiße Haus" von Van Gogh war das letzte Bild, das dieser Maler geschaffen hatte. Von den Plastiken sind Arbeiten von Rodin, Maillol, Meunier und Lehmbruck zu nennen, die im Park aufgestellt waren.

Schon aus versicherungstechnischen Gründen mußten die Bilder während seiner oder ihrer Abwesenheit sicher verwahrt werden. Aus diesem Grund wurde schon in den zwanziger Jahren im Keller eines anschließenden Nebengebäudes eine einbruchsichere und klimatisierte Nebenkammer mit einer Spezialtresortür angelegt, in die alle Gemälde und auch wertvolle Plastiken eingelagert wurden. Bevor Otto Krebs oder Frau Kwast-Hodapp wieder nach Holzdorf kamen, gab er vorher seinem vertrauten Gutsverwalter Fritz Gaab genaue schriftliche Anweisungen, wo und wie er die Bilder in den einzelnen Räumen aufzuhängen hatte. Öfter wechselte er die Anordnung der jeweiligen Gemälde. Selbst Fachleute, wie der Direktor der Staatlichen Kunstsammlungen in Weimar, Dr. Walter Scheidig, ein allgemein anerkannter exzellenter Kunstfachmann, hat die Sammlung nie zu Gesicht bekommen. Zum Glück befand sich in dem im Krieg in Holzdorf ausgelagerten und von Frau Kwast-Hodapp betreuten Max-Reger-Archiv, das 1949 wieder zurückkam, ein Fotoalbum von 1939 mit den Kunstwerken der Sammlung Krebs, welches heute im Goethe-Nationalmuseum in Weimar verwahrt wird. Dadurch hat man jetzt einen ziemlich genauen Überblick über die Sammlung. Sonst existieren keinerlei Unterlagen, selbst von der Versicherung nicht. Alle Verwaltungsunterlagen sind bei dem Konkurs der Firma Strebel-Kessel in Mannheim im Jahr 1974 untergegangen.

Wenn ich heute diesen Bericht schreibe, dann auch aus dem Grund, daß ich vermutlich der letzte noch lebende Augenzeuge bin, der das Herrenhaus, die Einrichtungen und die Gemälde in Holzdorf gesehen hat. Ich bin in Weimar geboren und aufgewachsen und hatte zusammen mit meiner Mutter die Gelegenheit und die Gunst, als damals 17Jähriger 1940 von Frau Kwast-Hodapp nach Holzdorf eingeladen worden zu sein. Meine Mutter hatte schon vor dem Krieg anläßlich eines Konzertes des weltbekannten Pianisten Wilhelm Kempff in Weimar, Frau Kwast-Hodapp, die ebenfalls eine berühmte Pianistin war, kennengelernt. Mit Wilhelm Kempff verband meine Mutter aus seiner frühen Zeit am Stuttgarter Konservatorium eine persönliche Freundschaft. Da es nach einem bedeutenden Konzert üblich ist, daß Freunde und Bekannte mit dem Künstler noch in einem gemütlichen Weinlokal zusammensitzen, war es auch damals so. Es ergab sich zufällig, daß meine Mutter neben Frau Kwast-Hodapp zu sitzen kam. Die beiden Frauen verstanden sich auf Anhieb bestens – meine Mutter war auch seit 1935 Witwe – und sie wurde ganz spontan von Frau Kwast-Hodapp nach Holzdorf eingeladen. In den Jahren danach war sie noch mehrmals dort.

Den Park kannten wir schon früher, denn wir waren sehr gut mit dem damaligen Gartenmeister der großen Parkanlage und der Gutsgärtnerei, Fritz Rolf, bekannt. Ihm unterstanden zur Pflege des Parks und zur Anzucht der Blumen und Pflanzen an die 50 Gärtner, die quasi nur für diese Liebhaberei tätig waren. Er wohnte in einem Anbau des Gutshauses und wußte in der Regel auch über die Vorkommnisse auf dem Gut sehr gut Bescheid. Ich persönlich war schon lang vorher mit dessen Sohn Eberhard befreundet. Wenn von der „Herrschaft" niemand da war, so sind wir öfter im Park herumgestromert. Leider ist er später im Krieg gefallen.

Wir besaßen damals in Weimar eine Großgärtnerei – die Nelkenkultur in der Ettersburger Straße, die meine Mutter nach dem Tod meines Vaters 1935, zusammen mit einem Obergärtner, leitete. Der Holzdorfer Gartenmeister Fritz Rolf benachrichtigte uns zum Beispiel, wenn in einer Nacht über 100 „Königinnen der Nacht", eine besondere Kakteenart, blühten und mit betäubendem Duft weiß erstrahlten, oder wenn andere Pflanzen zu bestaunen waren. Mit der Gärtnerzunft in Weimar bestand ein sehr gutes Verhältnis, da es eine Abmachung gab, wonach von den in der Gutsgärtnerei gezogenen Blumen und Pflanzen kein Stück in Weimar zum Verkauf kam.

Bei meinem Besuch damals 1940 im Holzdorfer Herrenhaus bewunderte ich zunächst die einzelnen Räume, die immer verschieden nach Vorbildern aus einigen bekannten französischen Schlössern ausgestaltet waren, teils mit kostbaren Ledertapeten, teils mit wertvollen Kassetten- und Stuckdecken und schönem Intarsienparkett, sowie die aus Schloßeinrichtungen stammenden Möbel. Die Impressionisten an den Wänden beeindruckten mich damals noch nicht so sehr, ich bewunderte besonders den original antiken Marmorkopf einer griechischen Aphrodite oder einer anderen Göttin, denn ich war zu dieser Zeit sehr für antike griechische Skulpturen eingenommen. Als Schüler an einem humanistischen Gymnasium in Weimar lasen wir Homer und Plato in der altgriechischen Originalsprache, und deshalb interessierte mich alles, was mit dem alten Griechenland zusammenhing.

Dr. Otto Krebs ist dann, erst 68jährig, am 26. März 1941 an den Folgen eines langen Krebsleidens gestorben. Sein Schicksal war: Er hieß Krebs und starb an Krebs. Da er seine Krankheit bewußt erlebte und bereits früher eine Tochter aus seiner ersten Ehe an Scharlach verloren hatte, gründete er noch vor seinem Tod die gemeinnützige Stiftung für Krebs- und Scharlachforschung in Mannheim, der er wenig später laut seinem Testament den größten Teil seines Vermögens, einschließlich dem Landgut Holzdorf und seine Gemäldesammlung, vermachte. Frau Kwast-Hodapp, die er kurz vor seinem Tod noch heiratete, stand voll und ganz hinter diesem Testament, das ihr auch die weitere Nutzung von Holzdorf sicherte. Sie starb 1949.

Den Krieg hatte das Landgut Holzdorf unbeschadet überstanden, auch das Kriegsende und die anfängliche Besetzung durch die amerikanischen Truppen. Die Gemälde waren sicher im Tresor verwahrt. Am 1. Juli 1945 wurde dann das Land Thüringen nach dem endgültigen Teilungsabkommen von Jalta (Februar 1945) an die Sowjetunion übergeben und wir erlebten den Einzug der sowjetischen Besatzungstruppen. Da der Sitz der sowjetischen Militäradministration für Thüringen in Weimar lag, wurde für deren Chef, Marschall Tschuikov, immerhin nach Schukow der zweite Mann in der sowjetischen Militärhierarchie, schon bald das Gut Holzdorf mit dem feudal ausgestatteten Herrenhaus als passender Wohnsitz auserkoren.

Zunächst passierte den Bildern nichts, denn der Tresor im Keller, mit einem weiteren kleineren Tresor im Nebenhaus, war vor Besetzung durch die Sowjets mit hohen Wandschränken unsichtbar zugestellt worden. Doch schon bald wurde die Existenz der beiden Tresore durch jemand vom weiblichen Dienstpersonal, das die Russen mit übernommen hatten, verraten, um sich vermutlich dafür eine große Tasche voll Lebensmittel einzuhandeln. In der Notlage damals verständlich. Für den kleinen Tresor fand man auch die Schlüssel und räumte diesen leer, er enthielt das Tafelsilber und andere Porzellan- und sonstige kleinere Wertsachen. Für den Haupttresor, in dem die Bilder verwahrt waren, blieben die Schlüssel jedoch unauffindbar.

Die große Tresortür war so konstruiert, daß in der Mitte ein mächtiges Handrad angebracht war, mit dem dann nach Öffnung der Sperre durch Drehen des Handrades die massiven Sperriegel aus den Widerlagern der Seitenwände zurückgezogen und so die Tresortür geöffnet werden konnte. Da die Schlüssel jedoch fehlten, um die Sperranlage für das Handrad zu entriegeln, versuchte man es zunächst mit einfacher Kraft. Dies brachte jedoch nichts. So wurde nun eine lange Brechstange zwischen die Speichen des Handrades und der Radwelle gesteckt und dann mit den Kräften sicher mehrerer starker Rotarmisten so lange mit aller Gewalt gedrückt und versucht, das Handrad doch drehen zu können, bis dieses abbrach. Sicher wird es so abgelaufen sein, denn eine starke und dicke Radwelle an einer großen Tresortür, gefertigt aus gehärtetem Spezialstahl, ist nur mit größter Hebelwirkung und äußerster Gewalt zu zerstören. Nun ging überhaupt nichts mehr. Da man inzwischen vermutlich in Erfahrung gebracht hatte, daß in diesem Tresor „nur" Bilder und keine sonstigen begehrten Wertsachen oder Schmuck eingelagert waren, beruhigte man sich zunächst und sah von weiteren Öffnungsversuchen ab.

Anscheinend wußten die Sowjets in dieser Anfangszeit der Besetzung von Holzdorf noch nicht, welcher unermeßliche Schatz hinter dieser Tresortür schlummerte, denn die Sammlung Otto Krebs war nicht öffentlich bekannt, und es gab auch keinerlei sonstige Hinweise und Schrifttum über dieses private Kunstarchiv, über das man irgendwo hätte nachlesen können, schon gar nicht mehr, nachdem die Nazis diese Kunstrichtung als „Entartete Kunst" eingestuft hatten. Die Existenz der Sammlung war daher nur einigen wenigen Privatleuten und dem Weimarer Museumsdirektor (seit ca. 1935) bekannt.

Was nun kam, sollte sich zu einer Tragödie mit ungeahnten Folgen auswirken. Es sieht heute so aus, daß ausgerechnet der Mann, der sich 1946 erstmals darum bemüht hatte, die Sammlung zu retten, nämlich der Direktor der Weimarer Kunstsammlungen, Dr. Walter Scheidig, mit seinem in bester Absicht unternommenen Rettungsversuch die sowjetische Besatzungsmacht erst auf diesen Kunstschatz aufmerksam gemacht hat. Das ist auch daraus zu schließen, daß es noch zwei Jahre gedauert hat, bis man an die endgültige Öffnung des Tresors heranging. Hätte man von vornherein die Gemäldesammlung von Dr. Otto Krebs auf der sowjetischen Beuteliste gehabt, so wären bestimmt schon im Jahr 1945 geübte und erfahrene Tresorknacker von Moskau nach Holzdorf geschickt worden.

Im April 1946 schrieb nämlich Dr. Scheidig an den Präsidenten des Landes Thüringen, Dr. Paul, daß sich im Herrenhaus des ehemaligen Landgutes eine sehr wertvolle Sammlung von Gemälden befindet, die noch in einem Tresor des Herrenhauses eingelagert ist. Und weiter, „hielt er es für seine Pflicht, auf diese wertvolle Sammlung aufmerksam zu machen, da sie durch Zufälligkeiten, wie es sich in einem besetzten Gebäude ergeben könnte, Schaden oder Verluste erleiden könnte", und „er als Präsident von Thüringen möge doch bei der sowjetischen Besatzungsadministration darauf hinwirken, daß die Gemäldesammlung aus dem Herrenhaus in Holzdorf entnommen und einstweilen im Schloßmuseum in Weimar sichergestellt werden kann". Er hörte daraufhin nichts. Im Jahr danach, 1947, machte Scheidig einen weiteren Versuch und erhielt dann den Bescheid: „Nach längeren Verhandlungen erklärten jedoch die sowjetischen Kunstschutzoffiziere, der sowjetische Marschall als Quartierinhaber habe die Ausführung der Arbeiten verboten."

Als Dr. Walter Scheidig nach Freigabe des Herrenhauses durch die Sowjets im Januar 1950 nach Holzdorf ging und die Sammlung bergen wollte, fand er im Keller die Tresortür offen vor, nach Gangstermanier aufgeschweißt und den Lagerraum dahinter leer (heute noch so zu sehen!). Der Gemäldeschatz war in den Jahren davor nach Leningrad, heute wieder St. Petersburg, verschleppt worden. Lediglich im Park standen noch einige von den Plastiken. Das gesamte Mobiliar war natürlich ebenfalls verschwunden.

***

Im Juni 1945 war ich als Wehrmachtssoldat nach einer schweren Verwundung, die ich im Herbst 1944 an der Ostfront erlitten hatte, nach Lazarettaufenthalten und amerikanischer Gefangenschaft wieder nach Hause zurückgekommen. Ich wartete auf die Wiedereröffnung der Hochschule für Architektur in Weimar, denn ich wollte Architekt werden. Bis zur Freigabe des berühmten von Henry van de Velde geschaffenen Gebäudes half ich in unserm Betrieb aus. Der Beginn der Hochschule zögerte sich aber immer weiter hinaus, da die Besatzungsmacht das Hochschulgebäude nicht räumte. Im Herbst 1946 mußte ich dann aus Sicherheitsgründen für längere Zeitlang zu Verwandten nach Süddeutschland ausweichen.

Im Winter 1946/47 wurde es unbedingt notwendig, unseren noch während des Krieges verstorbenen bisherigen Obergärtner zu ersetzen und die Struktur des Betriebes auf eine breitere gärtnerische Grundlage zu stellen, denn wir waren bis dahin fast einseitig auf die Erzeugung von Edelnelken ausgerichtet. Zudem bekamen wir jetzt vermehrt von den Behörden die Auflage, in einem Teil der Gewächshäuser, und besonders auch in der bisher ungenutzten Freilandfläche, Gemüse anzubauen. Um diese Zeit hatte meine Mutter wieder von Gartenmeister Fritz Rolf in Holzdorf gehört, der zwar dort noch wohnte, jedoch keine Beschäftigung mehr hatte, da die Besatzer an einer weiteren Pflege der Gärtnerei und der großen Parkanlagen nicht interessiert waren. Wir kannten ihn nun schon seit Jahren, und so engagierte sie ihn für unseren Betrieb. Er begann am 1. März 1947 seine Tätigkeit bei uns und konnte gleich in unser leer stehendes Obergärtnerhaus einziehen. – Da im Frühjahr 1947 keine Gefahr mehr für mich bestand, kehrte ich Anfang Mai wieder nach Weimar zurück.

Schon beim ersten Gespräch mit Gartenmeister Fritz Rolf fragte ich ihn nach dem Verbleib der wertvollen Gemäldesammlung von Dr. Otto Krebs. Er hat mir dann alle oben erwähnten Einzelheiten genau erzählt, einschließlich Tarnung der Tresortüren und dem gewaltsamen Öffnungsversuch mit der Brechstange. Nach seinem letzten Wissensstand vom Februar 1947 müßte die Sammlung noch in dem verschlossenen, jedoch wegen des abgebrochenen Handrades unzugänglichen Tresors im Keller liegen. Von den schon damals angelaufenen Bemühungen von Dr. Walter Scheidig wußte er natürlich nichts. Ich war mir im klaren, daß es nur eine Frage der Zeit wäre, bis die Besatzer schon aus Gründen der reinen Neugier daran gehen würden, den Tresor gewaltsam zu öffnen. Dann würde man sicher erkennen, auf welche Goldader man da gestoßen ist. Und das bedeutete, die Sammlung war mit größter Wahrscheinlichkeit unwiederbringlich verloren. Mitte Mai 1947 besuchte uns ein Freund, der von Westdeutschland kommend auf der Durchreise zu seinen Eltern nach Görlitz war. Wir besprachen natürlich eingehend den Fall der in Holzdorf eingeschlossenen Bildersammlung und faßten auf Anhieb den Entschluß, der Sache nachzugehen und den jetzigen Stand zu erkunden. Nach Rücksprache mit Herrn Rolf gab dieser uns den Rat, zunächst den früheren Heizer, der noch im Herrenhaus tätig war und auch zu den Kellerräumen ungehindert Zugang hatte, aufzusuchen. Er könnte uns sicher Auskunft geben. Natürlich fingen wir gleich zu spinnen an und dachten uns schon aus, wie man an den Tresor herankommen und diesen öffnen könnte, und wieviel Flaschen Wodka notwendig seien, um die Wachmannschaft auszutricksen. Wir waren uns aber schnell im klaren, daß eine solche Aktion nur nach einem vorher sorgfältig ausgeklügelten und vorbereiteten Plan und mit den notwendigen, neu erworbenen Kenntnissen und Fertigkeiten, diesen Tresortyp aufzuschweißen, gelingen konnte. Da Marschall Tschuikov zur damaligen Zeit nur sehr selten in Holzdorf anwesend war – meist in Berlin oder Moskau – rechneten wir mit einer gewissen trägen Sorglosigkeit der Wachmannschaft. Unser Freund konnte jedoch nur wenige Tage in Weimar bleiben, so daß die ganze Ausführung der Aktion, sofern die Bilder überhaupt noch da waren, von mir allein hätte durchgezogen werden müssen. Ich setzte in meinen voreilenden Gedanken sehr auf den Heizer, denn nur er war den Wachmannschaften vertraut und konnte unbehelligt ein- und ausgehen. Mit ihm stand und fiel das ganze Wagnis einer Bergung.

In der Nacht darauf konnte ich vor Aufregung nur wenig schlafen und entwickelte schon einen Plan, wie man am besten vorgehen könnte. Sofern der Heizer bereit war, mitzumachen, hätten wir eine große Heizungsreparatur vorgetäuscht. Er hätte dies bei dem Kommandanten der Wachmannschaft angemeldet und mich als Heizungsmonteur einer Installationsfirma eingeführt. Ich wäre dann in einem möglichst schmutzigen, ehemals blauen Monteuranzug („blauer Anton") mit schief sitzender Mütze aufgetaucht, von vornherein mit unserem DKW-Lieferwagen, der ja keine Beschriftung aufwies, und natürlich mit ausgewechselten Kennzeichen. Damit hätte ich die notwendigen Sauerstoff- und Acethylenflaschen zum Aufschweißen herbeigebracht und auch pro forma Rohrstücke, Ventile und Armaturen angefahren. Diese Dinge hätten wir dann einige Tage hin und her getragen, ein bißchen an den Rohren herumgeschweißt und dabei die örtliche

Lage und die Gewohnheiten der Wachen ausgekundschaftet. Zunächst hätten wir die Tresortür wieder mit einem Schrank oder einer großen Holzplatte zugestellt, um die Wachen, soweit sie überhaupt an unseren Arbeitsplatz kamen, mit diesem verdeckten Anblick vertraut zu machen.

In der Vorbereitungsphase hätte ich in Leipzig oder in Berlin, auch in Berlin-West (man konnte ja damals noch frei nach Westberlin einreisen, sogar mit einem Auto) eine Tresorschrank-Firma ausfindig gemacht und mich genau einweisen lassen, wie man einen solchen Tresortyp, wo das Handrad abgewürgt ist, aufschweißt. Natürlich hätte ich den Leuten irgendein anderes Märchen erzählt, worum es sich handelt, sonst hätte man womöglich angenommen, ich wollte eine Bank ausräumen.

Auch mußte ich daran denken, daß ich den Heizer in äußerste Gefahr bringe, denn irgendwann danach wird man die aufgeschweißte Tresortür finden und dann beim Zurückverfolgen auf die Heizungsreparatur kommen. Ich mußte also Vorsorge treffen, sofern der Heizer auch mit diesem Punkt einverstanden gewesen wäre, ihn nach der Aktion zu einem sofortigen Verschwinden über Westberlin und per Flug nach Westdeutschland zu verhelfen. Dazu hätte ich vorher nach Heidelberg zu Frau Kwast-Hodapp, die damals noch lebte – via Westberlin und Flug Frankfurt – reisen müssen, damit sie dem Heizer eine neue Existenz bei den StrebelWerken in Mannheim verschafft. Außerdem sollte ihm noch ein größerer Geldbetrag als Belohnung für seinen Einsatz ausbezahlt werden. Diese Vorbereitungen hätten sicher mehrere Wochen in Anspruch genommen.

Nachdem wir so mehrere Tage die Lage an Ort und Stelle beobachtet hätten, wäre es an einem für uns geeigneten Zeitpunkt zur Tat gekommen: Schranktarnung weg, Aufschweißen, Bilder entnehmen und in den bereitstehenden Lieferwagen laden. Ich hätte vermutlich in zwei Fuhren, den Wagen bis unter das Dach voll gepackt, ohne Rücksicht auf Rahmenschäden, die geretteten Gemälde herausgebracht und die Bilder zunächst bei mir untergestellt. Nach Ausräumen hätten wir die Tresortür wieder zugedrückt und die Schranktarnung davor geschoben. Das alles hätte natürlich nur geklappt, wenn die Torwachen mich unkontrolliert hätten passieren lassen. Aber das hätte ich ja gleich bei den ersten Ausfahrten mit dem noch leeren Wagen festgestellt. Nach Abschluß der Ausräumaktion wäre ich noch in derselben Nacht, mit zwei Wagen – einen von meiner Schwester gefahren – nach Westberlin gefahren, ungefähr drei bis vier Autostunden entfernt. Normalerweise waren auf dieser Strecke keine Zwischenkontrollen und damals auch keine Überprüfungen am Übergang nach Westberlin. Dort hätten wir die Bilder zunächst bei Freunden in Berlin-Lichterfelde im Westsektor, die dort ein Einfamilienhaus besaßen, untergestellt. Da wären sie vorerst einmal sicher gewesen. Dann hätte ich am anderen Morgen von einem Westberliner Postamt eine Erfolgsmeldung telegraphisch an Frau Quast-Hodapp durchgegeben und eventuell noch eine Erklärung bei einem Westberliner Notar hinterlegt, daß ich diese Aktion nur unternommen hätte, um dieses einzigartige und wertvolle Kulturgut für uns, für Deutschland, zu retten, und nicht für mich zum eigenen Vorteil. – Soweit mein in der Nacht ausgeklügelter Plan, der zunächst nur aus „würde", „hätte" und „könnte" bestand.

Am nächsten Tag, also noch Mitte Mai 1947, fuhren wir mit unserem Lieferwagen in das nahegelegene Holzdorf, in das man ohne weitere Kontrollen hineingelangen konnte, da der landwirtschaftliche Teil des Gutes schon 1945 im Zuge der Bodenreform an das Land Thüringen übergegangen war. Das Herrenhaus selbst, mit einigen Nebengebäuden, lag für sich und bildete einen mit einer Mauer umschlossenen Gutsteil. An der Eingangsdurchfahrt dort standen die Wachtposten. Schnell machten wir das Wohnhaus des Heizers ausfindig und fanden diesen auch zu Hause vor. Ich erzählte ihm zunächst von Gartenmeister Rolf und

165

kam dann auf den verschlossenen Tresor im Keller zu sprechen. Da berichtete er uns, daß dieser vor circa zwei bis drei Monaten aufgeschweißt worden sei und alle Bilder abtransportiert worden waren. Er machte uns einen etwas unsicheren Eindruck, so daß wir fast annahmen, er könnte bei der gewaltsamen Öffnung und bei den Schweißarbeiten mit dabei gewesen sein. Die Öffnung des Tresors muß demnach schon im März 1947 erfolgt sein.

Das war nackter und brutaler Raub zwei Jahre nach Kriegsende, also absolut völkerrechtswidrig.

Also nichts mehr, Schluß, Ende, aus! Unsere Gedanken fielen schnell in sich zusammen. Es war vielleicht besser so für mich, denn ich hätte mich sicher in äußerste Gefahr begeben. Bei aller Voraussicht, Zufälle können die beste Planung über den Haufen werfen.

Wer diesen ausgedachten Ablauf für ein von vornherein undurchführbares Hirngespinst halten sollte, den erinnere ich an den jungen Flieger Matthias Rust, der 1987 mit einer kleinen Cessna, von Finnland aus startend, sämtliche hochsensiblen Abwehreinrichtungen der damaligen Sowjetunion durchflog und – dreist und frech – auf dem Roten Platz vor dem Kreml in Moskau landete. Alle Welt hatte dies für unmöglich gehalten. Die Folge war, daß der damalige sowjetische Verteidigungsminister seinen Hut nehmen mußte.

Aber ich war jung und zu einem riskanten Abenteuer durchaus bereit, zumal es für eine gute und gerechte Sache und gegen einen Sieger gegangen wäre, der auch lang nach dem Krieg seine Beutezüge fortsetzte und jegliches Völkerrecht mit Füßen trat.

***

Die Sammlung Dr. Otto Krebs blieb verschwunden. Erst 1995 wurden in einer Sonderausstellung 55 „verschollene Schätze" von 78 Bildern aus dieser Sammlung gezeigt, die in den Depots der Eremitage in St. Petersburg eingelagert worden waren. Doch von circa 18 weiteren Gemälden dieser Sammlung fehlt jede Spur. Die damalige Ausstellung von Beutekunst entfachte das Thema Rückführung erneut. Das russische DUMA-Gesetz über Beutekunst von 1996/99 blockiert jedoch die Rückgabe. Von deutscher Seite gab es schon Aktivitäten auf Ministerebene zur Aufweichung der Verkrustung. In einem Gutachten des Jenaer Rechtswissenschaftlers Professor Olaf Werner stellte dieser fest, daß das DUMA-Gesetz nicht die Rückgabe von Kunst verbietet, die einer Stiftung oder Privatpersonen gehört. Deshalb war schon im Frühjahr 2003 an die Gründung einer gemeinsamen Stiftung der Bundesrepublik Deutschland und von Rußland gedacht, in die die Bilder eingebracht werden könnten, um somit eine Rückführung zu ermöglichen.

Nach meiner Ansicht stellt sich die Lage heute so dar, daß der rechtmäßige Eigentümer der Sammlung nach wie vor die von Dr. Otto Krebs 1941 ins Leben gerufene Stiftung für Krebs- und Scharlachforschung in Mannheim ist. Die Stiftungsurkunde liegt neben seinem Testament im Universitätsarchiv der Ruprecht-Karls-Universität in Heidelberg. Da der Eigentümer demnach schon eine Stiftung ist, die sogar ausdrücklich nur gemeinnützigen Zwecken dient, sind doch die Voraussetzungen nach dem DUMA-Gesetz für eine Rückführung erfüllt, und es könnte sich deswegen eine erneute Stiftungsgründung, wie man es seit Frühjahr 2003 anstrebt, erübrigen.

Seit Mai 2003 dürfte insofern eine andere Lage eingetreten sein, indem sich das Klima für einen kulturellen Wandel zwischen Rußland und Deutschland durch die mit deutschen Geldern ermöglichte Wiederherstellung des im Kriege von deutschen Truppen als Beute ausgebautem und seit Kriegsende vermißtem Bernsteinzimmers im Schloß Zarskoje Selo bei St. Petersburg zum Besseren verändert haben müßte. Von deutscher Seite war alles unternommen worden, den heutigen Standort ausfindig zu machen, um dieses einmalige Kunstwerk dem russischen Volk wieder zurückzugeben. Leider blieb die Suche ohne Erfolg. Es wird heute von russischer wie von deutscher Seite für wahrscheinlich gehalten, daß die zuletzt in Kisten verpackten Teile des Bernsteinzimmers 1945 im Schloßhof von Königsberg während der Kämpfe um diese Stadt verbrannt sind. Zur Wiedergutmachung ist nun mit Hilfe deutscher Finanzierung das Bernsteinzimmer durch russische Fachkräfte in altem Glanz wieder neu geschaffen worden.

Wir alle haben noch die ergreifenden Bilder im Fernsehen vom 25. Mai 2003 vor Augen, wo der russische Präsident Wladimir Putin und der deutsche Bundeskanzler Gerhard Schröder quasi Hand in Hand das wiedererstandene Kunstwerk einweihen und durch den vom Bernstein golden strahlenden Raum schreiten, in völliger Übereinstimmung nunmehr einen großen Schritt auf dem Wege zur Aussöhnung der beiden Völker und hin zu einer neuen, tragenden Freundschaft zu sein.

Selbst der russische Kulturminister Michael Schwydkoj sprach, noch ganz unter dem versöhnenden Eindruck der Einweihungszeremonie stehend, von der mystischen Bedeutung und dem Freundschaftsgeschenk, welches das russische Volk mit dem wiedererstandenen Bernsteinzimmer erhalten hat. Und er erklärte weiter, daß auch die politischen Unstimmigkeiten über die Beutekunst früher oder später beigelegt werden könnten.

Die Rückgabe der Otto-Krebs-Gemäldesammlung wäre doch nun ein erster großer Schritt, mit dem Rußland eine Gegengabe und eine Geste des guten Willens und der Freundschaft zeigen könnte. Die Voraussetzungen sind erfüllt, und wir warten auf Rußland, den Worten Taten folgen zu lassen.

Sollten wir in hoffentlich baldiger Zeit die Gemälde wieder bei uns in Deutschland begrüßen können, so wäre wohl das Herrenhaus in Holzdorf wie kein anderer Ort als endgültiger Platz prädestiniert, in den von Dr. Otto Krebs gestalteten, im ehemaligen

Zustand noch ziemlich gut erhaltenen Räumen die Sammlung aufzunehmen. Das Landgut Holzdorf, nur wenige Kilometer vom Stadtzentrum Weimars entfernt, ist heute Eigentum des Diakonischen Zentrums in Weimar, das es zu einer sozialen Wirkungsstätte ausbaut. Das Herrenhaus ist für jeden zugänglich.
Bis heute, Ende 2005, hat sich jedoch an der ablehnenden Haltung Rußlands nichts geändert.

***

Für diesen Bericht habe ich mich unter anderem auf die Recherchen von Frauke C. Brader gestützt, besonders die Rolle von Dr. Otto Krebs, den Aufbau seiner Sammlung behandelnd, und auf die eingehenden Nachforschungen von ihr bei den Staatlichen Kunstsammlungen in Weimar, betreffend die Bemühungen von Dr. Walter Scheidig zur Freigabe der Sammlung, die sie mit ihrem Beitrag „Die Sammlung Otto Krebs" im Buch „Die Moderne und ihre Sammler", erschienen im Akademie-Verlag 2001, veröffentlicht hat. Ferner waren mir einige Zeitungsartikel in der Thüringer und Mannheimer Presse hilfreich.
Ich stehe schon seit 2003 mit dem Vorstand der „Stiftung für Krebs- und Scharlachforschung Mannheim" in Verbindung und habe diesen Bericht den Herren zur Kenntnis gegeben. Auch mit dem Leiter vom Diakonischen Zentrum in Weimar habe ich laufenden Kontakt.

***

Jetzt schreiben wir Oktober 2006. Alle Hoffnungen haben getrogen, und es ist bis jetzt noch nichts geschehen. Obwohl doch die freundschaftlichen Verbindungen zwischen Rußland und Deutschland in den letzten Jahren weiter ausgebaut wurden, bleibt man auf russischer Seite auf diesem Ohr taub.

Es sieht heute so aus, daß selbst das russische Parlament, die DUMA, und der Präsident in dieser Beziehung nicht viel ausrichten können. Hier herrscht eine graue Eminenz, die das Sagen hat. Und diese graue Eminenz ist eine alte Frau, die Irina Antonova, Direktorin des Puschkin-Museums in Moskau. Sie sitzt wie ein feuerspeiender Drache vor der Höhle, in der die geraubten Kunstschätze gehortet sind, und verteidigt dieses Beutegut mit Klauen und Zähnen. Sie will kein Stück wieder hergeben. Ihr ist es dabei völlig gleichgültig, daß sie gegen die von der DUMA beschlossenen Gesetze verstößt, denn dieses Parlament hat ja in jenem heute noch gültigem Gesetz über die Behandlung von Beutegut ausdrücklich festgelegt, daß Kunstgegenstände, die einer Stiftung oder Privatpersonen gehören, von einem Rückgabeverbot ausgenommen sind.

Vermutlich werden wir noch warten müssen, bis die Antonova (85) einmal verstummt oder aus der russischen Politik ganz verschwunden ist, damit dieser international so verabscheuungswürdige Kunstraub zu einem Völker einvernehmlichen Ende geführt werden kann. Bis dahin steht Rußland als alte und geachtete Kulturnation, auf dem Gebiet der Kunst vor aller Welt als Räuberland da, starrsinnig und unversöhnlich gegenüber internationalem Recht und Völker übergreifenden Gepflogenheiten. Mit dem „Recht des Siegers" kann man dieses Verhalten 65 Jahre nach Kriegsende nicht mehr aufrechterhalten.

Wir appellieren deshalb an Präsident Putin, diesen Fall zu seiner „Chefsache" zu erklären und hier endlich für einen Durchbruch zu sorgen.

Denn wir werden nicht müde werden, die uns geraubten Kulturgüter zurückzufordern. Dies nicht, weil sie einen immensen materiellen Wert darstellen, sondern weil sie zu unserer deutschen Identität gehören, genauso, wie ein Teil der russischen Identität die Ikonen, die goldenen Zwiebeltürme und letztes Endes das Bernsteinzimmer sind, das wir deshalb der russischen Nation wieder beschafft und neu gestiftet haben. Wir wünschen uns, künftig auch zu Rußland wieder vorbehaltlose Beziehungen auch auf kulturellem Gebiet unterhalten zu können.

9. Betriebsleiter einer Großgärtnerei

Politisch hatte man sich mit den neuen Machthabern arrangiert, zum einen, was unsere Nachbarn, die sowjetischen Besatzungstruppen, die in den Kasernen neben uns lebten, betrifft, sowie auch mit dem kommunistischen System, also mit den SED-Behörden, mit denen man es fast täglich zu tun hatte. Als verlängerten Arm der sowjetischen Besatzungsmacht, die unser Land ausplünderte, lehnten wir das neue SED-Regime ab, und zu den vielen Opportunisten, die nun als stramme SED-Mitglieder den angeblich besseren Staat schaffen wollten, gingen wir auf Distanz. Sehnsüchtig schauten wir nach Westdeutschland, wo die wirkliche deutsche Demokratie aufgebaut wurde, und hofften anfangs immer noch, daß auch bei uns ein Umschwung eintreten würde. Als dann am 17. Juni 1953 der vergebliche Aufstand niedergeschlagen wurde, schwanden unsere Hoffnungen dahin.

Wir waren zunächst zufrieden, daß man uns als größeren Privatbetrieb weiter existieren ließ, und wir versuchten das beste daraus zumachen. Meine Arbeit war eine Fortsetzung meiner Tätigkeit, wie ich sie schon in Kapitel 5 beschrieben hatte, nur wurden die wirtschaftlichen Zustände für einen Privatunternehmen nicht leichter. Obwohl sich die Materiallage besserte, merkten wir nicht viel davon, da das Wenige in den „volkseigenen Sektor" gelenkt wurde.

Mit dem neuen Obergärtner arbeitete ich ausgezeichnet zusammen. Wir besprachen gemeinsam die Produktionspläne und Personalentscheidungen. Er war für die gärtnerischen Belange zuständig. Die technischen Aufgaben, Absatz, Organisation und Materialbeschaffung lagen in meinen Händen.

Meine Hauptsorge galt jedoch nach wie vor der Beheizung unserer großen Gewächshausfläche. Wir bekamen nur wenig Bri-

172

ketts zugeteilt, zum größten Teil jedoch Rohbraunkohle von den Braunkohlengruben im nahen Leipziger Becken. Hierfür waren die 1946 ausgetauschten Kokskessel überhaupt nicht geeignet. Zum Glück hatte ganz in unserer Nachbarschaft ein kleiner Apparatebaubetrieb (VEB) einen speziellen Braunkohlenkessel entwickelt, bei dem die Rohbraunkohle auf beweglichen Stufen nach unten geschoben wurde. Die dazwischen eingeblasene Luft ließ auch diesen minderwertigen Brennstoff zur hell flammenden Hitze verbrennen. In einem angeschlossenen großen runden Kessel, ähnlich wie bei einer Lokomotive, in den die heiße Luft hineinströmte, wurde dann das Wasser erhitzt. Nun hatten wir keine Heizungssorgen mehr, aber es mußten jährlich große Mengen Rohbraunkohle bezogen und bewältigt werden.

Die Waggons kamen mit Vorliebe an Samstagen und Sonntagen, zur Entlastung der staatlichen Betriebe von Sonderschichten. Wir wurden dann erst jeweils drei bis vier Stunden vor Eintreffen des Eisenbahn-Waggons, mit circa 20 Tonnen Ladung, benachrichtigt. Wegen der Knappheit an Güterwagen mußten diese innerhalb von zwei Stunden entleert werden. Es war jedesmal ein Wettlauf mit der Zeit. Schon das Zusammentrommeln der Entlademannschaft bildete ein Problem, da die meisten unserer Mitarbeiter kein Telefon besaßen und ich sie persönlich aufsuchen mußte. Im Jahr erhielten wir an die 250 bis 300 Tonnen Kohle, meist Rohbraunkohle. Bei dieser Arbeit half ich kräftig mit und schaufelte im Laufe der Jahre bestimmt viele Hundert Tonnen Kohle. Unsere Leute erhielten dafür außer ihrem Lohn noch jeweils einen Zentner Briketts als Prämie, und das bildete damals für sie einen ziemlichen Anreiz, denn die allgemeine Kohlenzuteilung war knapp. Offiziell hätte ich das sicher nicht machen dürfen. Diese Arbeit hielt ich gut durch, da ja das Schaufeln in stehender Haltung erfolgte und ich mit der vollen Schaufel nicht groß laufen mußte, aber meine Arme waren heil und bewältigten solche Anstrengungen.

Nach wie vor bildeten unsere Edelnelken das Haupterzeugnis unseres Betriebes, und die wurden täglich in Versandkartons verpackt und an die Bahn zur Expreßaufgabe gefahren. Die vielen Topfblumen, die wir jetzt auch heranzogen, konnten nur teilweise in Weimar abgesetzt werden. So wurde eine gewisse Menge bis über den Thüringer Wald gefahren. Unser Zimmermann, der für seine originellen Sprüche bekannt war, hatte in den VW-Transporter herausnehmbare Stellagen gebaut und nannte ihn deshalb den „Primeldampfer". Obwohl wir für den Traktor einen eigens vorgesehenen Zugmaschinenfahrer angestellt hatten, blieben die Transporte mit dem Lieferwagen meine Sache. Jeden Samstag machte ich meine Liefertour zu den Weimarer Blumengeschäften. Auch an Wochentagen kamen Händler oder Privatkäufer direkt zu uns in den Betrieb, so daß wir auch kunstvolle Gebinde, besonders Brautsträuße oder Grabgebinde, zusammenstellten.

Die Arbeitszeit betrug nach wie vor 48 Wochenstunden, wie vor dem Krieg. Auch an Samstagen wurde noch gearbeitet, und erst um 13 Uhr begann das Wochenende. Der Jahresurlaub betrug einheitlich im Jahr zwölf Arbeitstage. Die kirchlichen Feiertage, wie Ostern, Ostermontag, Himmelfahrt, Pfingsten, Pfingstmontag, Buß- und Bet-Tag, wurden eingehalten. Natürlich auch der 1. Mai.

Für die Beheizung der Kessel war eigens ein Heizer eingestellt, der natürlich zu den Wochenenden auch seine Arbeitspausen bekommen mußte. Da wurde die gesamte männliche Belegschaft im wechselnden Rhythmus zu Sonderschichten verpflichtet, auch ich gehörte dazu. Im Sommer waren für die Abendstunden und das Wochenende gesonderte Pflegedienste eingeteilt, die dann vornehmlich Bewässerungsarbeiten, Lüften, und das Schließen der Gewächshausfenster durchführen mußten.

Da wir jetzt ein vielseitiger Gärtnereibetrieb waren, wurden auch mehrere Lehrlinge pro Jahr ausgebildet. Wir waren dann stolz, wenn diese bei den Prüfungen sehr gut abschnitten.

Wir erhielten sogar mehre Male einige Kubikmeter starke Bret-
terbohlen aus kostbarem Kiefernholz zugeteilt. Dann gab es einen
Ersatzkitt auf Bitumenbasis, so daß wir daran gehen konnten, die
Gewächshäuser, die zum Teil noch aus der Zeit von vor dem Ersten Weltkrieg stammten, nach und nach einer Generalüberholung zu unterziehen. Nun war unser Zimmermann Max Weise in
seinem Element, lag doch das Kommando für die einzelnen Arbeiten ganz in seiner Hand. Diese Maßnahmen wurden nur mit
eigenen Leuten während der Sommermonate durchgeführt. Sobald die dringendsten Gieß- und Pflegearbeiten erledigt waren,
mußte sich jeder Mann bei ihm melden, und er teilte ihn zu dem
vorgesehenen Reparaturdienst ein. Auch die Frauen wurden dabei angestellt, sie mußten die abgenommenen und gestapelten
Glasscheiben säubern.

Natürlich war es notwendig, daß diese Renovierungsmaßnah-
men bis zum Ende des Sommers abgeschlossen werden konnten.
Deshalb konnte in jedem Jahr nur ein Teil der Gewächshäuser
wiederhergestellt werden, und den Winter über bereitete Max
Weise die nächste Überholung vor, indem er die neuen Holzsprossen bearbeitete und sonstige Vorkehrungen traf.

Im Frühjahr 1957 las ich in jener Bauernzeitung eine Anzeige,
wonach im Raum Erfurt ein großes Gewächshaus, jedoch ohne
Heizeinrichtung, auf Abbruch verkauft werden sollte. Obwohl
die allgemeine Stimmung wegen der negativen politischen Lage
gar nicht auf Expansion stand, reizte mich eine solche Aufgabe doch so, daß ich nach Besichtigung zugriff. Nun fuhr ich mit
meinem gärtnerischen Bautrupp jeden Tag mit dem jetzt zum
Kleinbus umgewandelten VW-Transporter in jenen Ort, und wir
demontierten das circa 1 200 Quadratmeter große Gewächshaus. Es war eine Verbundkonstruktion: Stützen und Träger aus
Eisen mit aufgelegen Holzsprossen. Die Eisenteile ließ ich in dem
großen VEB-Mähdrescherwerk, der größte Betrieb in Weimar,
durch deren Sandstrahlanlage laufen.

Dieses Haus war nur für Edelnelken bestimmt, die jedoch bis Juli eingepflanzt werden mußten, um noch Anfang nächsten Jahres zum Blühen zu gelangen. Also wurden die Arbeiten gleichzeitig durchgeführt: unten Herrichten der Beete mit Einbringen der Jungpflanzen und darüber auf einer hängenden Montagebühne die Sprossenverlegung mit Einsetzen der Verglasung. Besonders schwierig gestaltete sich abschließend der Einbau der Heizrohre, wofür aus früheren eigenen Demontagen vorhandene Rohre verwendet werden mußten. Da wurde die Zeit knapp, denn bis zu den ersten Frösten sollte alles abgeschlossen sein. Ich bildete mich also selbst zum perfekten Autogen-Schweißer aus und gemeinsam mit einem Schlosser schafften wir es, gerade noch rechzeitig fertig zu werden. Die einzelnen Rohrstränge schweißten wir außen, auf Böcken liegend, zusammen. Alle Mann packten dann mit an, das lange Rohrstück in das Haus zu tragen und an den vorbereiteten Ketten aufzuhängen.

Die jungen Nelkenpflanzen gediehen wunderbar, da in diesem Boden seit mehr als einem Jahrzehnt keine Nelken mehr gewachsen waren. Sie strotzten geradezu vor üppigen Wuchs. Die Ernte, das heißt das Blühstadium, habe ich aber nicht mehr erlebt.

Als die Weimarer sahen, welch große Neuanlage wir da aufzogen, schüttelte man überall den Kopf. Bei der vorherrschenden allgemeinen Resignation konnte man meinen Mut und meinen Optimismus nicht verstehen. Diese Leute sollten auch bald recht behalten.

Schon im Sommer hörten wir von ersten Maßnahmen, daß größere noch als Privatbetrieb geführte Betriebe eine staatliche Beteiligung eingehen sollten. Mir war klar, daß dies der Anfang vom Ende bedeutete.

Einfach wegnehmen und die Besitzer vertreiben, wollte man zu dieser Zeit noch nicht. Die Schlinge zog sich immer enger auch um unseren Hals. Da hörte ich, wie ein anderer Eigentümer eines Privatbetriebes den Spieß herumgedreht und seinen Betrieb zur

Pacht den staatlichen Stellen angeboten hat. Ich nahm an, daß wir bei dieser Vorgehensweise noch Bedingungen von uns durchsetzen könnten, das war in unserem Falle die freie Ausreise nach Westdeutschland. Das wäre doch für uns ein gangbarer Weg.

In der DDR wollten wir auf keinen Fall bleiben. Ein weiteres Abwarten auf Besserung der Lage bei uns hatte eigentlich keinen Sinn mehr. Zu bedenken war auch, daß ich zu jener Zeit schon zwei Kinder hatte und die Aussichten für junge Leute, sofern sie sich nicht dem neuen Regime bedingungslos anschlossen, waren gleich Null. Zunächst wollte ich einmal den Weg der Verpachtung weiter verfolgen.

10. Junge Liebe. Heirat

Wie schon gesagt, bildeten wir jedes Jahr mehrere Gärtnerlehrlinge aus. Im Frühjahr 1949 erzählte Frau Maria Glass, die Mutter des bekannten israelischen Waffenkonstrukteurs Uzi Gal (Gotthard Glass) bei einem ihrer häufigen Nelkeneinkäufe, meiner Mutter, daß die jetzt 18jährige Tochter ihrer Nachbarin Frau Zobel in diesem Jahr ihr Abitur machen würde und dann an der benachbarten Universität Jena Biologie studieren wollte. Da sie aber kein Arbeiter- und Bauernkind war, wurde sie nicht zum Studium zugelassen. Wir lebten ja in einem von der SED beherrschten kommunistischen Staat, und deshalb war der Zugang zu einer Universität streng politisch reglementiert. Man riet ihr deshalb, zuerst eine Gärtnerlehre zu absolvieren. Dann gehörte sie auch zur „werktätigen Bevölkerung", und der Weg zum Studium wäre frei. Im Auftrag von Frau Zobel fragte sie bei meiner Mutter nach, ob diese Abiturientin ihre Gärtnerlehre bei uns ableisten könnte. Frau Zobel kannte ich bereits flüchtig, da ich in jedem Jahr unsere Küken bei ihr einkaufte. Sie wohnte im Pogwisch-Haus.

Im Weimarer Park, am Ostrand der großen, von Goethe geschaffenen Parkanlage, steht das von allen Besuchern Weimars fotografierte, berühmte Goethe-Gartenhaus, und gleich nebenan liegt dieses soeben erwähnte kleine ockerfarbene Pogwisch-Haus, in dem Goethes Sohn August seine Ottilie „gefunden" hatte. Das Häuschen war im Februar 1945 durch einen Bombenschaden leicht in Mitleidenschaft gezogen worden, und es regnete durchs Dach. Wenn man die Bausubstanz erhalten wollte, mußte schnell gehandelt werden. Der letzte Mieter vor Kriegsende war Anton Kippenberg, der Inhaber des Inselverlages in Leipzig. Dann stand das Haus mehr oder weniger ohne Aufsicht, und entlassene Häftlinge nisteten sich dort ein, was den Türen und Wänden nicht gut tat. Hans Zobel hörte davon und war gleich hell begeistert. Er war im Juni 1945 aus der Kriegsgefangenschaft zurückgekehrt. Obwohl schon 45 Jahr alt, hatte man ihn in den letzten Monaten des Krieges als Volkssturmmann eingezogen und an der Ostfront noch eingesetzt. Nunmehr hatte er Zeit, alles Notwendige für eine Anmietung des kleinen Pogwisch-Hauses in die Wege zu leiten. Leider war es ihm nicht vergönnt, dort auch einzuziehen, da er auf Grund einer Denunziation am 1. August 1945 von den Sowjets abgeholt wurde – und für immer in dem berüchtigten Konzentrationslager „Buchenwald" bei Weimar verschwand. Dieses Lager hatte während der Nazi-Zeit eine schreckliche Bekanntheit erlangt, weil dort während jener Zeit circa 56 000 Häftlinge ums Leben gekommen sind. Sofort nach dem Einrücken der Sowjets in Thüringen im Juli 1945 haben sie den „Buchenwald" als ihr Gefangenenlager weiterbenutzt. Frau Zobel hat nie wieder eine Nachricht von ihrem Mann, Hans Zobel, bekommen.

Sie verfolgte den Plan mit dem Pogwisch-Haus beharrlich weiter. Der alte, frühere Landrat Türk von der großherzoglichen Schatullenverwaltung war ihr sehr gewogen, und so konnte sie im November des Jahres mit ihrer Schwester, der alten Mutter und ihren zwei Töchtern Karin und Ulrike dort einziehen, nachdem sie mit viel Mühe und mit Hilfe einiger Handwerker das kleine Haus wieder hergerichtet hatte.

Es begann ein hartes Leben, was den Frauen nicht an der Wiege gesungen worden war. Sie entstammten einer St. Petersburger Adelsfamilie, die während der russischen Revolution 1917 nach Finnland fliehen mußte, wobei der Vater Alexander von Scholtz, der Leiter einer zaristischen Kadettenanstalt, in die Hände der Roten fiel und bald darauf in sowjetischer Haft umgekommen ist. Die Schwester von Frau Zobel konnte durch ihre perfekten russischen Sprachkenntnisse eine Arbeitsstelle als Dolmetscherin in der sowjetischen Stadtkommandantur in Weimar bekommen.

Frau Zobel schaffte Angorakaninchen, Ziegen und Milchschafe an, um nicht nur die Ernährung der Familie zu verbessern, sondern auch die Wolle zu nutzen. Außerdem hatte sie noch einen alten Brutapparat, um durch den Verkauf von Küken, wenigstens im Frühjahr, etwas Geld zu verdienen. Um die Tiere auch im Winter durchzubringen, mähte sie mit der Sense von Hand meist allein im Frühjahr und Sommer die ausgedehnten Hangwiesen, die zu dem parkähnlichen Grundstück gehörten. Von Zeit zu Zeit hat ihr ein Bekannter dabei geholfen. Nach Wenden und Trocknen, in Bettbezüge gestopft, wurde das Heu zum entfernt liegenden Haus getragen und über eine Leiter auf den flachen Dachboden bugsiert, wobei auch die beiden Töchter kräftig mithelfen mußten. Rings um das Haus standen viele gute Apfel- und Zwetschgenbäume. Das Obst half auch ein wenig, daß die Kasse nicht ganz leer wurde, denn Frau Zobel bekam von keiner Seite eine Rente oder finanzielle Unterstützung. Eine sehr schwere Arbeit kam jeden Herbst auf sie zu, da von der Schatulle aus bestimmte Bäume gefällt werden mußten, die kleineren konnten sie selbst bestimmen. Mit der großen Blattsäge, die von zwei Personen hin und her gezogen wurde, mußten sie erst lernen, umzugehen, wobei die beiden Schwestern und die ältere Tochter sich bei der Arbeit abwechselten. Das Holz bildete ein willkommenes Heizmaterial für den Winter. Aber bis es soweit war, mußten die Stämme erst in Rollen gesägt und diese in ofenfertige Scheite gehackt werden. Zum Schluß wurde alles in einem Schuppen aufgeschichtet.

Die Wolle von den Angora-Kaninchen und den Schafen wurde geschoren, gewaschen und mit Kartätschen gekratzt, danach auf zwei alten Spinnrädern zu Strickwolle verarbeitet. Aus diesen machten sie wärmende Pullover und Strickjacken, die sie verkauften. Der Weimarer Schriftsteller Dr. Wolfgang Vulpius, ein direkter Nachkomme von Goethes Schwager Christian Vulpius, hat in seinem Bändchen „Die Nachbarn von Goethes Gartenhaus" die

Bewohner dieses kleinen Hauses genau beschrieben, angefangen mit einem Geheimrat Schmidt, dann die Familie Pogwisch, über Goethes Enkel, später die Fürstin von Albanien, bis zu Anton Kippenberg. Er hat den „tüchtigen Frauen" ein besonderes Kapitel gewidmet und ihnen somit ein Denkmal gesetzt. Darauf folgte der Hochschuldirektor und Architekt Otto Engelsberger mit seiner Frau Ilse, einer begabten Malerin. Das Haus gehört heute der Stiftung Weimarer Klassik und wird auch mit Mitteln aus dem deutschen Denkmalschutz aufwendig restauriert.

Es soll einmal als Gästehaus für Ehrengäste der Stiftung zur Verfügung stehen. Auch Schriftstellern soll das Pogwisch-Haus jeweils für ein Jahr als Arbeitsdomizil überlassen werden. Soweit die heutigen Pläne.

***

Und weiter in meiner Erzählung. Frau Glass mit ihrer Partnerin Ite von Benda, einer Schwester des bekannten Berliner Kammermusik-Dirigenten Hans von Benda, betrieben ganz in der Nähe von Frau Zobel eine kleine Gärtnerei. Beide waren mit ihr eng befreundet und wußten über die Geschehnisse im kleinen Pogwisch-Haus gut Bescheid. Deshalb die Anfrage durch Frau Glass, die unsere Nelken zu ihren Aufträgen für Blumendekorationen brauchte.

Die Frage nach einer Lehrstelle bei uns beantworteten wir sofort mit Ja, mit der Einschränkung, daß wir neue Lehrlinge immer erst zum 1. März einstellten. Auf jeden Fall solle sie sich mit ihrer Mutter erst einmal vorstellen, und dann könne sie gleich unseren Betrieb ansehen. Alles Weitere sollte bei dieser Gelegenheit besprochen werden. Bei meinen Kükenkäufen in den Jahren davor habe ich von den Töchtern nie etwas gesehen.

Also, Mitte Juni 1949 kam jene Karin Zobel mit ihrer Mutter. Ein hochgewachsenes, sehr schlankes Mädchen von 18 Jahren, mit rotblondem Haar. Ich zeigte ihnen einige Gewächshäuser und als wir beim letzten aus der Tür heraustraten, ich zum Schluß, schien gerade die Sonne voll auf ihr rotblondes Haar und ließ es golden aufleuchten. „Das ist ja ein verdammt hübsches Mädchen", dachte ich bei mir, aber damit endete meine Feststellung und die Besichtigungstour. Weiter nichts, denn ich fuhr ja damals noch in die Rhön.

Wir besprachen die Einzelheiten im Büro, und der Beginn ihrer Lehrzeit wurde auf den 1. März 1950 festgelegt. Bei dem Gespräch sagte sie, es wäre hier alles so schön, und sie könne die Zeit bis dahin gar nicht mehr erwarten. Sie freue sich jetzt schon, bei uns anfangen zu können. Dabei strahlte sie so, daß es mich schon berührte.

Ich sah sie im Herbst und Winter zwei- oder dreimal im Theater, oder bei einer Kunstausstellung. Wir sprachen aber nicht miteinander.

Im Spätsommer hatte ich meine Beziehung zur Rhön gelöst und im November lernte ich eine andere, sehr gut aussehende Frau kennen, auch groß und schlank, jedoch kein junges Mädchen mehr. Sie kam aus Westdeutschland, um in Weimar ihre Schwester zu besuchen. Es war eine reife, unkomplizierte Frau, und wir verliebten uns ineinander. Leider mußte sie nach drei Wochen wieder abreisen, da ihre Besuchsgenehmigung ablief. Darauf blieben wir brieflich in Kontakt miteinander. Ich war mir jedoch nicht im klaren, wie dies weitergehen sollte.

Inzwischen kam jener 1. März 1950 und das Fräulein Zobel, inzwischen gerade 19 Jahre alt geworden, fing als Gärtnerlehrling bei uns an. Die eigentliche gärtnerische Unterweisung erhielt sie von unserem Obergärtner. Ich war meist im Versandraum, saß im Büro bei meiner Buchhaltung oder hatte irgendwelche Korrespondenzen zu erledigen, wenn ich nicht gerade für eine meiner vielen Blumenlieferungen oder Beschaffungstouren unterwegs war. Nachdem mehrere Wochen ins Land gegangen waren, zog es

182

mich immer wieder hinaus in jenes Gewächshaus, wo Karin Zobel arbeitete. Das fiel sogar den anderen auf, denn sie lästerten: „Seitdem das Fräulein Zobel im Betrieb ist, läßt sich der Chef bei uns häufiger sehen als früher!" Auch merkte ich, daß ihre Augen anfingen zu leuchten, wenn sie mich erblickte. Sie sah anscheinend nicht mehr nur den Chef in mir.

Natürlich plauderten wir jetzt schon ausführlicher, wenn ich sie nach Feierabend traf. Ich merkte bald, daß da eine Beziehung heranwuchs, die immer tiefer ging, auf beiden Seiten. Eines Morgens, es war wohl Anfang Mai, wachte ich auf und wußte genau: Die ist es! Und meine kurze Novemberfreundschaft sollte ich beenden. Mit jener Frau traf ich mich noch einmal Ende Mai, während eines Kurzbesuches von ihr in Weimar. Sie tat mir leid, aber ich konnte ihr die Enttäuschung von einem Ende unserer kurzen Beziehung nicht ersparen. Jetzt war ich innerlich frei.

Ich beschloß, diese Karin Zobel näher kennenzulernen. Das war aber gar nicht so einfach, den Übergang von einer rein geschäftlichen Beziehung zu einem mehr privaten Kontakt zu finden, ohne aufdringlich und plump zu wirken. Für eine übliche Anmache oder für eine kurze Liebelei war sie mir zu schade. Was sollte ich tun? Sie zu einem Kinobesuch einladen? Oder ins Theater? An einem Freitag fragte ich sie, ob sie Lust hätte, mit meiner Schwester und einer Freundin an einer Ausflugsfahrt in den Thüringer Wald, über den Inselsberg nach Friedrichroda in das dortige Bad, teilzunehmen. Es war schönes Wetter, also mit meinem offenen Cabrio. Sie sagte mit Freuden zu. Nun im Bikini, bestätigte sich mein erster Eindruck von ihr, daß sie eine durchaus wohlproportionierte Figur besaß und bei ihrer Größe ausnehmend schlank war. Es folgten dann noch ein oder zwei kleinere Ausflüge. Am 19. Juni feierte meine Schwester ihren Geburtstag, und da lud ich sie zur traditionellen Erdbeerbowle am Abend mit ein. Als ich sie nach Hause fuhr, war es dann soweit, daß der Chef das Lehrmädchen Karin küßte. In derselben Woche gingen wir noch zusammen in ein herrliches Sinfoniekonzert im Weimarer Theater. Ich machte ihr daraufhin den Vorschlag, ob sie nicht gern Auto fahren lernen möchte. Ich könne ihr es auf abgelegenen Straßen schon einmal zeigen und sie fahren lassen. Das war zwar damals bei uns auch schon verboten gewesen, jemand ohne Führerschein ans Lenkrad zu lassen, aber ich kannte genügend abgelegene Waldwege, wo mit keinen Kontrollen zu rechnen war. Da könne sie sich schon eine gewisse Fahrpraxis aneignen und einige Grundregeln kennenlernen. Dann bräuchte sie später nur noch wenige Fahrstunden bei einem Fahrlehrer zu nehmen, um zur Prüfung zugelassen zu werden. Sie willigte gern auf meinen Vorschlag ein. Die Zeit des vertrauten Zusammenseins in einem gemütlichen Auto nutzten wir auch zu eingehenden Gesprächen über Gott und die Welt und was uns gerade so bewegte. Natürlich gab es dann auch Fahrpausen, in denen sich meine Fahrschülerin und ich „erholen" konnten. Wir stellten fest, daß wir dieselben Vorlieben hatten, wobei die Freude an klassischer Musik obenauf stand, sie auch an Kunst und Literatur sehr interessiert war, gern ins Theater und Konzerte ging und mit Leidenschaft tanzte. Sie erzählte mir dabei, daß sie ins Theater meist erst zum 2. Akt käme, da sie sich so viele Eintrittskarten nicht leisten konnte. Die Türschließer kannten sie bereits und ließen sie dann ohne Karte hineinschlüpfen, wo sie immer noch einen freien Platz fand. Sportlich war für sie im Sommer Schwimmen und im Winter Skilauf angesagt. Also alles in allem, wir paßten gut zusammen. Natürlich kam noch eine große Naturbegeisterung dazu, was eigentlich klar war, sonst hätte sie nicht mit solcher Freude Gärtnerin gelernt.

Es wurde ein schöner Sommer, und wir haben viel unternommen. Auch war ich oft bei ihr zu Hause im Pogwisch-Haus und lernte die übrige Familie kennen. Die alte Großmutter, die nur gebrochen Deutsch sprach, konnte so wunderbar sticken. Richtige kleine Gemälde entstanden unter ihren Fingern. Zur Familie hatte sich noch ein kleiner Christopher, ein Sohn ihrer Tante Tamara, gesellt.

Im Herbst 1948 erfuhr Frau Zobel von einem inzwischen entlassenen Mitgefangenen, daß ihr Mann, Hans Zobel, schon 1947 in dem Lager „Buchenwald" an Entkräftung gestorben war. Dieser Mitgefangene hatte ihn noch bis zum Schluß in der Krankenbaracke gepflegt. Eine offizielle Mitteilung über seinen Tod hatte sie jedoch nie bekommen. Ihr und ihrer Mutter widerfuhr also das gleiche Schicksal! Karin tat mir sehr leid, als sie mir das erzählte. Aber diese Geschehnisse gab es damals öfter.

Im Herbst war ich im Geschäft durch verschiedene Sonderaktionen sehr stark gebunden, so daß ich mich um Karin nicht so kümmern konnte, wie es nötig gewesen wäre. Da beschwerte sie sich bei mir und sagte, sie wollte mir nicht im Wege stehen und sich zurückziehen, wenn ich keine Zeit mehr für sie hätte. Aber da konnte ich sie trösten und versprach ihr, im Winter mit ihr zusammen zum Skilaufen zu verreisen. Da hellte sich ihre Stimmung gleich wieder auf, und ich war froh darüber.

Anfang November kam mir ein schönes Gedicht über sie in den Sinn. Als ich Karin einmal zu Hause abholen wollte – es war kurz darauf –, um mit ihr zu irgendeiner Veranstaltung zu gehen, war sie noch nicht fertig. Ich wartete draußen und schlenderte die wenigen Schritte hinüber zum Goethe-Gartenhaus durch den inzwischen zusammengebrochenen Gartenzaun. Da öffnet sich dort die Tür, und es kam der alte Herr tatsächlich selbst heraus, ging an mir vorbei, hielt kurz inne und sagte zu mir: „Das ist gar nicht schlecht, schreib es auf, und schenke es ihr, da wird sie sich freuen!" Und setzte seinen Weg nach unten, zum Gartentor, fort und verschwand. – Ja, manchmal kann man noch Visionen haben!

Die Verse lauten:

Karinata

Oh, dieses Haar:
Feurig scheinend bis zum Hell',
steigend, windend – wunderbar
allen Glanzes Quell!
Und dein Antlitz strahlt es wider,
deiner Seele reines Gut ...
Zärtlich beuge ich mich nieder,
über deines Mundes Glut!

Die Verse habe ich in schöner Schrift aufgesetzt und ihr das Blatt zu Weihnachten geschenkt.

Karin hatte die Feiertage über Urlaub genommen und fuhr zunächst allein nach Schierke in den Harz. Wegen verstärkter Blumenlieferungen zu Weihnachten und Sylvester konnte ich zunächst nicht mit, ich kam dann gleich nach Neujahr nach. Anfangs lag noch genug Schnee zum Skilaufen, aber dann setzte Tauwetter ein. So machten wir viele Wanderungen und genossen die lang vermißte Gelegenheit zum Tanzen. Am Abend spielte in einem Nachbar-Hotel eine gute, kleine Tanzkapelle die beschwingte Musik. Schließlich musizierten sie zur späten Stunde nur noch für uns, das verliebte Paar.

Es machte denen direkt Vergnügen, uns einfach dabei zuzusehen.

Am nächsten Morgen, fragte ich sie: „Willst du meine Frau werden?"

Und sie antwortete: „Das weißt du doch schon!"

Wenn jetzt so viele Paare auseinandergehen oder sich scheiden lassen und sich fragen, woran hat es gelegen, wir waren doch anfangs so verliebt, dann liegt es sicher daran, daß sie sich in der ersten Zeit nicht richtig kennengelernt haben. Oft wissen sie anfangs nicht einmal den Nachnamen von ihrem Partner oder Partnerin. Dann wird gleich losgeknutscht und man kann es nicht erwarten, zusammen im Bett zu liegen. Nach diesem Strickmuster sind auch die meisten Liebesfilme im Kino oder Fernsehen gestrickt. Erst nach Monaten oder Jahren hat man herausgefunden, wer der andere wirklich ist. Seine Ansichten, sein Charakter, sein Benehmen, seine Eigenheiten und seine Liebhabereien kennengelernt. Und das Elternhaus, aus dem man herkommt, ist auch wichtig. Da paßt oft nichts mehr zusammen. Wichtig ist, daß man frühzeitig gemeinsam eine Reise unternimmt, denn am dritten oder vierten Tag kommen die Schwachpunkte des anderen heraus, denn niemand kann sich wochenlang verstellen. Und die Liebe? Eine kleine Liebelei genügt eben nicht! Man muß eine Liebe erst wachsen lassen, bis sie wie eine Blume voll erblüht ist. Das erfordert oft Geduld und Disziplin. Was dann folgt, ist ein lebenslanges Arbeiten an dieser Beziehung und ein immerwährendes Bemühen, auf den Partner einzugehen, ihn mitzunehmen und ihn nicht irgendwo stehen zu lassen, und vor allem, über die wichtigen und ernsten Probleme zu reden.

Das ist mein Rezept für eine lange und glückliche Beziehung.

$$***$$

Zu Hause sprach es sich natürlich schnell herum, daß wir uns verlobt hatten. Meine Mutter, die unsere Verbindung sehr begrüßte, witterte sofort die Gelegenheit, ein großes Verlobungsfest zu veranstalten.

Das wurde für den März festgelegt. Alle unsere Freunde und Bekannten erschienen, jedoch waren wir, Karin und ich, Ardie mit seiner Freundin und Karins beste Freundin Traudi, die einzigen jungen Leute in dieser Runde. Es gab damals keinen so großen Freundeskreis unter den Jugendlichen wie heute. Viele waren im Westen, bei uns jungen Männern sind nicht wenige gefallen, oder wir hatten uns durch die erst kurze Zeit zurückliegenden, umwälzenden Ereignisse aus den Augen verloren.

Da wir immer mehr Blumen auch direkt an Privatkunden verkauften, wurde beschlossen, daß Karin zusätzlich Blumenbinderei lernen sollte. Das wurde mit der Berufsschule abgesprochen, und man genehmigte diese Ergänzung der Ausbildung in einer anderen Stadt.

Sie kam für ein Vierteljahr zu dem damals größten und renommiertesten Blumengeschäft Deutschlands, das auch unser bester Kunde war, zum Blumenhaus Hanisch in Leipzig. Während dieser Zeit besuchte ich sie öfter über das Wochenende, und es war jedesmal ein freudiges Wiedersehen.

Wir hatten als Hochzeitstermin Anfang August festgelegt. Davor mußte sie jedoch noch zwei Prüfungen bestehen: zum einen ihre Gärtnergehilfenprüfung und zweitens den Führerschein. Dieser war notwendig, da für das Geschäft laufend Fahrten auszuführen waren. Meine Sache war es, jetzt endlich unseren Hochzeitswagen, den Buckel-Ford, herzurichten, zum Lackierer zu bringen und zum Verkehr zuzulassen.

Am 4. August 1951 war es dann soweit, und meine Mutter organisierte ein rauschendes Fest. Leider konnten wir uns nicht in der Hauptkirche Weimars, der Herderkirche, trauen lassen, da diese wegen des Bombenschadens im Februar 1945 noch nicht wiederhergestellt war. Wir gingen in die Jakobs- oder Hofkirche, wo auch Goethe getraut worden war. Ein Bekannter chauffierte uns mit dem neu glänzenden Ford zur Kirche. Gemeinsam hatten wir uns als Orgelspiel die Toccata und Fuge in d-moll von Johann Sebastian Bach gewünscht. Es intonierte einer der bekanntesten Orgelspieler der damaligen Zeit, das war Johannes R. Köhler. Er ließ den Kirchenraum aufbrausen mit diesem gewaltigen Werk. Die Trauung nahm Superintendent Ingo Braecklein vor, der später Landesbischof von Thüringen wurde, und mit dem wir über meine Mutter befreundet waren. Darauf feierten wir zu Hause.

Für das Kochen war ein Koch, ein Bekannter von Ardie, angestellt, und es mangelte an nichts, denn meine Verwandten im Westen hatten uns Pakete mit leckeren Dingen geschickt. Auch zu trinken ab es reichlich.

Karin hatte ein schlichtes Hochzeitskleid aus einem weißen Kunstseidenstoff an, den wir eigens in Westberlin besorgt hatten, und das von der Schneiderin meiner Mutter gefertigt worden war. Sie ließ es gleich nach der Hochzeit hellblau einfärben, um es als festliches Kleid auch zu anderen Anlässen tragen zu können. Dies war bereits ein Monat später der Fall, als ihre beste Schulfreundin Traudi ihren Freund Siegfried Frohne heiratete.

Zu unserer Hochzeit hatten wir unter anderem Jutta Vulpius eingeladen, die später an der Komischen Oper in Berlin unter Walter Felsenstein zu einer gefeierten Koloratursängerin emporstieg und besonders mit der „Königin der Nacht" aus Mozarts „Zauberflöte" glänzte. Sie sang an diesem Abend mit ihrem Mann Melchior, dem Sohn von Dr. Wolfgang Vulpius, ein Bänkelsängerlied, begleitet von ihm auf der Klarinette. In fortgeschrittener Stimmung wurden von ihr viele Volkslieder gesungen, zusammen mit der glückseligen Karin, und Jutta meinte darauf sogar, Karin hätte eine so schöne Stimme, daß sie glatt auch Sängerin werden könnte. Zum Glück kam dieser Vorschlag zu spät.

Karin und ich wollten schon in der Nacht losfahren, aber dazu waren wir nicht mehr imstande und sanken gegen vier Uhr früh in unser Bett.

Von der geräumigen Wohnung meiner Mutter waren zwei Zimmer abgetrennt worden, Bad und Küche wurden gemeinsam benutzt. Das war zur damaligen Zeit direkt komfortabel, denn die meisten jungen Paare mußten von Glück sprechen, wenn sie wenigstens ein Zimmer für sich bekamen. Es herrschte noch große Wohnungsnot, allein wegen der zerstörten Städte und der in großer Zahl unterzubringenden Flüchtlinge. Ein Neubau von Wohnungen fand damals noch nicht statt, dazu fehlte das Material.

Zum Kochen kam Karin eigentlich nicht, dies besorgte unsere liebe und treue Martha, Mutters langjähriges Hausmädchen. Die Einrichtung für unser Wohn- und Schlafzimmer hatte meine Mutter schon 1945 von einem Bauunternehmer übernommen, der vor den anrückenden Sowjets aus Polen, wo er Straßen gebaut hatte, geflohen war. Er kam mit seinen Umzugssachen bis Weimar und wollte schleunigst weiter nach dem Westen und alles in Weimar verkaufen. Der Spediteur, wo die Güter zunächst eingelagert waren, unter anderem viele Strohmatten vom Straßenbau, auch Möbel und andere Dinge, fragte besonders wegen der vielen Matten bei uns an. In einer Gärtnerei werden solche Strohmatten zum Abdecken der Frühbeetfenster gebraucht. Meine Mutter sah sich daraufhin das ganze Lagergut an und kaufte „auf Vorrat" alles. Das Schlafzimmer war besonders schön. Ein historisches Jugendstil-Zimmer vom Ende des 19. Jahrhunderts, noch stabil aus vollem Holz gefertigt, mit einem französischen Bett mit gepolsterter Stirnwand. Wir ließen nur die Matratze aufpolstern und alles neu lackieren (dieses Schlafzimmer benutzen wir noch heute, jedoch ist es mehrfach renoviert und „aufgemöbelt"!). Das Wohnzimmer war billiges Sperrholzzeug. Nur die Couch, ein gut gepolstertes Möbelstück, landete später in Milbitz.

***

Am nächsten Tag starteten wir zu unserer Hochzeitsreise. Es ging an die Ostsee. Ardies Schwester hatte Privatquartiere in Lubmin besorgt. Die Ferienhotels waren damals an der Küste noch nicht soweit, daß sie wieder Gäste aufnehmen konnten. Ardie fuhr mit seiner Freundin, einer Operettensängerin, und seine wesentlich ältere Schwester war mit ihrem Mann dabei. Jeder bekam seinen Raum. Wir bezogen unser Zimmer. Es war schlicht eingerichtet mit zwei auseinanderstehenden schmalen Betten. An jeder Wand eines. Wir sagten uns, das macht doch nichts, da stellen wir eben die Betten in der Mitte des Zimmers zusammen. – O weh, das eine Bett war circa 10 Zentimeter höher als das andere. Aber – da haben wir gelacht – und trotzdem unseren Spaß gehabt! Oder gerade deswegen?

Das Wetter war schön und wir genossen gemeinsam unser Badevergnügen. An einem Abend gab es eine Tanzveranstaltung mit Preistanz, und der Hauptgewinn war eine Buttercremetorte! Zu dieser Zeit eine wertvolle und heißbegehrte Prämie!

Wir hatten schon gute Übung miteinander und zum Schluß mußte ein langsamer Walzer getanzt werden. Die Jury beriet sich, und dann steuerte der Veranstalter mit der Torte in der Hand durch die Menge direkt auf uns zu, und wir wurden zum Siegerpaar erklärt. Ich war mir jedoch im klaren, daß dieser Erfolg nur meiner jungen, schönen Frau zu verdanken war, und nicht mir, mit meinem Säbelbein oder meinen Führungskünsten.

Karin fand sich zu Hause schnell in ihren neuen Aufgaben zurecht, denn sie arbeitete voll im Geschäft mit. Der Alltag begann für sie im Versandraum. Das Essen nahmen wir gemeinsam mit meiner Mutter ein.

Etwa vier Wochen nach der Hochzeit verließ meine Schwester Weimar, um im Westen ein neues Leben zu beginnen. Sie kam gut über die „grüne Grenze". Karin mußte darauf ihre Stelle beim Verkauf und Versand einnehmen. Meine Mutter konnte durch ihre Krankheit nicht mehr viel tätig sein, sie überließ jetzt gern uns die ganze Arbeit.

Schneller als wir gewünscht hatten, war Karin im September schon schwanger geworden, obwohl sie einige Wochen vor der Hochzeit zu ihrem Frauenarzt gegangen war, um noch einige Frauenfragen zu besprechen. Nach der Untersuchung meinte dieser, sie sei eben zu schnell gewachsen und es machten sich die Mangeljahre der Kriegs- und ersten Nachkriegszeit bei ihr bemerkbar. Da müßten wir noch Geduld haben und einige Zeit auf Kinder warten. Da hatte sich dieser Mann geirrt! Und ich war

mächtig stolz, was ich trotz dieser Prognose ungewollt fertiggebracht hatte! Denn wir wollten es mit dem Kinderkriegen eigentlich langsam anlaufen lassen. Leider ging das Kind im November
bei einer Fehlgeburt verloren, verursacht beim Autofahren durch
einen harten Stoß bei einem tiefen Schlagloch, wie diese ja nahe-
zu bei allen unseren Straßen nach dem Krieg anzutreffen waren.
Aber wir sollten nicht traurig sein, es kamen in den nächsten
Jahren noch Kindlein nach!

Es blieb nicht aus, daß sich mit der Zeit kleine Spannungen zwischen meiner sehr dominanten Mutter und Karin ergaben. Obwohl sie sehr anpassungsfähig war, fühlte sie sich häufig etwas
eingeengt. Beide waren jedoch vernünftig genug, es nicht zu ernsten Auseinandersetzungen kommen zu lassen, ich wäre sonst
dazwischen gestanden.

Um allein zu sein, verbrachten wir das Wochenende, wenn es
nur irgendwie möglich war, in einem entzückenden alten kleinen Häuschen, das circa 25 Kilometer südlich von Weimar in
dem Ort Milbitz stand. Dies hatte mein Vetter Gert Holz schon
vor dem Krieg anläßlich einer großen Wanderung entdeckt und
nach seiner Hochzeit 1935 als Wochenendbleibe angemietet. Als
Kind war ich zu dieser Zeit auch einmal dort. Es war ein kleines zweistöckiges, ungefähr 150 Jahre altes Fachwerkhäuschen
und diente ursprünglich als Zwetschgendarre. Unten wurde es
als Gerätelager benutzt, und der Wohn-Schlafraum befand sich
im 1. Stock, den man über eine außen angebrachte, überdachte
Treppe erreichte.

Milbitz ist ein Inbegriff Thüringer Landschaft, mit Blick weit
nach Süden zum Saalfelder Kulm-Berg und die anderen lieb-
lichen Hügel und Berge. Das Rudolstädter Schloß winkte von
Ferne. Ein friedliches und ruhiges Eldorado für Menschen, die
zurückgezogen in die Natur eintauchen wollen. Der bekannte
Weimarer Kunstfotograf Klaus Beyer hat es sogar als Titelbild für
seinen Bildband „Thüringen" gewählt. Als dann Gert Holz noch

vor dem Krieg eine Stelle in Süddeutschland angenommen hatte und mit seiner Familie dorthin zog, stand es bis 1951 leer. Nach meiner Verheiratung erinnerte ich mich wieder an dieses Kleinod und fand das kleine Haus immer noch unbenutzt stehend vor. Eigentümer war der damalige Bürgermeister von Milbitz. Zusammen mit meinem Freund Ardie konnten wir es wieder anmieten und richteten es zusammen als unser „Liebesnest" ein. Wir benutzten es abwechselnd.

Hier haben wir, Karin und ich, später auch noch mit unserer Tochter Claudia die schönsten Stunden unserer noch jungen Ehe verbracht. Auch ohne Strom und Wasser (wir holten es eimerweise vom nächsten Bauernhof) waren wir nur glücklich. Der Höhenzug hinter uns, ein sehr einsames Gebiet, ohne Dorf oder ein Gehöft, lockte zu weiten Wanderungen, wo man keinen Menschen traf. Da sind wir manchmal – wenn die Luft sehr heiß war – splitternackt durch die lichten Wälder gelaufen, wie Adam und Eva im Paradies! Die Kleider im Arm, liefen wir bis zu einer Quelle, die man „Bonifatiusquelle" nennt. Hier soll der Sage nach der Missionar, der in Germanien den christlichen Glauben verbreitete und die Wotanseiche fällte, der irische Mönch Bonifatius, schon daraus getrunken haben.

Abends bei Kerzenlicht, ohne Radio, kein Fernsehen (das gab es ja damals noch nicht), in der kalten Jahreszeit durch einen gemütlichen Ofen gewärmt, war es für uns das Paradies schlechthin.

Als wir Jahre später nach Westdeutschland gingen, haben wir anfangs unser schönes Milbitz sehr vermißt. Wir hatten es an unseren verehrten Superintendenten Ingo Braecklein und seine Frau, die auch eine große Familie waren, abgegeben. Wir fanden 1963 ein vergleichbares Refugium, sogar noch viel geräumiger und schöner, mitten im Hochgebirge gelegen, im Bregenzer Wald.

11. Übersiedlung nach Westdeutschland.
Versicherung. Kippfix-Fensterbeschläge

Im November 1957 starb die älteste Schwester meiner Mutter, Marie, in Tuttlingen. Zur Beisetzung der um 17 Jahre älteren Schwester erhielt sie eine Reisegenehmigung „aus familiären Gründen". Bei dieser Gelegenheit konnte sie gleich mit ihrem Bruder Karl Rieker, und besonders seiner Frau Gerda, sowie mit den anderen Verwandten die beabsichtigte Umsiedlung von uns nach Tuttlingen besprechen. Besonders die umtriebige Tante Gerda sagte gleich zu meiner Mutter: „Kommt doch zunächst einmal zu uns, wir haben ein großes Haus, und alles Weitere wird sich ergeben."

Ende November 1957 reichten wir den Antrag auf Verpachtung unseres Betriebes bei den staatlichen Stellen in Weimar ein. Bei meiner Mutter war man mit der Übersiedlung nach Westdeutschland, in ihre Heimat nach Tuttlingen, sofort einverstanden, das Problem bildete jedoch ich und meine junge Familie. Uns wollte man nicht ohne weiteres ziehen lassen, denn ich war ein echter Weimarer, in Weimar geboren und aufgewachsen, und seit sechs Jahren verheiratet mit zwei Kindern. Erst im Januar 1958 entschied es sich, daß man uns auch ziehen ließ. Meine Frau war wieder schwanger, so daß sie im März mit unseren noch kleinen Kindern per Bahn ausreisen durfte.

Wir konnten unsere Möbel und den Hausrat mitnehmen, wobei in unzähligen Listen jeder Gegenstand, wie jedes Möbelstück, Bilder, Bücher, Töpfe, Pfannen, Geschirr, jedes Wäschestück, selbst Kleiderbügel mit aufgeführt werden mußten. Diese Listen gingen zu dem betreffenden Amt in Weimar und mußten dort abgestempelt werden. Bei den Bildern verlangte man sogar einen Vermerk der Staatlichen Kunstsammlungen. Hier wollte man uns

Schwierigkeiten wegen der vielen Ölgemälde von dem Weimarer Maler Alexander von Szpinger machen, der sehr anerkannt war und als letzter Vertreter der Weimarer Malschule gilt. Erst nach seinem Einsatz bekamen wir auch hier den Stempel. Es hätte uns mehr als irgendwelche Möbelstücke getroffen, wenn wir diese so vertraut gewordenen Bilder hätten zurücklassen müssen.

Alles wurde letztlich in einen Waggon verladen. Gemeinsam mit meiner Mutter fand ich mich dann an der ostwestdeutschen Grenze ein. Dort begann von den mißtrauischen ostdeutschen Grenzwächtern eine stundenlange Durchsuchung. Alles wurde mit den mitgeführten und schon vorher in Weimar abgestempelten Umzugslisten verglichen. Man räumte fast den ganzen Waggon leer, schaute in Schubladen und sonstigen möglichen Verstecken nach und fragte immer wieder eindringlich, ob wir irgendwo Geld versteckt hätten. Das wußten wir, daß man danach besonders suchen würde, und mit gutem Gewissen verneinten wir diese Frage nachdrücklich. Endlich war es dann soweit, und wir konnten aufatmend die Grenze passieren.

Unsere Freunde, die alle den Trubel unserer offiziellen Umsiedlung miterlebten, sagten öfter, daß sie nicht die Kraft hätten, das alles durchzustehen und schon längst über Westberlin die DDR verlassen hätten. Dann zwar ohne Möbel und Hausrat, also nur mit ein paar Koffern. Aber wir wollten alles durchsetzen und hielten zäh durch.

Es war ein schwerer Abschied von unseren Freunden, besonders von Klaus Beyer, dem bekannten Lichtbildner, und seiner Frau Josepha, eine geborene Sieber-Rilke, also die Enkelin von R. M. Rilke. Er hatte im Laufe der Jahre mit seinen wunderbaren Aufnahmen viele Kunstbücher (110) geschaffen, die leider nur in der DDR vertrieben werden konnten. Viele seiner Bände sind als Geschenksendungen von dankbaren Ostbürgern für empfangene Wohltaten an die westdeutschen Spender geschickt worden, sonst hatte die DDR ja nicht viel und Schönes zu bieten. Sein

Hauptwerk war ein sehr aufwendig, auf bestem Papier herausgegebener Band: „Altrussische Baukunst", der wegen seiner künstlerischen Aufnahmen, seiner einmaligen Zusammenstellung und Qualität auch nach dem Westen, einschließlich Österreich und der Schweiz, geliefert wurde. Als der Band fertig war, erzählte er uns sehr interessant über seine Entstehungsgeschichte. Mit dem offiziellen Segen der DDR-Behörden und einer sowjetrussischen Reise- und Arbeitsgenehmigung für die betreffenden Orte ausgestattet, konnten er und sein künftiger Textautor Dr. phil. Hubert Faensen fast überall in der Sowjetunion hinfahren und die Aufnahmen machen. Natürlich war ihnen ein ständiger russischer Begleiter, auch ein Kunsthistoriker namens Wladimir Ivanow, mitgegeben worden, der auf sie aufpassen mußte und sämtliche Reisedokumente und Genehmigungspapiere bei sich führte. Mit diesem Mann haben sie sich im Laufe mehrerer Reisen – eine davon ging über zwei Monate – so gut verstanden, daß sie zum Schluß richtige Freunde geworden sind.

Klaus Beyer war einer der wenigen in der DDR lebenden Menschen, der sein Leben ungehindert führen und frei von parteipolitischen Zwängen gestalten konnte. Er ist auch heute noch, 85jährig, dort sehr bekannt und angesehen. Seine Frau Josepha ist leider im Jahr 2004 nach einer Operation gestorben. Sein Bruder Wolfgang war der begabte Bildhauer, von dem ich im Kapitel „Jungvolk", und von seinen Kosakenliedern erzählt hatte. Er ist ebenso im Krieg gefallen, wie am Kriegsende sein erst 19jähriger Bruder Dieter. Obwohl Klaus Beyer zu einem der gefährdetsten Truppenteile gehörte, nämlich zu den Fallschirmjägern, und an der Eroberung der Insel Kreta teilgenommen hatte, ist er ohne Verwundung durch den Krieg gekommen. Sein Sohn Constantin führt in dritter Generation die Lichtbildnerei fort.

Vor allem fiel uns der Abschied von unseren alten Mitarbeitern schwer. Bei allem Verständnis für unseren Entschluß fühlten sie sich doch allein und zurückgelassen. Auch von meinen wenigen

Klassenkameraden, und meine Frau von ihren Freundinnen von früher, mußten wir uns verabschieden. Später wurden Einreisegenehmigungen nur sehr selten erteilt. Aber seit der Wende sehen wir uns öfter.

***

Um meinen beruflichen Start in Westdeutschland zu erleichtern – eine praktische gärtnerische Tätigkeit kam schon wegen meines Knieschadens nicht in Frage – machte ich vorher noch meine Prüfung als Industriekaufmann, denn ich dachte, in der großen Schuhfabrik Rieker wird man wohl auch einen Platz für mich haben. Aber hier irrte ich mich.

Zunächst wohnten wir in dem großen Haus meines Onkels. Schon bald war es ihm möglich, eine geräumige Wohnung für uns am Stadtrand von Tuttlingen zu besorgen, denn wir wohnten jetzt alle zusammen: meine junge Familie, meine Mutter und meine Schwester, die ihre Stelle als Kosmetikerin in Stuttgart aufgegeben hatte. Das ging sehr gut.

Nun kam das berufliche Problem. Für meine beiden verstorbenen Onkels Ernst und Heinrich Rieker waren jeweils deren Söhne in die Geschäftsführung der Firma eingetreten. Hier war der bestimmende Mann mein ältester Rieker-Vetter Kurt, der eine Tätigkeit von mir in der Schuhfabrik mit der Begründung ablehnte, es gebe schon genug Familie in dieser Firma. Ich war anfangs enttäuscht, aber sicher war dies besser für meinen weiteren Lebensweg.

Ich meldete mich beim Arbeitsamt, das ausgerechnet in der Alexander-Rieker-Straße lag. Diese Straße hatte man nach meinem Großvater genannt, der sich bei der Ansiedlung von vielen kleinen und mittleren Schuhfabriken in Tuttlingen bedeutende Verdienste und großes Ansehen erworben hatte. Dort beantragte ich erst einmal Arbeitslosenunterstützung. Es war schon ein komisches Gefühl für mich.

Nach einiger Zeit besorgte mir meine andere Tante Helene eine Stelle in der Verkaufsabteilung einer kleinen Maschinenfabrik in Tuttlingen. Dort saßen schon vier Mann, und ich fragte mich, was ich da noch bewirken sollte. So schaute ich mich selbst nach Möglichkeiten um. Ich erhielt ein Angebot von einer Versicherung und eines von einer Bausparkasse. Ich wählte die Versicherung, obwohl es vielleicht besser gewesen wäre – wie ich im nachhinein feststellte –, wenn ich zur Bausparkasse, ein in Deutschland sehr renommiertes Unternehmen, gegangen wäre. Aber so hatte ich mich jetzt entschieden.

Es war die Nummer Zwei in der deutschen Versicherungswirtschaft: die Hamburg-Mannheimer-Versicherung. Dort hatte man ein äußerst raffiniertes Vertriebskonzept entwickelt, welches auch für die angesprochenen Personen von großem Nutzen war. Man schulte den Außendienst in vierwöchigen Kursen auf die 1957 eingeführte Rentenreform ein. Unzählige Beispiele wurden in dem Kurs in Ulm, an dem ich teilnahm, durchgenommen und praktisch berechnet. Dann traf die Versicherungsleitung mit den einzelnen Handwerksinnungen Vereinbarungen, wonach wir als Rentenberater den jeweiligen Innungsmitgliedern bei ihrer zu erwartenden Altersversorgung helfen sollten, natürlich mit der Absicht, den Abschluß eines Lebensversicherungsvertrages zu erreichen. Wir besuchten die einzelnen Handwerksmeister, zeigten die Empfehlungsschreiben der jeweiligen Innungen und machten unsere Beratungstermine.

Es wurden uns auch verschiedene Tricks beigebracht, um bei dem jeweiligen Besuch nach dem Beratungsabschnitt den Übergang zu einem Abschluß zu schaffen. Wir sollten dann nicht fragen: „Das könnte doch auch für sie in Frage kommen?" Oder „Wie stehen Sie jetzt, nachdem ich Ihnen alle Vorteile erklärt habe, zu einem Versicherungsabschluß?" Wir sollten dann einfach ein

Antragsformular vor uns hinlegen und mit gezücktem Kugelschreiber nur fragen „Wie ist ihr Vorname?" und gleich anfangen, das Datum einzutragen. Wenn darauf der etwas überrumpelte Gesprächspartner sein „Fritz" oder sein „Hans" nannte, dann war die Schlacht gewonnen und man bekam die anderen Angaben ebenso und zum Schluß auch die Unterschrift. Manche jedoch rochen bei der schlichten Frage nach dem Vornamen sofort den Braten und protestierten lautstark: „Halt, halt, so schnell geht das nicht, das muß ich mir noch einmal überlegen." Das bedeutete in den meisten Fällen, daß man nicht mehr zum Zuge kam.

Unsere Beratung nahm man gern in Anspruch und suchte zur Berechnung des jeweiligen, zu erwartenden Rentenanspruchs auch eilfertig die notwendigen Unterlagen heraus. Aber für einen Versicherungsabschluß war man jedoch zu dieser Zeit noch sehr zögerlich, denn die letzte Währungsreform lag erst wenige Jahre hinter uns, und da hatten bekanntlich die Menschen alles Geld, auch die Versicherungen, verloren. Man traute der neuen Zeit noch nicht. Mit Mühe bekam ich jeden Monat so viele Verträge zusammen, daß ich mit meiner Familie so halbwegs über die Runden kam. Es war ein hartes Brot. Nachträglich kann ich mit gutem Gewissen sagen, daß diejenigen, die bei mir abgeschlossen hatten, es später nicht zu bereuen brauchten. Die Versicherung hielt, was sie versprach.

Ich merkte schon bald, daß dies wohl nicht der richtige Beruf für mich war, aber ich hielt ein Jahr durch. Die Tätigkeit als Rentenberater hatte für mich jedoch den einen großen Vorteil, daß ich mit meinen so erworbenen Kenntnissen meine eigene Situation untersuchte und berechnete, und da mußte noch viel getan werden. Ich stellte erhebliche Beitragslücken bei mir fest, und meine persönliche Bemessungsgrundlage (das ist mein erreichtes Beitragsniveau gegenübergestellt zum Beitragsstand aller Versicherten) war viel zu niedrig. Das konnte ich mit freiwilligen Beiträgen auffüllen und nach oben korrigieren. Dabei mußte man für die

Fehlzeiten künftig Einzahlungen nur mit höchsten Beitragssätzen leisten, um seine persönliche Bemessungsgrundlage insgesamt hoch zu hieven. Ich zahlte nun monatliche Höchstbeiträge, bis ich 35 Versicherungsjahre erfüllt hatte. Das war die Voraussetzung dafür, um schon mit 63 Jahren eine normale Altersrente beziehen zu können. Ich schaffte dies kurz vor meinem 62. Geburtstag und erreichte dabei einen persönlichen Level von ziemlich über 100 %, das heißt, mein Rentenanspruch lag über dem aller Versicherten. Natürlich haben die, die eine Versichertenzeit von 40 Jahren und mehr aufzuweisen haben, mit normalen Beiträgen in etwa die gleiche Rentenhöhe erzielt.

***

1959 bekam ich Kontakt zu einem Sparkassenbeamten in Stuttgart, der die Verwaltung des bankeigenen Immobilienbesitzes unter sich hatte, und den meine Schwester während ihrer Stuttgarter Zeit als Kosmetikerin über ihren Freund kennenlernte. Er hieß Gerhard Teufel und hatte einen Bruder, der einen ganz neuartigen Fensterbeschlag erfunden hatte. Man suchte einen Kaufmann, der das Ganze in die Hand nehmen könnte. Da dieser Bruder bereits mit einer anderen Firma pleite gegangen war und seine geschäftsmäßigen Ambitionen sehr zu wünschen übrig ließen, reizte mich diese Aufgabe, und ich verließ die Versicherung. Mit dem Sparkassenmann gründeten wir die Firma „Teufel und König, Stuttgart", und nannten unser Produkt „Kippfix-Fensterbeschläge". Es war die erste brauchbare Eingriffsbedienung eines Fensters, mit den Funktionen Öffnen durch Schwenken, Kippen und Schließen, wie sie heute überall selbstverständlich sind. Das Problem wurde bei uns so gelöst – und das war die Grundidee des Bruders –, daß ein in den Holzflügeln des Fensters verdeckt angebrachtes Drahtseil die daran angeklemmten Beschläge für die einzelnen Bedienungsvorgänge verschoben.

200

Da wir so wenig Geld wie möglich einsetzen wollten – hatten wir doch beide nicht viel – machten wir außer den Eisenteilen nach Möglichkeit alles selbst: Ein Prospekt wurde gestaltet und gedruckt, dazu eine maßstabgerechte, große Einbauzeichnung mit allen Details herausgebracht. Als Draht verwendeten wir ein kunststoffumhülltes dünnes Drahtseil mit geprüfter, hoher Festigkeit.

Nun machte ich mit meinem kleinen Musterfenster Besuche bei den Stuttgarter Architekten, und auch bei einer Fenstermesse führten wir unsere Neuheit vor. Bei dem Fachpublikum stießen wir auf helle Begeisterung. Inzwischen hatte ich die Grundkonstruktion jenes Bruders noch überarbeitet, ergänzt und zur Ausreife gebracht. Der Nachteil unserer Neuentwicklung war, daß der Einbau in das jeweilige Fenster etwas aufwendig und umständlich war. So bin ich bei erteilten Aufträgen zu den einzelnen Fensterbauern und Schreinern in deren Werkstatt gegangen und habe sein Fachpersonal beim Einbau eingewiesen und unterstützt. Das verdeckt umlaufende Drahtseil bildete dabei den Hauptumstand.

Aber wie sollte man den Eckumlauf anders lösen? Es gab zwar schon eine Konstruktion auf dem Markt, die die Kraftübertragung an den Ecken mit Ketten löste. Diese waren aber so voluminös, daß jener Beschlag nur für ganz große Fenster geeignet war, da hier die Holzrahmen sowieso so stark waren, daß man für solch massige Einbauten genügend Platz ausfräsen konnte. Aber damit schied diese Konstruktion für die normalen Fenstergrößen aus.

Obwohl unser Produkt weiterhin von den Architekten ihren Bauherren sehr empfohlen wurde, wuchs mit der Zeit der Widerstand der einbauenden Fensterbetriebe. Man konnte nicht genügend verdienen, da die Montage des „Kippfix-Beschlages" zuviel Zeit in Anspruch nahm. Da baute man lieber den gewohnten

Roto-Beschlag mit dem zusätzlichen Eckhebel für den Kippvorgang ein.

Ich erkannte den Nachteil und nahm die Vorbehalte sehr ernst, aber die rettende Erleuchtung für eine Endlösung blieb bei mir aus. Hätte ich damals nur ein lumpiges Stahlbandmaß im Wert von vielleicht 80 Pfennigen gehabt, möglichst ein ganz primitives von früher, wo man das zwei Meter lange dünne Stahlband von oben in eine runde Dose hineinschiebt und es sich dabei eng aufrollt, wäre bei mir vielleicht – bis wahrscheinlich – der Funke übergesprungen und ich hätte die Erfindung meines Lebens gemacht. Aber diesen Gedankenblitz hat leider ein anderer gehabt.

Heute werden sämtliche Fenster nach jenem Prinzip gebaut, mit Eckumlenkungen durch ein schmales und dünnes Stahlband mit angehängten Schubstangen, geführt in einem einbaufertigen Käfiggehäuse, das eine schnelle Montage ermöglicht. Es ist heute ein Weltprodukt geworden. Es wird überall dieser Fensterbeschlag angewendet, außer in Amerika, wo man stur an seinen klapprigen Schiebefenstern festhält. Abgesehen von der nicht möglichen Lüftungsfunktion durch Kippstellung lassen diese Schiebefenster jede Menge Zugluft und Kälte herein. Aber in den USA war ja Wärmeisolation bisher noch kein Thema. Man lernt es vielleicht noch.

Hier muß ich heute (August 2006) eine Zäsur machen, denn das vorher Gesagte galt bis gestern. Bei der Niederschrift dieses Kapitels bin ich neugierig geworden. Ich wollte wissen, wer eigentlich der Erfinder dieser Stahlband-Eckumlenkung ist, und wann das Patent erteilt wurde. Ich sah im Internet beim Patentamt sämtliche in Frage kommenden Patente durch, fand aber nur Nachfolgepatente. Mit freundlicher Hilfe eines Sachkundigen schickte mir dieser das gesuchte Patent zu. Um so erstaunter war ich, daß jene Konstruktion schon 1956 von einer namhaften Firma für Fensterbeschläge angemeldet worden war. Entweder hat man dort vollkommen geschlafen, oder man hat die Möglichkeiten und das Potential dieser Erfindung nicht erkannt und das Patent in der Schublade verschwinden lassen. Denn erst in den siebziger Jahren ist der Fensterbeschlag mit dieser Grundkonstruktion, inzwischen ausgereift und weiterentwickelt, auf den Markt gekommen und hat alle anderen Lösungen verdrängt. Da war ich sehr verblüfft! Selbst wenn ich damals den Geistesblitz gehabt hätte, wäre ich zu spät gekommen!

***

Im Juni/Juli 1960 sahen wir, mein Kompagnon Gerhard Teufel und ich, ein, daß wir uns nicht durchzusetzen vermögen, und daß jeder weitere Monat unnötig Geld kostete, welches wir beide nicht besaßen. Gerhard Teufel hatte Schulden aufgenommen und ich von unseren Reserven, die eigentlich für den Lebensunterhalt meiner Mutter gedacht waren, einen gewissen Betrag verbraucht (sie bezog keinerlei Rente).

Wir gaben unsere schon von Zulieferern auf Lager gelegten Teile zum Schrott und behielten zum Andenken nur noch einige Prospekte. Mein Partner hat dann seine im Wert sehr gestiegene Eigentumswohnung im Stuttgarter Nobelviertel „Am Weißenhof" verkauft. Nach Rückzahlung seiner Schulden blieb ihm immerhin noch so viel übrig, daß er sich weiter draußen eine sehr schöne und geräumigere Neubauwohnung in Stuttgart-Möhringen kaufen konnte. Mir gefiel diese sogar besser, als sein altes Zuhause.

In dieser Kippfix-Zeit sind wir beide gute Freunde geworden, obwohl er um sieben Jahre älter war als ich.

Was nun? Da kam Hilfe von einem entfernten Vetter aus Tübingen, mit dem wir sehr verbunden waren.

Seine Großmutter war die Schwester von Alexander Rieker. Er hatte als Jurist eine einflußreiche Stellung in einer öffentlichen Institution. Über seine berufliche Tätigkeit kannte er die beiden

Direktoren Kube und Erhardt von der Firma Liebherr in Biberach. Bei seinem nächsten Besuch in Biberach fragte er bei den beiden Herren an, ob sie vielleicht eine Verwendung für seinen aus dem Osten gekommenen Verwandten, einem Industriekaufmann, hätten. Damals war ich gerade 37 Jahre alt. Man sagte ihm, an guten Leuten hätte man bei Liebherr immer Interesse, und der junge Mann solle sich einmal bei ihnen vorstellen. Dann werde man sehen.

12. Verkaufsleiter bei der Kranfabrik Liebherr

Noch im Juli 1960 erhielt ich einen Termin für ein Vorstellungs-
gespräch im Werk I Biberach/Riß. *Liebherr* hatte damals schon
viele Werke, auch im Ausland, wobei jedoch die Hauptverwaltung in einem Hochhaus in Biberach/Riß lag. Im obersten Geschoß des zehnstöckigen Gebäudes lag die Penthouse-Wohnung
des Firmengründers und Alleininhabers Hans Liebherr. Obwohl
diese Firma erst 1949 von dem damals kleinen Bauunternehmer
Hans Liebherr in Kirchdorf an der Iller gegründet worden war,
erlebte sie eine atemberaubende Entwicklung. Hans Liebherr, ein
Hüne von Mann, kam aus dem Krieg mit dem Gedanken zurück,
daß man zum Wiederaufbau der vielen zerstörten Städte und
dem allgemeinen Nachholbedarf an Häusern und Wohnungen
den gesamten Arbeitsablauf an den Baustellen rationalisieren
und vereinfachen müsse. Seine Idee konzentrierte sich hauptsächlich auf einen leichten und transportierbaren Kran, der auch
schnell auf- und abgebaut werden kann. Von Anfang an hatte er
einen genialen Ingenieur zur Seite, Dipl.-Ing. Elmar Reich, der
seine Gedanken technisch umsetzte. Der Aufschwung in Kirchdorf, wo die erste Kranproduktion angesiedelt war, verlief so stür-
misch, daß die Fertigung der Baukrane in die nahe Kreisstadt
nach Biberach an der Riß verlegt wurde. Hier entstand gleich ein
bedeutendes Werk mit dem Sitz der Hauptverwaltung. Im Laufe
der Jahre kamen die verschiedensten Zweigwerke hinzu, die jedes für eine andere Art von Baumaschinen standen. Bald wurden
noch andere Maschinen und Geräte produziert, in Kirchdorf lag
die Fertigung von Hydraulikbaggern, einem neuen Baggersystem,
von Bad Schussenried kamen die Betonmischer, in Kempten
wurden Wälzfräsmaschinen, in Ehingen zunächst Schiffskrane
gefertigt, deren Bau später nach Nenzing in Österreich verlegt

wurde. In Lindenberg/Allgäu wurden Fahrwerke für den Flug-
zeugbau montiert, und in Ochsenhausen hat Liebherr neben der
Kran- und Maschinenfertigung die Fabrikation auf einem ganz
anderen Gebiet, nämlich von Haushaltskühlschränken, begonnen. Als ich bei Liebherr anfing, bestanden schon Auslandswer-
ke in Österreich, Irland, Brasilien und Spanien.

Liebherr hatte zu seiner Hausfarbe ein intensives Gelb gewählt,
so daß man seine Geräte, ob Krane, Bagger, Mischer oder später
andere Baumaschinen, schon von weitem als seine Produkte erkannte.

Also im Juli erschien ich zu der vorgesehenen Vorstellung und
sprach gleich mit den Direktoren Kube und Ehrhard. Herr Kube
war für den ganzen Finanzbereich aller Liebherr-Unternehmen
zuständig, er war somit die rechte Hand von Hans Liebherr, und
Direktor Ehrhard hatte die Fertigung in den Werken Biberach und
Schussenried unter sich. Obwohl ich für die Maschinenindustrie
einen etwas ungewöhnlichen Berufs- und Lebensweg aufzuweisen hatte und außer einem Zeugnis von meinem Baupraktikum
keine weiteren Zeugnisse vorzeigen konnte, fanden anscheinend
die Herren Gefallen an mir und wollten mir eine Chance geben.
Da ich sofort zur Verfügung stand, sollte ich schon am 1. August
1960 anfangen. Es war so vorgesehen, daß ich zunächst in der
Verkaufsabteilung für Krane in Biberach für vier Wochen tätig
sein sollte, um mich einzuarbeiten. Dann käme ich voraussichtlich nach Bad Schussenried in das Betonmischerwerk.

Am Tag meiner Arbeitsaufnahme kündigte überraschend der
Verkaufsleiter für den Inlandsbereich Krane, da er zu einem
schon älteren Vertreter ins Rheinland, wo auch er herstammte,
als dessen Teilhaber gehen wollte. Ich arbeitete noch vier Wochen unter ihm und lernte die Aufgaben und alle Verkaufsab-
läufe in dieser Abteilung kennen. Eigentlich verstand ich damals
nur soviel von einem Kran, daß es ein Ding ist, womit man etwas

heraufzieht. Aber bald sollte ich mich bei den einzelnen Typen auch technisch ein- und auskennen.

Nach Ablauf der vier Wochen nahm der bisherige Verkaufsleiter noch seinen Urlaub und beendete somit seine Tätigkeit bei dieser Firma. Da für ihn zu diesem Zeitpunkt kein kompetenter Ersatz zur Verfügung stand, sagte man mir, „da machen Sie es erst einmal weiter". Ich fand mich erstaunlich schnell in meinem neuen Aufgabenfeld zurecht, und mein Verkaufsdirektor Gustav Wolf, dem auch der Export, die Ersatzteil- und Serviceabteilung sowie der Einkauf für die Werke in Biberach und Schussenried unterstand, lobte mich sogar für meine schnelle Einarbeitung. Also, das hieß, daß ich diese Stellung behielt, und mir wurde sogar etwas später Handlungsvollmacht erteilt.

Da mein Vorgänger auch nach kurzer Zeit seine Wohnung in dem 15stöckigen Liebherr-Wohnhochhaus räumte, konnte ich gleich in seine 4-Zimmer-Wohnung im 13. Stock einziehen. Das Hochhaus steht nur circa 200 Meter vom Betrieb entfernt. Man brauchte also kein Auto, um in sein Büro zu kommen, und ich konnte auch über Mittag nach Hause gehen. Meine Familie – inzwischen hatte ich drei Kinder, das vierte kam am 1. März 1961 – hatte in dieser Wohnung gut Platz, wobei jedoch die einzelnen Zimmer nicht allzu groß waren. Wir waren glücklich darin. Besonders genossen wir im Sommer den langgestreckten Südbalkon, von dem man einen schönen Blick in das oberschwäbische Land hatte. Als Betriebswohnung kostete sie zudem wenig Miete.

Ich hatte vier Sachbearbeiterinnen unter mir, die jede bestimmte Vertretergebiete bearbeiteten. Sie mußten die Auftragsbestätigungen, Rechnungen und Versandaufträge schreiben. Jeder eingegangene Auftrag wurde erst von mir auf die kaufmännische und technische Richtigkeit überprüft und dann an die jeweilige Sachbearbeiterin weitergegeben. Es wurde damals ausschließlich mit elektrischen Schreibmaschinen geschrieben, zunächst auf eine Folie, die auf einer besonderen Maschine im Kopierraum vervielfältigt wurde. Diese Kopien wurden an die betreffenden Abteilungen im ganzen Haus verteilt. Zu meiner Zeit wurde das erste Xerox-Kopiergerät aufgestellt, auf dem aber nur in Ausnahmefällen kopiert werden durfte, da die Geräte nur angemietet werden konnten und die Miete sich nach der Anzahl der vorgenommenen Kopien berechnete. Das hemmungslose Kopieren, wie es heute selbst im kleinsten Büro üblich ist, fand also zu jener Zeit noch nicht statt.

Damals gab es auch noch nicht die heute so selbstverständlichen Personalcomputer an jedem Arbeitsplatz. Es war wohl in der Firma ein großer Zentralcomputer vorhanden, der in einem anderen Gebäude untergebracht war und einen ganzen Raum einnahm. Dieser wurde nur für umfassende Statistiken und zu zentralen Buchhaltungs- und Abschlußarbeiten für alle Werke eingesetzt. Ich selbst habe diese Maschinerie dort nie gesehen.

Wir saßen alle in einem großen Büroraum. Außer meinen Sachbearbeiterinnen standen mir noch zwei junge Männer zur Verfügung, einer bearbeitete die Mietkrane, und der andere führte spezielle Verkaufsstatistiken durch oder stand mir zur Ausarbeitung von Marketingarbeiten zur Verfügung. Leider ist dann dieser Mann einem Lawinenunglück zum Opfer gefallen, was für mich auch arbeitsmäßig ein schmerzlicher Verlust war, da er sehr tüchtig und gewissenhaft seine Arbeit verrichtete. Außerdem saß noch ein Lehrling in unserem Raum. Dieser bekam immer kleine Arbeiten von mir, die er selbständig erledigen mußte, wie zum Beispiel Prospektanforderungen zusammenstellen oder irgendwelche technischen Unterlagen versenden. Das hatte sich sehr schnell bei den Lehrlingen herumgesprochen, die alle drei Monate die Abteilung wechselten, daß man in der Verkaufsabteilung echte kleine Aufgaben zu erfüllen bekam, einschließlich der dazu gehörenden Korrespondenz. In anderen Abteilungen saßen sie meist nur da, und mußten zuhören oder vielleicht eine Statistik- oder Rechenaufgabe lösen.

Mein Hauptarbeitsgerät war jedoch das Telefon.

Schon bald stellte sich ein guter Kontakt zu den freien Vertretern her, mit denen ich fast täglich telefonierte. Das waren die eigentlichen Verkäufer unserer Krane, und ich versuchte sie zu unterstützen, wo ich nur konnte.

Damals lief die Baukonjunktur so gut, daß uns die Krane förmlich aus den Händen gerissen wurden.

Ich hatte die Gesamtdisposition unter mir. Auch die Exportabteilung mußte ihre Krane bei mir einplanen, und es war jedesmal ein schwieriges Jonglieren, um möglichst jedem gerecht zu werden.

Die eigentliche Krandisposition erledigte ich noch mit einem Steckkartensystem, das mein Vorgänger entwickelt hatte, nachdem er bei den täglich geänderten Liefervormerkungen das ewige Radieren auf seinen Listen satt hatte. Das war sehr übersichtlich und damit konnte man schnell arbeiten. Mit einem Computer würde man es heute auch nicht besser und schneller machen.

Mit den einzelnen Kunden, den Baugeschäften, hatte ich eigentlich wenig zu tun, höchstens wenn diese bei mir anriefen, wo denn ihr versprochener Kran blieb. Dann war ich Meister im Erfinden von Ausreden: Einmal hat die Fertigung gestockt, das andere Mal sind die Schaltschränke nicht rechtzeitig von einem Unterlieferanten angeliefert worden, einmal waren es die Getriebe, und zum Schluß, als mir gar nichts mehr einfiel, sagte ich, ohne rot zu werden: „Es tut uns leid, Ihr Kran sollte heute früh auf den Lkw verladen werden, und beim Hochziehen mit dem Hallenlaufkran ist doch tatsächlich der Kranhaken gebrochen und der Kran herabgestürzt und wurde dabei beschädigt. Wir müssen erst einen anderen zusammenbauen." Auf ihre Beschuldigungen des Vertreters, der doch den Liefertermin fest zugesagt hätte, nahm ich diesen stets in Schutz, denn der mußte sich doch wieder bei seinem Kunden sehen lassen können. Ich sagte mir, wir haben die dickere Haut.

Der Vertreter für Oberschwaben, der auch in Biberach wohnte, kam oft persönlich zu mir in mein Büro, hörte zufällig ein solches Gespräch mit an und fragte mich: „Warum machen Sie das, wenn wir doch den Leuten so falsche Termine genannt haben, nur um den Auftrag zu bekommen!" Da machte ich ihm klar, daß sie es doch seien, die den direkten Kontakt zum Kunden hätten und ich sie deshalb in Schutz nehmen müßte und wir einen breiteren Buckel hätten.

In meinem Büroraum standen fünf Telefone, meines mit eingerechnet, und oft hatte die Telefonzentrale die anderen Gespräche, bei denen ich auch verlangt wurde, auf diese Apparate gestellt, so daß meine Mitarbeiterinnen sofort zu mir durchstellen konnten, sobald ich mein soeben geführtes Telefonat beendet hatte. Oft warteten dann drei bis vier Gespräche auf mich. Meist waren es unsere Vertreter, die zu mir durchkommen wollten oder auch ungeduldige Kunden, die auf ihren Kran warteten. Das verlangte starke Nerven.

In diesen Tagen bin ich auch oft nach unten in den Betrieb gegangen, um mit den Meistern der Endmontage zu sprechen, welche Krane eventuell doch noch fertiggemacht werden könnten, daß man sie am Abend oder in der Nacht noch verladen könnte. Zu den Meistern hatte ich besten Kontakt.

Zu meinen Aufgaben gehörte auch die Vordisposition der gesamten Kranfertigung, denn nur ich hatte den Überblick über den ganzen Markt und wußte, welche Krantypen in den nächsten vier bis sechs Wochen gebraucht würden, einschließlich Export. Ich mußte meine Liste jede Woche abgeben, die dann die Dispositionsgrundlage für den Einkauf, die Arbeitsvorbereitung und den Betrieb war. Ich machte meine Aufstellung völlig selbständig und brauchte mir diese auch nicht von meinem Direktor abzeichnen zu lassen. Das klappte immer sehr gut. Natürlich arbeitete ich mit der Exportabteilung eng zusammen, da auch deren Krane bei mir eingeplant waren.

Dann kam der Jahrhundertwinter 1963/64. Der fing bereits Anfang November mit großer Kälte an und dauerte bis Ende März. Damals ist sogar der Bodensee zugefroren, was das letzte Mal vor circa hundert Jahren geschehen war. Ich selbst bin mit meiner Familie von Unteruhldingen quer über das Eis zur Insel Mainau gelaufen. Alles war in tiefem Frost erstarrt. Natürlich waren alle Baustellen eingestellt und keiner kaufte mehr einen Kran. Die allgemeine Konjunktur lief aber zu dieser Zeit noch sehr gut, nur die Bauwirtschaft war völlig zum Erliegen gekommen.

Wie sollte ich weiter disponieren? Würde der Baubetrieb im Frühjahr ohne weiteres wieder anspringen? Ich war Optimist und ging von der Überlegung aus, daß die Baustelle, die sonst bis Weihnachten als Rohbau soweit hochgezogen worden war, daß der dort eingesetzte Kran abgezogen und an einen neuen Bauplatz gebracht werden konnte, durch den extrem frühen Wintereinbruch noch stehenbleiben mußte. Man brauchte folglich für ein neues Bauobjekt im Frühjahr einen weiteren Kran. So ließ ich die Produktion auf vollen Touren weiterlaufen. Zwar berichtete ich meinem Direktor Wolf im Dezember ausführlich davon, aber er ließ mich gewähren. Das freie Feld hinter der letzten Halle wurde immer gelber von den dort auf Vorrat abgestellten Kranen. Wir hörten von der Konkurrenz, daß man eigens ein Flugzeug angemietet hatte, um bei Liebherr in Biberach die gelben Wahnsinns-Kranhalden mit eigenen Augen zu sehen. Ich war mir jedoch meiner Sache sicher.

Als ich Jahre später einmal Herrn Wolf, der inzwischen in den Ruhestand getreten war, traf und ihn wegen der Situation von damals ansprechen konnte, habe ich ihn über die internen Vorgänge in der Firmenleitung zu jener Zeit gefragt. Er bestätigte mir, daß man sich auf meine Prognosen verlassen hätte und auch von der Geschäftsleitung keine Einschränkungen gefordert worden wären. Selbst unser oberster Kriegsherr, Hans Liebherr, hat doch von seiner hochgelegenen Wohnung das „gelbe Feld" stets vor Augen gehabt. Keiner hat etwas gesagt. – Dieser Ausnahmewinter dauerte bis Ende März. Dann brach das Eis.

Die Bauunternehmer hatten erstaunlich gut die fünfmonatige Durststrecke überstanden und dank staatlicher Beihilfen in Form von Schlechtwettergeld auch ihr Personal halten können. Sie konnten da anfangen, wo sie Anfang November 1963 aufhören mußten. Durch den langen Winter hatte sich jedoch außerdem ein enormer Stau an neuen Bauaufträgen gebildet, an deren Ausführung man jetzt ebenfalls herangehen wollte. Zusätzliche Arbeitskräfte waren kein Problem, denn in Italien warteten genug Männer, die als Gastarbeiter in Deutschland ihr Geld verdienen wollten. Aber für diese neuen Baukolonnen fehlte das technische Gerät. Dank günstiger Finanzierungsmöglichkeiten war auch dies kein Problem. Es mußte nur bestellt werden.

Nun trat das ein, womit ich gerechnet hatte. Nicht nur vereinzelt kamen neue Aufträge, sondern waschkorbweise erhielten wir die Bestellungen. Ich sagte zu allen Vertretern: „Verkauft nur, denn wir haben genug Krane auf Lager." Ich saß oft abends bis sieben, manchmal war es sogar 8 Uhr, bis ich wieder alle neu eingegangen Order geprüft und sie abgezeichnet meinen Damen auf den Schreibtisch legen konnte. Bald bildete sich jedoch ein Problem, denn wir stießen an eine Kapazitätsgrenze, das war der Versand. Jeder Kran mußte vor Auslieferung je nach bestellter Ausführung erst komplettiert werden. Der eine Kunde wollte eine Auslegerverlängerung, der andere zusätzlich Betonkübel und Steinkasten oder sonstiges Gerät mitgeliefert haben. Und je nachdem konnten auch erst die Stahlseile bestellt werden, die fast im Stundentakt aus dem benachbarten Memmingen kamen. Zu diesem Zweck legte ich mir auf einem neuen Stenoblock Versandlisten an, für jeden Tag eine Seite, so daß genügend Platz war für die täglich vorgenommenen Änderungen.

Hier möchte ich einen Mann erwähnen, der in dieser Zeit Übermenschliches geleistet hat, nämlich der Versandleiter Mattheis Mitreiter. Er war im ganzen Betrieb als äußerst jähzorniger Mann verrufen, der gleich losbrüllte. Keiner wollte etwas mit ihm zu tun haben. Ich kam jedoch gut mit ihm aus. Wenn bei den täglichen Telefongesprächen, die ich mit ihm führen mußte, sich der Pegel seiner Lautstärke immer mehr steigerte, legte ich einfach den Hörer ohne weitere Diskussion auf, bis er sich wieder beruhigt hatte. Dieser Mann, auf den man sich hundertprozentig verlassen konnte, schuftete jetzt jede Nacht bis um eins, oder sogar zwei Uhr, bis er mit seiner Kolonne auch den letzten Kran, der auf der täglichen Auslieferungsliste stand – meist waren es zehn oder zwölf – auf den Lkw verladen hatte. Denn er war für die Zusammenstellung und Komplettierung der einzelnen Teile verantwortlich und für die Disposition der jeweiligen Lkws bei dem Spediteur. Am nächsten Morgen ging es jedoch früh um 7 Uhr schon weiter. Das Erstaunlichste war, daß in dieser hektischen Zeit so gut wie keine Fehllieferungen vorgekommen sind. In jenen Wochen ging ich fast täglich zu ihm in den Betrieb, um mit ihm die nächsten Verladeaktionen durchzusprechen und abzustimmen.

So war innerhalb von vier Wochen alles verkauft, und der Lagerplatz wie leer gefegt. Dank meiner richtigen Einschätzung der zukünftigen Lage und meiner mutigen Vorratspolitik waren der Firma an die 8 bis 10 Millionen Mark Mehreinnahmen in die Kassen gespült worden!

Da es bei Liebherr keine Marketingabteilung gab, machte ich diese Aufgaben so nebenher mit. Ich führte jährliche Vertreterschulungen ein, die wir in Biberach abhielten. Zu den Vertretern gehörten bei den größeren Baumaschinenhändlern auch deren angestellte Untervertreter dazu. Bei den Schulungsveranstaltungen referierte ein junger Ingenieur aus der Konstruktionsabteilung abwechselnd mit mir über die einzelnen Krantypen, wobei ich jeweils die verkaufsspezifischen Vorteile herausstellte.

Hier wurden auch allgemeine Verkaufsfragen behandelt, besonders das immer dringendere Problem der Rücknahmeforderungen der Kunden von ihren Altkranen. Also genau die Schwierigkeiten, die beim Autohandel mit dem Verkauf eines neuen Autos schon lange bestanden hatten. Ich versprach, mich dieser Frage besonders anzunehmen. Einmal konnte ich einen Außendienstmitarbeiter, der zur Münchner Vertretung gehörte, zu seinem 100. Kranverkauf beglückwünschen und ihm eine Prämie von uns überreichen. Gelegentlich habe ich auch vor den Betriebsmonteuren, die zu den Kunden gingen, gesprochen, denn die Erstmontage war bei jedem Krankauf kostenlos inbegriffen.

Das Problem der Rücknahme von Altkranen, und die Preisfindung hierfür, beschäftigte mich zusehends.

Ich sah mir daraufhin den Autohandel an. Da fiel mir ein, daß hier die sogenannte „Schwacke-Liste", die jährlich neu erscheint und alle Autotypen mit Baujahr und Ausrüstung enthält, eine wichtige Rolle bei den Preisverhandlungen spielt. Da kam mir die Idee, eine solche Liste auch für Baukrane zu erstellen, die nach Fabrikat, Baujahr und Leistungsdaten geordnet war. Es war gleichzeitig ein schnelles Nachschlageverzeichnis über sämtliche von Liebherr gebauten Serienkrane. Die erste Ausgabe erarbeitete ich gemeinsam mit einigen sehr kompetenten Vertretern. In den nächsten Jahren wurden die Preise für die jeweiligen Gebrauchtkrantypen um einen gewissen Prozentsatz gesenkt. Diese Listen waren nun für die Vertreter eine große Hilfe bei ihren Verhandlungen. Auch neu entwickelte Formulare unterstützten diese Aktionen.

Zwar hatten wir eine Werbeabteilung, die bestand aber nur aus zwei Personen: dem Werbeleiter und seiner Sekretärin. Dieser war ausschließlich für die Prospekte zuständig, für die Beschaffung der Fotos, für das Layout und für den Text, wobei er bei Neukranen gelegentlich zu mir kam, damit ich den Text dazu verfassen sollte. Auch war er für die Werbegeschenke zuständig.

Außerdem mußte er die Aufbauarbeiten bei den Messeständen leiten.

Wenn ein Großauftrag anstand oder dabei ein neues technisches Problem zu lösen war, zogen stets Direktor Wolf mit dem Leiter der Konstruktionsabteilung, Direktor Dipl.-Ing. Reich los, prall gefüllte Aktentaschen mit sich schleppend, um gemeinsam zu dem Kunden zu fahren. Oft standen dabei ganz neue Konstruktionen, wie zum Beispiel bei den Staudämmen der neu zu errichtenden Donau-Staustufen in Österreich, an. Hier war Dipl.-Ing. Reich in seinem Element und er fand immer die passende technische Lösung. Was mich heute noch wundert, daß die beiden Herren dabei selbst, das heißt ohne Chauffeur fuhren, dabei hätten sie doch während der Fahrt ungestört Zeit gehabt, alles zu besprechen und die betreffenden Unterlagen vor sich auszubreiten und einzusehen. Aber bei der Firma Liebherr war es allgemein nicht üblich, Fahrer einzusetzen. Auch der Firmenchef Hans Liebherr fuhr seinen Wagen selbst.

Zu meinen Aufgaben gehörte auch die monatliche Durchgabe unserer Einschätzung für den Ifo-Geschäftsklima-Index. Wenn ich meine Meldung nicht rechtzeitig abgegeben hatte, rief man extra von München aus an, um von uns, als einem der wichtigsten Herstellerbetriebe von Baumaschinen, unsere Meinung über die Marktlage zu hören und diese berücksichtigen zu können. Ich beantwortete dann gleich die Fragen am Telefon.

Eine willkommene Abwechslung bildeten die Messen, bei denen Liebherr mit einem umfangreichen Stand seine Marktstellung demonstrierte. Es war so eingeteilt, daß ich den Liebherr-Stand auf der Baumaschinenmesse (BAUMA) in München unter mir hatte, und Direktor Wolf mit Direktor Reich repräsentierten die Firma auf der großen Industrie-Messe in Hannover. Bei mir waren auch die süddeutschen Vertreter anwesend, die meistens die

Gespräche mit ihren Kunden führten. Wir griffen nur ein, wenn es sich um besondere Probleme oder um Liefermöglichkeiten handelte. Am Abend ging die Standbesatzung meist gemeinsam zum Abendessen und wir verbrachten gemütliche Abende mit unseren Vertretern. Besonders der Münchner Vertreter, Herr Storr, der leider viel zu jung verstarb, konnte am laufenden Band und in seinem originellen Bayerisch so ausgefallene Witze erzählen, daß wir uns vor Lachen am Tisch festhalten mußten.

Die BAUMA-Zeit in München benutzte ich auch für manchen Theaterbesuch. Die Gelegenheit zu einer Aufführung in einem Spitzentheater wollte ich mir nicht entgehen lassen.

Zu meiner Zeit entstand in Biberach auch der erste Kranwagen oder Mobilkran. Dieser wurde von dem noch jungen Ingenieur Buchberger konstruiert. Es war ein lustiger Kerl aus Bayern, der öfter bei uns im Büro vorbeisah. In seinem bayerischen Dialekt erzählte er uns von seinem Erstlingswerk. Dieser Mobilkran bildete dann den Grundstein für einen Krantyp, der heute eines der bedeutendsten Erzeugnisse der Firma Liebherr darstellt. Dafür wurde das Werk in Ehingen ausgebaut und immer mehr erweitert. Heute genießen Liebherr-Mobilkrane, die in allen Größen gefertigt werden, Weltruf.

1965 feierten wir den 50. Geburtstag von Hans Liebherr. Es war zwischen uns ausgemacht, daß die Angehörigen vom Betrieb und wir Angestellten ein gemeinsames Geschenk überreichen wollten. Ich sollte von Seiten der Angestellten mit die Auswahl treffen. Mit dem Betriebsratsvorsitzenden, Herrn Bumke, mit dem ich mich gut verstand, fuhren wir nach München, um ein repräsentatives Geschenk ausfindig zu machen und zu kaufen. Ich hatte schon eine Idee, und so gingen wir in ein Kunstgeschäft, um etwas Passendes für sein neu entstehendes Hotel in Irland auszusuchen. Dieses sollte ganz exquisit eingerichtet werden, um auch für Konferenzen, sei es aus Europa oder den USA, das vornehme Ambiente zu bilden. Da entdeckte ich einen großen

farbigen Originalstich von Irland, den der bekannteste nieder-
ländische Landkartenstecher des 17. Jahrhunderts, Joan Blaeu,
gefertigt hatte. Damit konnten wir uns sehen lassen, und das
würde ihn auch bestimmt freuen. Wir ließen das Bild rahmen
und überreichten es persönlich bei dem Geburtstagsempfang in
seiner Wohnung.

Und dann passierte es. 1967 war wieder so eine hektische Zeit.
Dauernd klingelte das Telefon, und man wollte mich sprechen.
Es waren jetzt auch Kunden, die nach ihrem bestellten Kran frag-
ten. Einer war besonders hartnäckig, er meldete sich fast alle zwei
bis drei Tage. Nun war er wieder am Telefon, und da brannten
bei mir die Sicherungen durch. Ich brüllte den armen Mann an,
er solle sich gedulden, sein Kran käme, wenn er fertig sei. Es war
die gleiche Situation wie damals im Krieg 1944 in Ungarn, wo ich
abgekämpft, total übermüdet und nach ungeheurem Streß mich
vehement und lautstark geweigert hatte, einen neuen Spähauftrag zu übernehmen. Das war damals glatte Befehlsverweigerung,
und darauf stand eigentlich die Todesstrafe. Nur dem Verständnis meines damaligen Zugführers hatte ich es zu verdanken, daß
jener Ausbruch für mich folgenlos blieb.

Nun war dieser Anrufer ein alter Bekannter von Hans Liebherr,
ein Bauunternehmer aus dem Illertal, also ein Baukollege von
ihm aus der ersten Zeit nach dem Krieg. Und der beschwerte sich
direkt bei ihm über die äußerst ruppige Behandlung, mit der ich
ihn abgefertigt hatte. Und zwar zu Recht. Zuerst wurde ich zu Direktor Erhard bestellt, der einen genauen Bericht über den Vorgang haben wollte. Dann erfolgte zunächst nichts weiter, so daß
ich dachte, die Sache würde im Sande verlaufen. Aber die Müh-
len liefen im Hintergrund weiter. Ende November 1967 wurde
ich von meinem Vorgesetzten, Direktor Wolf, an einem Samstag
zu ihm in sein Büro bestellt. Das war noch nie geschehen, und
deshalb hatte ich schon ein ungutes Gefühl, als ich zum Verwaltungsgebäude ging. Da teilte er mir auf Anordnung von Hans

Liebherr mit, daß ich als Inlandsverkaufsleiter abgesetzt sei, und daß jetzt der Hausjurist (mit Notariatsausbildung) meinen Platz einnehmen würde. Der Wechsel sollte bereits zum 1. Januar 1968 erfolgen, wobei ich meinem Nachfolger noch alles zeigen müßte. Dieser war ein noch jüngerer Mann, der sich in letzter Zeit bei Grundstücksgeschäften bewährt und diese zur vollen Zufriedenheit von Hans Liebherr erledigt hatte. Direktor Wolf, mit dem ich jahrelang bestens zusammengearbeitet hatte, standen direkt Tränen in den Augen bei der Durchgabe der Liebherr-Anordnung. Ich wollte jedoch nicht sofort aufgeben und meldete mich bei Direktor Erhard für eine Aussprache mit Hans Liebherr an. Auf mein Ansinnen erhielt ich jedoch nie eine Antwort.

Um diese Zeit, es war am 4. Dezember, bin ich in mein neu gebautes Einfamilienhaus in Ummendorf eingezogen. Es war kein freudiges Ereignis für mich!

Mitte Dezember, als ich das Urteil halbwegs hingenommen hatte und einsah, daß da nichts mehr rückgängig zu machen war, meldete ich mich bei Direktor Wolf und machte ihm den Vorschlag, in dieser Firma, die bei der erreichten Größe dringend eine eigene Marketing-Abteilung brauchte, sei ich doch der richtige Mann dazu, eine solche aufzubauen. Diese Aufgabe hätte ich bisher so nebenbei erledigt, aber das genügte nicht mehr, dies müßte jetzt jemand als Vollkraft in die Hand nehmen. Ich kenne den Markt wie kein anderer, weiß bei allen Krantypen Bescheid, war mit der Arbeit der Vertreter als die eigentlichen Verkäufer bestens vertraut und kann mich in die Denkungsart der kleinen und großen Bauunternehmer hineinversetzen, um verkaufsfördernde Strategien zu entwickeln. Er antwortet mir: „Sie kennen doch unseren Chef, der wollte fast nicht einmal eine Werbeabteilung zulassen. Und wegen Marketing gesondert eine Abteilung zu halten, würde er für vollkommen überflüssig halten!"

Da erkannte ich, daß ich bei Liebherr nicht mehr alt würde. Denn an den hintersten Schreibtisch abgeschoben zu werden und womöglich Statistiken aufzustellen, habe ich mir nicht als Ende meines Berufslebens vorgestellt. Ich war erst 45 Jahre alt. Von da an sah ich mir auch die überregionalen Zeitungen genau an und studierte dort die Stellenanzeigen. Im April 1968 fand ich eine geeignete Ausschreibung: Eine Maschinenfabrik für Betonmischer in Esslingen suchte einen Verkaufsleiter. Dank meiner bisherigen Stellung bei Liebherr und eines sehr guten Zeugnisses, das mir Dirktor Wolf geschrieben hatte, bekam ich die Stelle. Ich sollte dort einen älteren Herren ablösen, der in den Ruhestand gehen wollte. Also kündigte ich bei Liebherr zum 30.6.1968. Ich wurde nach ausgesprochener Kündigung von meinem Arzt wegen meines lädierten Knies, das jetzt dringend einer Behandlung bedurfte, zu einer mehrwöchigen Thermalbadekur nach Bad Füssing geschickt, die ich mit meiner Frau, die sich im Laufe der Jahre ein Rückenleiden zugezogen hatte, verbrachte.

Da die Kündigung von mir aus ging, hatte ich auch keinen Anspruch auf eine Abfindung.

Heute ist die Firma Liebherr nach wie vor ein Privatunternehmen und wird von seinem Sohn Willi Liebherr und seiner Tochter Isolde Liebherr geführt. Trotz allem bleibt für mich Hans Liebherr einer der ganz großen Industrie- und Wirtschaftskapitäne der Nachkriegszeit in Deutschland, neben einem Max Grundig, Berthold Beitz oder einem Gustav Schickedanz.

13. Geschäftsführer einer Verkaufsniederlassung für Betonmischer. Vitalor-Stabtrainer

In der Esslinger Firma arbeitete ich unter dem alten Verkaufsleiter, und „lernte" erst einmal Prinzip, Wirkungsweise und die
Technik von Betonmischern kennen. Hier waren zwei wesentlich
verschiedne Konstruktionen zu unterscheiden: Einmal gab es den
schon vor dem Krieg üblichen Umkehrmischer, bei dem sich eine
mehr oder weniger große Trommel um eine waagrechte Achse
dreht und dabei die einzelnen Zuschläge von Kies, Sand, Zement
und Wasser durch den freien Fall durchmischt und zum Entleeren
die Trommel rückwärts läuft. Oder zum anderen werden feststе-
hende Zwangsmischer eingesetzt, die aus einem stehenden Trog
bestehen. In der Mitte ist ein sich drehendes Rührwerk mit an-
geschraubten Armen und Schaufeln, die das Mischgut umtreibt.
Die Esslinger Firma stellte nur den eigentlich schon veralteten
Umkehrmischer her und lebte in der Hauptsache von einem angeschlossenen allgemeinen Baumaschinenhandel.
Da lernte ich einen Herrn aus Karlsruhe kennen, der von Zeit zu
Zeit in das Unternehmen kam, um auf dem Gebiet von Werbung
und Absatzförderung zu beraten. Der fragte mich eines Tages,
ob ich nicht Geschäftführer einer in Karlsruhe neu zu gründen-
den Firma für Zwangsmischer werden wollte. Das Angebot war
verlockend, da mir die Existenzaussichten in Esslingen auf die
Dauer nicht gesichert erschienen (wenige Jahre später mußte der
Betrieb Insolvenz anmelden). Eigentlich konnte man eine solche Abwerbung nicht gerade als die feine Art bezeichnen, aber
ich mußte ja in Anbracht meiner großen Familie – wir hatten ja
schon vier Kinder – an mein Fortkommen denken. Zum Glück
wohnten wir nach wie vor in Ummendorf, und ich fuhr nur zum

Wochenende nach Hause. An diesem Zustand würde sich zunächst auch nichts ändern.

In Karlsruhe sollte eine deutsche Niederlassung des in Fachkreisen weltbekannten schwedischen Zwangsmischer-Herstellers Fejmert aufgezogen werden, die bisher nur durch eine Lizenzfertigung in Deutschland vertreten waren, welche vertragsgemäß ausgelaufen war. Nun wollte man das schwedische Originalprodukt auf dem deutschen Markt verkaufen. Jener Herr, den ich in Esslingen kennengelernt hatte, ein Herr Fritz Westermann, wohnte in Karlsruhe, und deshalb wurde dort die neue Vertriebsgesellschaft mit ihm als Mitgesellschafter gegründet. Dort begann ich Anfang Januar 1969.

Herr Westermann fungierte als der Vertreter von Herrn Fejmert, einem schon älteren Herren in Schweden, und übernahm Werbung und Prospektgestaltung. Alle technischen Unterlagen und Rundbriefaktionen mußte ich ausarbeiten, auch die Fotos für die Prospekte anfertigen und neben Akquisitionen, Kundenbesuchen, einzelnen Verkaufsverhandlungen und Betreuung des kleinen Ersatzteillagers, den Vertrieb insgesamt aufziehen. Wir hatten eine tüchtige Sekretärin zur Seite, die später sogar die Bilanzen, die zur besseren Übersicht über unsere finanzielle Situation monatlich aufgestellt wurden, allein ausarbeitete. Herr Westermann saß in einem Nebenraum und erledigte dort seine eigenen Arbeiten. In dieser Zeit bin ich in ganz Deutschland (West) herumgekommen, und Tagesfahrten von Flensburg bis Karlsruhe, oder am Wochenende bis Ummendorf, waren keine Seltenheit.

Der Fejmert-Zwangsmischer war durch die besonders ausgebildeten und angeordneten Mischschaufeln allen anderen Mischern technisch überlegen. So konnten wir durch mehrere Prüfzeugnisse deutscher Materialprüfanstalten die Qualitätsvorteile bei der Güte (Härte) des gemischten Betons genau nachweisen. Aber wir taten uns schwer, in den deutschen Markt einzudringen. Die

Konkurrenz war sehr groß, hauptsächlich durch die seit vielen Jahren bei der deutschen Baubranche eingeführten Marken Teka und Liebherr.

Ich meinte, durch die technische Überlegenheit des Fejmert-Mischers würde es schnell aufwärts gehen und dachte schon, eventuell unser Ummendorfer Wohnhaus zu verkaufen, um uns in der Gegend von Karlsruhe neu anzusiedeln. Aber meine Frau zögerte, denn sie war in Ummendorf schon sehr heimisch geworden. Sie hatte herzliche Kontakte zu den Nachbarn geknüpft. Unsere Straße „Am Käpfle" war eine Sackgasse und demzufolge ein idealer Spielplatz für unsere Kinder. Da unsere Nachbarn, meist schwäbische Handwerksmeister, auch sehr kinderreich waren, wimmelten oft zehn bis zwölf sehr lautstarke Kinder jeglichen Alters auf dem Wendeplatz umher.

Unser Wohnhaus liegt am Hang, so daß das Untergeschoß an der Vorderseite völlig frei aus dem Boden ragte. Hier war eine Einliegerwohnung vorgesehen, die zunächst für unsere vier Kinder zur Verfügung stand. Das Haus hatten wir im Sommer 1967 im Rohbau gekauft und es dann fertig ausgebaut. Dabei kam uns zugute, daß bisher nur die tragende Mittelwand eingezogen war und wir noch die endgültige Aufteilung der einzelnen Räume nach unseren Vorstellungen vornehmen konnten. Der bisherige Bauherr, ein junges Ehepaar, verkaufte das halbfertige Objekt, da besonders sie in der nahen Stadt Biberach wohnen wollte, wo sie auch später neu gebaut haben.

Der Kauf erfolgte wieder mit Hindernissen – so wie ich das schon gewohnt war –, denn ich hatte ihm bereits erfolglos auf seine erste Anzeige im Dezember 1966 geschrieben, wobei er zum Glück keinen Käufer fand. Die Interessenten störten sich besonders an dem im Wohnzimmer vorgesehenen großen Fenstern, was damals unüblich war, besonders auf dem Dorf. So annoncierte er im Frühjahr 1967 noch einmal, und ich schrieb wieder. Diesmal antwortete er. Bei meinem Besuch bei ihm sah er seine alten Zuschriften auf die erste Anzeige wieder durch, und siehe, da war auch meine Postkarte dabei, die er glatt übersehen hatte. Leider ist dann in der Zwischenzeit die Garage erstellt worden, die ein absoluter Murks ist! Aber da massiv in Beton gefertigt, ließ sich hier nichts mehr ändern, ohne sie vollkommen abzureißen. Diesen Luxus konnten wir uns nicht leisten.

Wir sind heute glücklich über die großen Fenster, über die sonnige Gesamtlage und den schönen Garten. Mit dem später ausgebauten Dachgeschoß weist das Haus insgesamt 220 qm Wohnfläche auf.

Die Garage wollen wir vielleicht im nächsten Jahr sanieren. Den Rohbau ließen wir, nun nach unseren Plänen, von der ursprünglichen Baufirma, einem Ummendorfer Handwerksbetrieb, fertig bauen, wobei ich jedoch dank meiner früheren Maurerkenntnisse kleinere Arbeiten selbst ausführte. Meinen Jahresurlaub damals verwendete ich dazu, um mit dem alten Dorfschmied, der sich auf Wasserinstallationen umgestellt hatte, die gesamten Wasserrohre und Sanitäreinrichtungen einzubauen. Fenster, Türen, Heizung, Elektroinstallation und teilweise Malerarbeiten ließen wir von den entsprechenden Handwerkern ausführen. Am 4.12.1967 konnten wir in das noch nicht ganz fertige Haus einziehen (Außenputz fehlte, Küchenausstattung war nicht eingebaut und die Außenanlagen noch nicht einmal angefangen). Heute haben wir ein Haus und Garten, die sich sehen lassen können. Wir sind jedenfalls glücklich!

Bei der Finanzierung half uns, daß wir unverhofft erbten: Meine Frau von einer ledigen Cousine ihres Vaters aus Göppingen, einer Musiklehrerin, und ich von dem Vetter meines Vaters, einem eingefleischten Junggesellen aus Frankfurt/Main, mit Namen Arthur König. Als sehr bekannter Numismatiker war er Präsident der numismatischen Gesellschaft in Frankfurt. Man wollte ihm sogar für seine Arbeiten auf dem Gebiet der alten Nürnberger Rechenpfennige, die er als erster erforscht und eine umfangreiche Sammlung zusammengetragen hatte, die Ehrendoktorwürde antragen, die er in seinem Eigensinn jedoch abgelehnt hatte. Später gab er als geborener Nürnberger diese Sammlung an das Germanische Museum in Nürnberg. Schon vor dem Ersten Weltkrieg aktiver Offizier, meldete er sich bereits 1912 zur jungen bayerischen Fliegertruppe in Oberschleißheim. Im Frühjahr 1914 errang er den Sieg beim ersten Luftaufklärer-Wettbewerb, der je stattgefunden hatte, den Prinz-Heinrich-Flug. Aus der Hand von Kronprinz Heinrich von Preußen erhielt er eine kostbare Bowlenschüssel mit Gravur des Kronprinzen überreicht, die ich heute noch als wertvollen Familienbesitz bewahre. Wir übernahmen von ihm nicht nur das sehr umfangreiche Familienarchiv (darin war auch die ausführliche König-Familienchronik seines Vaters enthalten), sondern es blieb noch ein schöner Geldbetrag für uns übrig. So konnten wir beruhigt unser Haus fertigstellen.

Später bauten wir zusätzlich das Dachgeschoß aus – es war eine kleine Wohnung mit Bad und vorgesehener Küche für sich – in die wir die Mutter von Karin, unsere noch sehr rüstige und umtriebige Oma Axa (Alexandra Zobel, geborene von Scholtz) aufnahmen. Sie ersetzte teilweise Karin, da diese sich beim Hausbau übernommen hatte (Rückenleiden) und zeitweise durch Bäderbehandlungen und Kuren ausfiel. Axa war bis zu ihrem Tod im Jahr 2000 fester Bestandteil unserer Familie. Ich verstand mich sehr gut mit ihr, nur wenn es kleine Reibereien gab, war sie immer bestrebt, ihre Tochter zu verteidigen (Gluckeneffekt!). Wenn Karin verreiste oder sonst länger abwesend war, herrschte eitel Harmonie zwischen uns. Unsere Kinder hatten ziemlichen Respekt vor ihr, da sie eine strenge Großmutter war. Später nahm sie neben der Mithilfe im Haushalt die Betreuung unseres Gartens ganz in ihre Hand, und jeden Sommer fuhr sie für einige Wochen nach England, wo ihre andere Tochter mit ihrem deutschen Mann Helmut Proff lebt.

Meine Tätigkeit in Karlsruhe hatte den großen Nachteil, daß ich während der Woche von zu Hause weg war. Die Erziehung der Kinder, wie die häusliche Lebensführung selbst, lag ganz in den Händen von Karin, die diese Aufgabe hervorragend meisterte. Ich fühlte mich jedoch ein wenig ausgeschlossen, wenn ich zum Wochenende nach Hause kam. Ganz besonders fiel es mir auf, als ich mit ihr an einem Montag zu einem Elternsprechtag in das Biberacher Gymnasium ging. Von dem, was da besprochen wurde, hatte ich keine Ahnung, und meine Frau führte die Gespräche mit den jeweiligen Lehrern ganz allein. Ich saß nur da und hörte zu. Da wurde mir klar, daß dieser Zustand so nicht mehr lang weiter gehen konnte.

Die Entwicklung bei Fejmert verlief nach wie vor schleppend. Um diese Zeit wurde Beton fast nur noch aus Großmischanlagen, schon fertig aufbereitet, mittels Fahrmischern bezogen. Die Hersteller dieser Mischanlagen waren Liebherr, der seinen eigenen Zwangsmischer baute, oder andere Fabrikate, die auf Grund langfristiger und günstiger Lieferverträge sich auf das Konkurrenzprodukt festgelegt hatten. So blieb unsere Stellung auf dem deutschen Markt sehr schwierig Da sah ich mich nach sieben Jahren wieder nach anderen Existenzmöglichkeiten um, die in der Nähe von unserem Wohnort lagen.

Nebenher hatte ich auf einem ganz anderen Gebiet versucht, Boden zu fassen: durch die Entwicklung eines optimalen und billigen Trainingsgerätes. Damals kam die sogenannte „Trimmwelle" auf, wo man mit speziellen Geräten täglich körperliche Bewegungsübungen machen sollte. Zu dieser Zeit gab es schon ein sehr wirkungsvolles einfaches Sportgerät in Form einer großen Sicherheitsnadel, das auch meine Schwester in ihrem Kosmetiksalon in Tuttlingen vertrieb. Das schenkte sie mir zu Weihnachten, und ich übte anfangs sehr fleißig damit. Dieses Trimmgerät war gut, aber sehr teuer.

Da sah ich bei einem Besuch in der DDR in einem Kaufhaus einen einfachen Glasfiberstab mit zwei Holzgriffen an den Enden. Da ging bei mir sofort ein Licht an, und ich dachte, das könnte man doch weiter entwickeln und es zu einem preisgünstigen Konkurrenzprodukt zu jenem Gerät (Sicherheitsnadel) auf den Markt bringen. Zunächst wurden die Glasfiberstäbe mit Plastik ummantelt, in Rot für die stärkere Ausführung für Männer und in Weiß für Frauen.

Diesmal wollte ich so wenig wie möglich Geld in diese Entwicklung stecken. Ich machte fast alles allein. Zuerst ergänzte ich die Grundkonzeption durch Kunststoffgriffe mit Fingerprofil, dann kamen aus Sicherheitsgründen Halteschlaufen dazu, ich erfand einen werbewirksamen Namen, nämlich „Vitalor-Stabtrainer", entwarf ein Emblem für Prospekt und Briefkopf, stellte attraktive Fotos mit meiner inzwischen 18jährigen, durchaus fotogenen Tochter Claudia her, schrieb umfangreiche Texte für Prospekte und Gebrauchsanweisung, und zu guter Letzt bat ich den bekannten Bewegungsapostel Prof. Werner Heilmeier um ein Gutachten. Dieser war sehr begeistert von meinem Trimmgerät und gab bereitwillig das gewünschte Gutachten.

Dann stellten wir auf der Münchner Sportartikelmesse „ISPO" aus. Um unsere eigene Sportlichkeit zu demonstrieren, unterzogen wir uns der Mühe, das Goldene Sportabzeichen abzulegen. Während Karin die Bedingungen glatt erfüllte, ergaben sich bei mir Schwierigkeiten, den geforderten 100-Meter-Lauf in der vorgeschriebenen Zeit zu absolvieren. Trotz mehrmaliger Versuche erreichte ich die verlangte Zeit nicht. Ich wollte schon aufgeben und sprach mit dem Sportwart, der die einzelnen Disziplinen abnahm. Meine fehlende Leistung führte ich auf meine Kriegsverletzung zurück, von der doch eine Beinverkürzung von zwei Zentimetern zurückgeblieben war. Da meinte dieser, es gäbe für solche Fälle Erleichterungen, die jedoch von einem Sportarzt festgelegt werden müßten. Darauf erhielt ich für den 100-Meter-

Lauf eine herabgesetzte Leistungsvorgabe, die ich dann erfüllte und somit auch mit Stolz mein Goldenes Sportabzeichen anstekken konnte (immerhin mit fast 50!).

Meine Frau und meine Tochter führten auf der Messe fleißig vor, und wir fanden viel Beachtung. Die allgemeine Beurteilung war sehr gut, und es konnten auch schon Bestellungen von Handelsketten entgegengenommen werden. Wir meinten, jetzt haben wir es geschafft. Es wurde in Ummendorf ein größerer Raum angemietet, und wir begannen mit der Produktion, nachdem uns ein Nachbar, ein Mechanikermeister, einen pneumatischen Apparat zum Aufpressen der angelieferten Griffe auf den Glasfiberstab konstruiert hatte. Da ich ja noch in Karlsruhe war, wurden diese Arbeiten allein von Karin ausgeführt. Auch Versand und Telefonate wurden von ihr erledigt. Meine Wochenenden waren ganz mit Korrespondenz- und Verpackungsarbeiten, sowie Vorbereitungen für den Versand ausgefüllt. Auch half ich bei der Montage der Vitalor-Stabtrainer mit.

Diese „Trimm-dich-Welle" hörte schnell wieder auf, da die Menschen doch zu träge waren, etwas für ihre Gesundheit zu tun. Außer Erstbestellungen fehlten die Folgeaufträge, und wir mußten nach einem Jahr die Segel streichen. Wie uns, erging es auch anderen Trimm-Geräte-Herstellern. Ich kann mich entsinnen, daß der bekannte und leider viel zu früh verstorbene Schauspieler Raimund Harmsdorf (Der Seewolf) auch ein Sportgerät entwickelt hatte, bei dem man ein dünnes Seil abwechselnd über eine am Boden befestigte Rolle ziehen mußte. In seiner Art auch ein sehr gutes Übungsgerät. Er hat damals Unsummen in Werbung und Verkaufsförderung gesteckt – wir konnten dies beobachten –, aber er mußte auch wegen der allgemeinen Faulheit aufgeben. Also, an mangelnden Kenntnissen auf dem Sportartikelmarkt hat es bei mir bestimmt nicht gelegen, hatte ich doch genug Erfahrung in Vertrieb, Werbung und Marketing. Aber es half alles nichts.

Wieder war der Versuch, etwas Eigenes aufzubauen, gescheitert. Zum Glück hatten wir nicht viel Geld in dieses Projekt hineingesteckt, da wir fast alles selbst gemacht haben.

In meiner Garage stehen heute noch circa 50 Vitalor-Stabtrainer.

Die Zeit bei Fejmert in Karlsruhe lief Ende 1974 aus, da mir ein früherer Ingenieur von *Liebherr*, den ich zufällig im Spätsommer des Jahres in Biberach wieder traf, und der zwischen Biberach und Ulm einen eigenen Betrieb unterhielt, ein zunächst verlockendes Angebot gemacht hatte. Das wird dann in dem Kapitel „Selbständig mit der Firma Ersinger Stahlbau" ausführlich behandelt.

14. Als Nebenjob: Manager einer Bungalow-Siedlung in Spanien

Dieses Kapitel hat eine lange Vorgeschichte, die bis zum Anfang der sechziger Jahre zurückreicht.

Auf der Suche nach einer ständigen Einnahmequelle für meine Mutter – denn von dem vorhandenen Kapital konnte sie nicht leben, ohne es in wenigen Jahren aufgebraucht zu haben – kam ich 1962 mit einem Herrn Rack in Verbindung, der Bungalows in Spanien baute. Er erstellte in einer kompletten Siedlung in der Nähe von Marbella 22 gleichartige Doppelbungalows, die jeweils als Halbbungalow (eine Einheit) bei einem damals noch sehr günstigen Preis verkauft wurden. Nach Fertigstellung wollte er mit seiner Firma (IVG) einen Vermietdienst aufziehen und die einzelnen Bungalow-Einheiten an Feriengäste vermieten und so jedem Eigentümer lukrative laufende Einkünften zukommen zu lassen. Damals steckte der Tourismus in Spanien noch in den Kinderschuhen, und nur wenige Orte, darunter auch Marbella, hatten unter Kennern schon einen gewissen Klang und bildeten einen Anziehungspunkt für sonnenhungrige Europäer. Der Vorteil dieses an der Costa del Sol gelegenen Ortes war durch das auch im Winter warme und milde Klima gegeben, so daß eine ganzjährige Saison möglich wurde. Das bedeutete somit, ein volles Jahr über bestehende Vermietungsmöglichkeiten. An eine Eigennutzung von uns wurde schon wegen der großen Entfernung nur am Rande gedacht. Die billigen Charterflüge gab es ja damals noch nicht. Ich sah hier eine sehr gute Gelegenheit, für meine Mutter laufende Einkünfte zu erzielen.

Wir schlossen einen Vorvertrag ab, der jedoch erst gültig wurde, wenn er auf dem spanischen Generalkonsulat in Frankfurt notariell vollzogen wurde. Um die Katze nicht im Sack zu kaufen und uns von der Seriosität des Angebotes an Ort und Stelle zu überzeugen, machten wir uns, das heißt meine Mutter, meine Schwester, ihr damaliger Freund und ich, per Auto auf die lange Fahrt nach Marbella. Es war das erste Mal in unserem Leben, daß wir diese herrliche und so südlich gelegene Region Spaniens bereisten.

Die Bungalows waren zum großen Teil schon fertig erstellt, und Bau, Einrichtungen und Möbel entsprachen durchaus den Prospektangaben und den Lageplänen. Herr Rack empfing uns persönlich und zeigte uns alles. Er meinte, ab 1963 könnte er mit den Vermietaktionen beginnen. Alles in allem hatten wir einen sehr guten Eindruck von ihm und dem ganzen Vorhaben gewonnen und schlossen wenig später im Konsulat in Frankfurt den Vertrag ab. Eine Einheit kostete damals umgerechnet circa DM 20.000,-.

Man wird sich jetzt fragen, woher wir als Neu-Westler soviel Geld hatten, ein solches, für damalige Verhältnisse extrem ausgefallenes Objekt zu kaufen. Besonders, nachdem schon ein gewisser Betrag von unserem Familienkapital durch meine Beteiligung an der Firma „Kippfix-Fensterbeschläge" verbraucht worden war.

Im 1. Kapitel hatte ich geschrieben, daß im Jahr 1942 der Zweigbetrieb in Wien, der zu der damaligen Weimarer Firma (Nelkenkultur August Holz) gehörte, an den Staat verkauft werden mußte. Es war jedoch mitten im Krieg schwierig, eine sinnvolle Geldanlage für den Erlös zu finden. Auf Ratschlag ihres Bruders Heinrich kam meine Mutter zum Privatbankhaus Frisch in Stuttgart, mit dem auch er seine eigenen Geschäfte abwickelte. Nach seiner Empfehlung bei diesem Haus wurden auf Anraten des dortigen Anlageberaters Wertpapiere, vornehmlich Aktien guter deutscher Firmen, gekauft. Diese lagen dort im Depot. Nach dem Krieg verlor jedoch alles seinen Wert. Die Aktien aber erholten sich mit den Jahren langsam wieder, wobei besonders die Papiere von Daimler-Benz, IG Farben-Nachfolger und einigen anderen bekannten, inzwischen wieder erstandenen Firmen hervorragten. Dieses Wertpapier-Depot war von der Bundesrepublik als „Ostbesitz" vorerst gesperrt worden, gehörte es doch zum Vermögen der Weimarer Firma im Osten. Nicht einmal über Zinsen und Dividende durfte verfügt werden. In der Bilanz in Weimar wurde der Posten nur als eine wertlose Nummer unter der Bezeichnung „Wertpapierausgleichskonto" geführt. Erst als auch wir, die Familie König, 1958 in den Westen kamen, lebten somit alle Eigentümer der Firma „Nelkenkultur Holz, Weimar" in der westlichen Bundesrepublik Deutschland und die bisherige Sperre wurde aufgehoben.

Wir Eigentümer trafen uns im Frühjahr 1958 in Stuttgart im Bankhaus Frisch. Für die noch unmündigen Kinder meiner im Krieg gebliebenen Vettern kamen deren Vormünder, und wir beauftragten das Bankhaus, eine gerechte Aufteilung des Aktienpaketes in die drei Stammteile, je zwei Teile Holz Erben und ein Teil König, vorzunehmen. Jeder sollte darauf mit seinem Teil machen, was er wollte. Das Bankhaus legte zunächst einen Aufteilungsplan vor, mit dem wir alle einverstanden waren. Überhaupt, diese Vermögenstrennung verlief in voller Harmonie, und es gab keine der sonst üblichen Erbstreitigkeiten. Jeder bekam einen Wertanteil in Höhe eines fünfstelligen DM-Betrages. Die damaligen Kinder Holz sind inzwischen groß geworden, und uns verbindet eine herzliche Freundschaft.

Soweit die finanzielle Ausgangslage für unser Spanien-Abenteuer. Natürlich kam es trotz sorgfältiger Prüfung der örtlichen Gegebenheiten anders, als es gedacht war. Obwohl die Bungalow-Anlage fertig errichtet in malerischer Pracht dastand, konnten die Häuser noch nicht benutzt, geschweige denn vermietet werden, denn es fehlte das Wasser. Beim Ausbau des dazugehörenden Tiefbrunnens geschah durch Versehen ein technisches Unglück, indem die Tiefwasserpumpe vom Rohr abbrach und unten im Bohrloch steckenblieb. Sie konnte trotz Bemühen nicht herausgezogen werden und verstopfte somit den Bohrbrunnen. Da das notwendige Wasser für die Nutzung der ganzen Anlage ausblieb, fehlten nach kurzer Zeit der Firma IVG die schon eingeplanten Einkünfte aus der Vermietung, und sie mußte Konkurs anmelden. Wir Eigentümer standen also da, mit schönen Bungalows, die zunächst zu nichts Nutze waren.

Nachdem wir schon vorher von Herrn Rack eine schriftliche Mitteilung von dieser Entwicklung bekommen hatten, wurde Anfang 1963 von ihm eine Eigentümerversammlung nach Frankfurt einberufen, in der er uns den genauen Vorgang darstellte und uns versicherte, daß in Spanien alles fertiggestellt und bezahlt sei. Nach heftigen Diskussionen wurde eine Schutzgemeinschaft aller Bungalow-Besitzer gegründet. Unter uns Eigentümern war ein zunächst freundlicher alter Herr, der sich als pensionierter Direktor einer Weltfirma (steht heute noch unter den Dax-Firmen an vorderster Stelle) anbot, den Vorsitz als „Präsident" unserer Vereinigung zu übernehmen. Einige Eigentümer fehlten jedoch an dieser wichtigen Zusammenkunft, darunter auch einer, der künftig die größten Schwierigkeiten machen sollte. Herr Rack sagte uns zu, daß er uns nun als Privatperson nicht im Stich lassen wollte, alle jetzt noch notwendigen spanischen Papiere und Bescheinigungen besorgen und sich um die Vermietung kümmern würde. Die Lösung der fehlenden Wasserversorgung hatte er schon insofern in Aussicht gestellt, daß wir ab Juni 1963 das Wasser von einer spanischen Nachbarsiedlung bekommen sollten.

Nach kurzer Zeit verständigte er uns jedoch, daß er nicht mehr für uns tätig werden könnte, da inzwischen gegen ihn Strafanzeige wegen Betrugs erhoben worden wäre, und solange dieses vermutlich langwierige Verfahren liefe, er nicht mit uns zusammenarbeiten könnte. Die Anzeige war von jenem Quertreiber eingereicht worden. Trotz unserer Bemühungen bei diesem Herrn, seine Anzeige zurückzuziehen, verfolgte er sie hartnäkkig weiter und legte auch gegen alle unsere Beschlüsse seinen Einspruch ein. Erst später wurde er einsichtig, aber da ließ sich nichts mehr rückgängig machen.

Bevor wir weiteres unternehmen konnten, mußten erst einmal die behördlichen Angelegenheiten in Spanien geklärt, die einzelnen Bungalows besichtigt und die Einrichtungen auf Vollständigkeit überprüft werden. Unser Präsident bot sich an, nach Spanien zu fahren und dies zu erledigen. Er sagte, daß er nicht das Flugzeug benutzen könnte, er müßte mit seinem Wagen (großer Mercedes) fahren und dafür verlangte er ein Kilometergeld von damals 0,35 DM je Kilometer, außerdem ein Tagesgeld von DM 30,- pro Tag. Dies kam uns bei den großen Fahrtstrecken ziemlich überzogen vor, regelte er dabei auch seine eigenen Interessen (für zwei Bungalows). Zudem verlangte er, daß von Deutschland eine Dolmetscherin mitreisen müsse.

Trotz Murren blieb uns gar nichts anderes übrig, als auf seine Forderungen einzugehen, obwohl wir uns sagten, daß ausgerechnet dieser Mann bei seinen vermutlich recht üppigen Altersbezügen es eigentlich nicht nötig gehabt hätte, unsere Notgemeinschaft so unter Druck zu setzen. Er fuhr dreimal nach Spanien, allein eine Reise ging über 100 Tage. Auf Vorhaltungen von uns bei den nächsten Versammlungen, meinte er trocken, es wäre uns sogar noch billig gekommen, sonst hätten wir auf einen Rechtsanwalt zurückgreifen müssen, und der hätte uns viel mehr Geld gekostet. Ein zunächst freundlicher alter Herr kann auch seine sehr egoistischen und eigennützigen Kehrseiten zeigen! Das führte später bis zu Drohungen von ihm mit dem Rechtsanwalt, da wir um Stundung seiner Reisekosten, bis wir über Mieteinnahmen verfügten, gebeten hatten.

Im Herbst 1963 erklärte er seinen Rücktritt von seinem Amt als Vorsitzender der Schutzgemeinschaft. Es wäre ihm zu anstrengend und er wäre zu alt dazu. Es muß zu seiner teilweisen Rehabilitation gesagt werden, daß er seine Aufgaben in Spanien sehr gut erfüllt, alle Bungalows kontrolliert und die dringend notwendigen Papiere, wie die „Fini quitta" des Bauunternehmers, die „Escritura", sowie Versicherungsanmeldungen für Feuer, Haftpflicht und Glas usw. vollständig erledigt hatte.

Also, am Ende aller Nachprüfungen muß gesagt werden, daß wir mit Herrn Rack keinem Betrüger aufgesessen sind, und daß er die ehrliche Absicht gehabt hatte, seine Versprechungen zu erfüllen. Alles war bezahlt und geregelt. Nur um die künftige Verwaltung unserer Bungalows, den notwendigen Kontakt zu dem spanischen Präsidenten des gemeinsamen „horizontalen Eigentums" der Großsiedlung (Zwischengrundstücke, Straßen, Wasserleitungen, Stromleitungen, Trafohaus, Wasserversorgung, allgemeine Siedlungsfragen, sowie die gemeinsamen Angestellten Nachtwächter und Gärtner) mußten wir uns von nun an selbst kümmern. Besonders den Hauptzweck unserer spanischen Investition, nämlich unsere Häuser zu vermieten und daraus Einnahmen zu erzielen, mußten wir nunmehr selbst bewältigen.

Darauf entspannen sich wieder heftige Diskussionen, wobei ich mich sowohl konstruktiv wie auch kritisch besonders beteiligte. Das Ergebnis war, daß man mich zum neuen Vorsitzenden ernannte. Das war der Stand, als ich am 7.12.1963 mein neues „Amt" antrat. Ich wurde daraufhin mit so vielen neuen Problemen und Fragen konfrontiert, daß ich erst einmal gehörig dazulernen mußte, gerade auch, was das ganze Tourismusgeschäft betraf.

Zuerst schrieb ich neue „Richtlinien über Vermietung, Eigennutzung, sowie Behandlung der Erträge und Aufwendungen", und es wurde eine Preisliste für die Vermietung festgelegt. Diese Richtlinien mußte jeder Eigentümer verbindlich unterschreiben. Denn es mußten von mir bei Vermietungen durch Reisebüros oder sonstige Reiseunternehmen verbindliche Zusagen getroffen werden, die einzuhalten waren. Das hat später gut geklappt, und jeder hielt sich an diese Grundsätze. Jetzt konnte ich die ersten Gespräche mit verschiedenen Reiseunternehmen führen.

Diese Tätigkeiten führte ich als Nebenjob neben meiner Verkaufsleiterstellung bei Liebherr durch. Das ging sehr gut, da ich für den Manager-Job in Spanien die Abendstunden, und besonders den Samstag, oder, wenn notwendig, auch den Sonntag nutzte. Meinen Vorgesetzten, Direktor Wolf, hatte ich selbstverständlich von meiner „Nebentätigkeit" verständigt.

Als erste Handlung mußte ich einen geeigneten deutschen Verwalter suchen, der soviel organisatorische Fähigkeiten besaß, dort unten alles im Griff zu haben und besonders nicht eine Privatvermietung nebenher aufziehen würde. Ich fand in Deutschland eine vertrauenswürdige Persönlichkeit, einen ehemaligen Oberst der Wehrmacht, mit Spanischkenntnissen. Herr K. erbot sich, bei einer neuen Reise diesen einzuweisen und ausnahmsweise das Flugzeug zu benutzen und stimmte auch einem gemässigten Pauschalbetrag für seine Abrechnung zu.

Inzwischen hatte ich zuerst mit dem sehr rührigen Reiseveranstalter Hetzel in Stuttgart Verbindung aufgenommen. Herr Hetzel war begeistert und entwarf gleich einen Plan, der Epoche machend für den künftigen Tourismus wurde. Er erfand mit unseren billigen Bungalows und einer preisgünstigen Charterfluggesellschaft den Pauschal-Urlaub, Flug und Unterkunft. Dazu benötigte er dringend einen möglichst verlockenden und informativen Farbprospekt, den er, in Umschlaggröße gefaltet, jedem seiner Angebote beifügen konnte. Wenn wir ein professionelles Werbeunternehmen für diesen Prospekt beauftragt hätten, wäre uns das sehr teuer gekommen, ganz davon abgesehen, daß der Ort der Handlung ja in Südspanien lag. Also hieß es für mich, wieder einmal alles selbst zu machen.

Zuerst brauchte ich dazu eine gute mittelformatige Kamera (6 x 6), deren Aufnahmen für die Klischeeanfertigung geeignet waren. Hier kam mir zugute, daß mir meine Tante in Tuttlingen ihre alte „Rolleiflex"-Kamera (Vorkriegsmodell) auslieh, die bekanntlich mit dem Zeiss-Objektiv gestochen scharfe Bilder lieferte. Ich nahm also ein paar Tage Urlaub und flog nach Malaga, darauf via Küstenbus nach Marbella. Es war erfreulich, alles bestens vorzufinden. Bei meinen Aufnahmen kam mir ein tiefblauer Himmel mit einer weißen Kumulusbewölkung im Hintergrund zustatten, so daß ich einmalig schöne Bilder von dem dort einsamen Naturstrand und den im Pinienwald versteckt liegenden Bungalows mit nach Hause bringen konnte. Diese wurden dann Grundlage für meine weiteren Gespräche.

Mit den Bildern, einer kleinen Grundrißzeichnung und einem blumigen Text wurde ein so gelungener Prospekt geschaffen, daß Herr Hetzel zu mir sagte, einen so guten Kurzprospekt hätte er noch nicht gesehen. Auch mit anderen Reiseunternehmen nahm ich Kontakt auf, so mit dem ADAC-Reisedienst, mit Wulffs Ferienhausdienst und noch anderen. Alle arbeiteten dann für uns.

Für Bestellung und Abrechnung, Verständigung des Verwalters und Belegungslisten ließ ich verschiedene Formulare drucken, um mir und dem Verwalter die Arbeit zu erleichtern. Zur Komplettierung der einzelnen Bungalows mußten später noch Kühlschränke, Liegestühle, Sonnenschirme und kleine Teppiche angeschafft und Fliegenschutzgitter in die Schlafzimmerfenster eingebaut werden. Diese Kosten wurden schon aus den Mieteinnahmen bestritten.

Da bei einer Eigennutzung der betreffende Bungalow für die Vermietung ausfiel, mußte der Besitzer für diese Zeit eine Vergütung an die Gemeinschaft zahlen. Dafür galt der offizielle Mietpreis, der für die Jahreszeit vorgesehen war, abzüglich eines Rabatts von 10 %. Um für meine Dispositionen mit den Reiseunternehmen den Überblick zu behalten, mußten mir die geplanten Eigennutzungen bis Ende Januar gemeldet werden. Spätere Wünsche konnten nur nach Rücksprache mit mir berücksichtigt werden. So war sichergestellt, daß während einer Eigennutzung die Gemeinschaft nicht benachteiligt wurde. Die Festlegungen wurden auf den Hauptversammlungen der Gemeinschaft, die als oberstes „Parlament" fungierten, besprochen, beschlossen und bestätigt. Die Vermietung lief zunächst stockend an. Im August war natürlich alles voll, aber die Hoffnungen auf eine Wintersaison erfüllten sich nicht. Die von allen erhofften Erträge stellten sich nicht ein. Dazu kamen noch Sonderbelastungen, wie zum Beispiel unverschämte Forderungen von dem spanischen Wasserlieferanten, der mit uns seine Spielchen zu machen glaubte. Die Verwaltungsarbeit bei mir, besonders die Weitergabe der Buchungen und Aufstellung und Kontrolle der Abrechnungen, machte dann vornehmlich meine Frau. Ende Dezember 1964 verließ uns der tüchtige und zuverlässige Oberst a. D. wieder, und ich stellte dafür ein Ehepaar mittleren Alters ein. Er war als Bauingenieur jahrelang im Orient tätig gewesen, sprach perfekt mehrere Sprachen, darunter auch spanisch, und beide hatten reiche Auslandserfahrungen. Er war noch kurz vor Abgang des alten Verwalters von diesem eingewiesen worden. Beide setzten sich tatkräftig für die Herrichtung der durch den Winter gelittenen Häuser ein und betreuten bestens die im Frühjahr eingetroffenen ersten Gäste. Eine unserer Mitglieder, eine Dame, konnte sich bei der Nutzung ihres eigenen Bungalows in diesen Frühjahrsmonaten ein gutes Bild von dem Wirken dieses Ehepaars machen, und sie gab uns einen sehr positiven Bericht von ihnen. Gerade sein fachmännischer Rat für diese anstehenden Reparaturen war für uns sehr wertvoll.

Obwohl die Vermietungen im Frühjahr 1965 sehr gut anliefen, blieben für Juni und Juli die Erwartungen gegenüber den erwünschten Belegungen zurück. Das traf aber in diesen beiden Monaten überall, also für die ganze Costa del Sol, zu. Selbst in den großen Luxushotels waren oft nur sechs bis acht Gäste anwesend. Der August war zwar besser. Für die Mitte September beginnende Herbstsaison hatte zum Glück wieder das Reiseunternehmen

Hetzel in Stuttgart umfangreiche Buchungen übermittelt, und Herr Hetzel entschloß sich sogar, seine Pauschalreisen nach „Pinamar" den ganzen Winter über fortzusetzen. Das hieß für uns, zusätzliche Decken einzukaufen und Heizmöglichkeiten durch den Kauf mehrerer elektrischer Heizlüfter zu schaffen.

In der Zwischenzeit gab es ziemlichen Ärger mit der spanischen Dachverwaltung „Pinamar Horizontale", die meinte, nicht auf unsere Wünsche eingehen zu müssen, obwohl sich noch eine andere Siedlungsgruppe von Pinamar unseren Forderungen angeschlossen hatte. Auf einer Generalversammlung von „Pinamar Horizontale", die für Oktober in Marbella vorgesehen war, sollte jemand von uns teilnehmen. So wurde in einer Ausschußsitzung im Juli 1965 beschlossen, daß ich um diese Zeit in Pinamar sein sollte. Zunächst hatte ich angeordnet, alle Beitragszahlungen von Seiten unseres örtlichen Verwalters an die Dachorganisation einzustellen, um einen gewissen Druck auszuüben. Es war meine feste Absicht, auf diese spanische „Horizontale"-Organisation künftig stärksten Einfluß zu nehmen, damit diese die ihr gestellten Aufgaben erfüllt und nicht nur dicke Gehälter beansprucht. Diesen Aufenthalt, es waren zwei Wochen, wollte ich dabei mit meiner Frau zu einem Ferienurlaub nutzen. Wir reisten mit Hetzel (nur Flug mit Transfer für DM 296.- pro Person). Neben den dienstlichen Obliegenheiten verbrachten wir herrliche Oktobertage, die an der Costa del Sol zu einem wahren Hochsommeraufenthalt wurden. Wir badeten in dem noch warmen Mittelmeer und genossen diese Ferientage. Eigentlich zum ersten Mal in unserem eigenen Bungalow.

Auch war es wichtig, daß sich ein Verantwortlicher unserer Schutzgemeinschaft, am besten ich als der Vorsitzende, an Ort und Stelle einmal sehen läßt, um nach dem Rechten zu sehen. Bei meinem Aufenthalt in „Pinamar" konnte ich mich von dem guten Zustand aller zu uns gehörenden Bungalows überzeugen. Zudem wurden die notwendigen Vorkehrungen für eine Winternutzung getroffen.

Die Probleme mit unserer spanischen Dachorganisation konnten auch zu unserer Zufriedenheit geregelt werden, da der Sekretär davon, ein spanischer Rechtsanwalt aus Marbella, sehr vernünftig war und sich unseren Forderungen gegenüber durchaus aufgeschlossen zeigte. Aus Protest auf dessen Anweisungen trat darauf der spanische Präsident von „Pinamar Horizontale" zurück (der Nachtwächter wurde entlassen, da er nur noch den Garten des Präsidenten pflegte), und wir wählten seinen bisherigen Sekretär als seinen Nachfolger.

Leider stellte sich später heraus, daß unser tüchtiger Verwalter zu tüchtig wurde, indem er, ohne uns zu fragen, noch die Verwaltung einer anderen Bungalow-Siedlung außerhalb von Pinamar übernommen hatte. Das mußten wir als Bruch seines Dienstverhältnisses mit uns ansehen. Er versicherte mir zwar, daß er die Verwalterobliegenheiten für uns, der Schutzgemeinschaft gegenüber, in keiner Weise vernachlässigen werde, aber das Vertrauen für eine künftige Zusammenarbeit war dahin.

Wenig später hat ein Berliner Gastronomenehepaar einen Doppelbungalow von uns zur Dauernutzung angemietet und darin ein Café, das abends zu einer deutschen Bierstube wurde, eingerichtet. Nachdem ich mich bei einem Kurzbesuch von seinen Qualitäten überzeugt hatte, übergaben wir nach einigen Monaten diesem Herrn Warembourg die Verwaltung unserer Häuser. Da ihm sehr daran lag, daß die in unseren Bungalows untergebrachten Ferienreisenden auch zu Gästen in seinem Bistro wurden, so behandelte er sie sehr zuvorkommend, was uns durchaus zugute kam. Bei einem Kurzbesuch von mir zum Jahreswechsel 1966 zu 1967 besuchte ich ihn jeden Abend. Als echter Berliner mit einer „schnoddrigen Schnauze" und dem bekannten Berliner Witz unterhielt er seine Gäste mit soviel Humor, daß man nicht mehr aus dem Lachen herauskam.

Es war das erste Mal, daß ich zu dieser Jahreszeit, die außer für Wintersport als schlechtester Termin für einen Ferienaufenthalt

gelten, dort an der Costa del Sol noch das herrlichste Wetter an-
traf, mit viel Sonne und wohltuender Wärme, so daß man noch
in Hemdsärmeln auf der Terrasse sitzen konnte. Zum Baden war
das Meer natürlich zu kalt. Meine Aufgabe war, mit Herrn Warembourg die neue Verwaltungsorganisation und die künftige Vermietung der Häuser zu besprechen. Ab 1.1.1967 sollten grundle-
gende Änderungen bei unserer Schutzgemeinschaft eintreten.

Es war bei unserer letzten Versammlung im November 1966 beschlossen worden, die bisherige Schutzgemeinschaft in eine reine
Interessengemeinschaft umzuwandeln. Die enge Verwaltungs-
und Vermietgemeinschaft wurde aufgelöst, und jeder konnte mit
seinem Bungalow machen, was er wollte. Dazu brauchte man
auch keinen Vorsitzenden mehr. Wer weiter vermieten wollte,
konnte einen direkten Vermietungsvertrag mit Herrn Warembourg abschließen, der auch die Verwaltung übernahm, oder
beabsichtigte, sein Haus künftig nur noch zur Eigennutzung zu
verwenden. Ich setzte für den Übergang auf Herrn Warembourg
einen besonderen „Betreuungs- und Vermietungsvertrag" auf,
den der einzelne Hausbesitzer, der künftig mit Herrn Warembourg zusammenarbeiten wollte, zu unterschreiben hatte.

Zum Schluß dieser Versammlung nahm die Aufteilung der ein-
gegangenen Mieteinnahmen auf die einzelnen Mitglieder noch
einen breiten Raum ein. Die Auszahlungen erfolgten jedoch unter Vorbehalt, bis der Ausschuß (drei aus unserer Mitte gewählte
Herren) meine Abrechnungen für das Jahr 1966 überprüft und
mir Entlastung dafür gegeben hatte.

Da die Verbindungen zu den einzelnen deutschen Reiseunternehmen, die durch mich angebahnt und unterhalten worden
waren, wegen der eingespielten Kontakte von mir weiter betreut
werden sollten, wurde ich als Agentur dazwischen geschaltet.
Ich nahm deren Buchungen entgegen, hielt die dafür notwendige Verbindung mit Herrn Warembourg in Pinamar und rechnete
die Mieten ab. Für diese Vermittlungen erhielt ich eine Provision

von 10 % der Mieteinnahmen. Diese Arbeit besorgte zukünftig meine Frau.

Im Jahr 1967 haben wir unseren Bungalow verkauft, da mir meine Mutter einen Zuschuß zu meinem Hausbau in Ummendorf geben wollte. Bei dem Verkauf konnte zwar kein Gewinn gemacht werden, aber unseren Einsatz haben wir wieder herausbekommen. Der Gewinn lag für mich – treu nach meinem Leitmotiv – in einem ganzen Sack voll großartiger und spannender Erlebnisse in einer der herrlichsten Regionen Europas, die mir sonst nicht zuteil geworden wären! Und ich hatte wieder viel dazugelernt. Die Agentur blieb auch weiter bestehen.

Wegen Namensgleichheit mit einer anderen Siedlung an der Costa del Sol mußte später der Name „Pinamar" in „Bosquemar" umbenannt werden. Die anderen waren früher da.

***

Trotz vieler Mühen und gemischter Erfahrungen beteiligte ich mich 14 Jahre später wieder an so einer Unternehmung. Diesmal war das Objekt nicht so exotisch und lag auch nicht in einem so weit abgelegenen Land, sondern in Niederbayern. Wir bekamen im Frühjahr 1980 von unserer Krankenkasse eine dreiwöchige offene Badekur (enthält nur die medizinischen Anwendungen und 15,- DM Tagesgeld) in einem der niederbayerischen Thermalbäder genehmigt. Da wir diesmal nicht nach Bad Füssing gehen wollten, wählten wir für unsere Kur Bad Birnbach aus. Dort quartierten wir uns in dem neu errichteten Apparthotel „Sonnenhof" ein. Die Thermalquelle mit dem 70 Grad heißen Quellwasser, das für die verschiedenen Badebecken auf 24 bis 40 Grad heruntergekühlt wird, und die Kureinrichtungen gefielen uns sehr gut. Besonders hatte es uns das Apparthotel angetan. Ich erfuhr, daß die jeweiligen Appartements einzelnen Eigentümern gehören, denen beim Erwerb sogar Steuervorteile gewährt wur-

den. Eines Abends traf ich mit dem Initiator des Hotels zusammen, und der erzählte mir, daß er einige Häuser weiter, also auch ganz nah an den Bädereinrichtungen, ein zweites Apparthotel gleichen Umfangs und in derselben Art errichten würde, wobei der Rohbau schon erstellt sei. Da war mein Unternehmungsgeist wieder hellwach! Er sagte weiter, die Appartements wären bis auf wenige schon verkauft. Ich könne mir den Rohbau einmal ansehen, und er würde mir die noch freien Wohnungen zeigen. Auch gab er mir den Verkaufsprospekt, aus dem Lage der einzelnen Appartements, Preise und die Steuervorteile hervorgingen. Ich hatte durch den Verkauf des Stahlbaubetriebes in Ersingen freies Kapital, so daß dieses Objekt durchaus interessant für mich war. Wir trafen uns am anderen Tag. Da ich ein Mann von schnellen Entschlüssen bin, suchte ich mir eine sehr vorteilhafte Erdgeschoßwohnung aus, die eine freizügige Terrasse zu den Innenanlagen hatte. Die anderen Appartements in den Stockwerken darüber hatten dagegen nur relativ kleine Balkone. Die Preise waren alle gleich, bis auf mehrere größere Dachstudios und drei Ferienwohnungen. Das neue Apparthotel hieß „Rottaler Hof".
Der Kauf wurde abgeschlossen, und ich verfolgte später bei mehreren Kurzbesuchen den weiteren Fortgang der Bauarbeiten. In der Zwischenzeit studierte ich sehr genau die Verkaufsunterlagen und fand doch noch einigen Klärungsbedarf. Durch meine jahrelangen Erfahrungen mit Vermietobjekten in der Tourismusbranche sah ich manche Dinge viel kritischer. Ich beschloß, nach Fertigstellung des Hotels bei der ersten Eigentümerversammlung meine Fragen vorzutragen und entsprechenden Bescheid zu erbitten.
Im Oktober 1980 war es soweit. Die erste Versammlung wurde abgehalten. Von allen Seiten kamen kritische Wortmeldungen, und das waren viele. Da ich mich am gründlichsten vorbereitet hatte, kamen die meisten Fragen und Einwände von mir. Der Initiator hielt sich wacker, aber es blieb doch ein Rest von Vorbe-

halten. Zum Schluß wurde wieder ein Beirat gewählt, der die Belange der einzelnen Eigentümer der Appartements vertreten und bei den Angelegenheiten des allgemeinen und übergeordneten Eigentums ein Wörtchen mitreden sollte. Da man sich untereinander nicht kannte, war es schwierig, Leute für diese Aufgabe zu finden. Als Ergebnis meiner vielen kritischen Meinungsäußerungen nahm man an, ich sei besonders kompetent dafür. Man schlug mich vor, den Vorsitz dieses Beirates zu übernehmen und man wählte mich daraufhin einstimmig. Der Beirat bestand aus insgesamt vier Personen.

Der Initiator stellte einen jungen Hoteldirektor ein, der am 1.2.1981 seine Tätigkeit begann, und er bewies dabei eine sehr glückliche Hand. Herr Jocham kam als Hotelbetriebswirt direkt von der Hotelfachschule und stürzte sich voller Elan in seine neue Aufgabe. Wir als Beirat haben in den kommenden Jahren bestens mit ihm zusammengearbeitet. Er hatte immer neue Ideen, und wir mußten ihn direkt bremsen, um seine Pläne bei der nächsten Hauptversammlung durchzubekommen. In diesen Jahren hat das Hotel einen enormen Aufschwung genommen, so daß es für einen neuen Gast direkt schwierig wurde, überhaupt einen freien Termin zu erhalten. Wir als Ausschuß, und besonders ich als Vorsitzender, hatte entgegen dem Abenteuer in Spanien nichts mit den Gästen zu tun. Diese sind stets hochzufrieden nach Hause gefahren, sei es wegen des guten Erfolges durch die mineralhaltigen Thermalbäder oder durch die angenehme Betreuung im „Rottaler Hof." Deshalb sind die meisten Besucher auch durch die Mund-zu-Mund-Propaganda der bisherigen Kurgäste geworben worden.

Diesmal waren keine solchen Probleme zu bewältigen, wie damals in Spanien. Wir hatten weder mit der Verwaltung, dem Personal, noch mit der Vermietung etwas zu tun. Unsere Aufgabe beschränkte sich auf die Kontrolle der finanziellen Angelegenheiten, auf Preisgestaltung und auf die Beurteilung von beabsichtigten größeren Investitionen, die der nächsten Hauptversammlung zur Genehmigung vorgelegt werden sollten.

Das Wohnen in solch einem Appartement gefiel uns ausgezeichnet, und die verabreichten Bäder und Massagen taten Körper, Geist und Seele sehr gut. Durch die vollständig eingerichtete kleine Küche konnten wir uns teilweise selbst versorgen, auf jeden Fall das Frühstück mit frischen Brötchen! Abends gingen wir meist in eines der gemütlichen Birnbacher Gastwirtschaften mit dem guten bayerischen Essen. Wir sind später öfter noch in den „Rottaler Hof" gekommen. Auch die Anfahrt über München war nicht allzu weit.

Bei den Fahrten ließ ich gern Karin ans Steuer. Ich wußte und weiß, sie fährt sehr gern und gut, und ich brauche nicht weiter aufpassen. Das hatte auch den Vorteil für mich, daß ich in Ruhe meine Zeitung lesen konnte. Das muß wohl etwas ungewöhnlich sein, so daneben sitzen und Zeitung zu lesen und seine Frau einfach fahren zu lassen. Ich kann mich entsinnen, daß uns bei einer Fahrt nach Bad Birnbach auf der relativ schmalen Landstraße eine große Schafherde entgegenkam. Karin kämpfte sich wacker durch die Wollberge hindurch. Auf der anderen Seite fuhr ganz langsam ein Wagen hinter den Schafen her und begegnete uns. Ich hatte wohl mitbekommen, daß da ein Hindernis in Form einer Schafherde war, ließ mich aber nicht weiter stören und las ruhig meine Zeitung weiter. Etwa in Höhe des anderen Autos senkte ich doch einmal meine Zeitung kurz ab und schaute in zwei entsetzt blickende Augenpaare, die weit aufgerissen aus dem anderen Auto auf mich starrten. Scheinbar trieb unser Wagen nach deren Meinung führerlos durch diese blökende Brandung. Von den Fahrkünsten einer Frau schienen die nicht gerade viel zu halten. Wir bemerkten es und mußten lachen.

Eine Großinvestition war in den ersten Jahren besonders umstritten. Herr Jocham wollte an der westlichen Seite eine unterirdische Tiefgarage anlegen lassen. Die Kosten dafür sprengten natürlich den normalen Rahmen. Der Vorteil lag auf der Hand. Im Winter würde unser Haus mit den geschützt liegenden 42 Stellplätzen einen erheblichen Vorteil gegenüber den anderen Hotels haben. Er legte dazu auch eine so günstige Bankfinanzierung vor, daß keiner von uns zusätzliche Gelder hätte zuschießen müssen. Nach Abwägung von Für und Wider und nach überschlägiger Berechnung von Kosten gegenüber Mehreinnahmen durch Stellplatzmieten, sowie einer leichten Erhöhung der Zimmerpreise war ich dann selbst von den erheblichen Vorteilen überzeugt. Und so konnten wir den Plan bei der zunächst ablehnenden Eigentümerversammlung durchboxen. Bei den später gestiegenen Ansprüchen wäre ein Hotelbetrieb ohne diese Tiefgaragenplätze überhaupt nicht mehr denkbar gewesen, besonders im Winter.

Nachdem auch die prognostizierten Steuervorteile voll anerkannt worden waren, hat sich die Investition in den „Rottaler Hof" als ein Volltreffer herausgestellt. Dem Initiator habe ich dies auch bei einem Drink an der Bar gern zugestanden.

Trotzdem verkaufte ich meine Wohnung Anfang 1987 wieder – mit gutem Gewinn – um für meinen Alterstraum, ein Rustico in der Toscana, Geldmittel freizubekommen. Da sich dieser Plan jedoch noch länger hinzog, legte ich das Geld zunächst an der Börse an. Die Verwirklichung gelang erst im Herbst 1988, und dieser Erwerb ist in dem Kapitel „Der Weinbauer" ausführlich beschrieben.

Als ich jetzt nach fast 20 Jahren wieder einmal im „Rottaler Hof" anrief, waren noch die alten vertrauten Stimmen am Telefon: Herr Jocham als der erfolgreiche Manager, der meine Stimme trotz der langen Pause sofort erkannte, und die langjährige Sekretärin mit dem urgemütlichen niederbayerischen Namen, als die gute Seele des Hauses.

245

15. Meine Familie. Feriendomizil im Bregenzer Wald

Im Jahr 1961 wurde unser viertes Kind geboren. Nun hatten wir zwei Mädchen und zwei Jungen. Während das dritte Kind, die Tochter Daniela, in Tuttlingen zur Welt kam, wurde unser zweiter Sohn Axel in Biberach/Riß geboren. Mit diesen kleinen Kindern war es natürlich schwierig, in den Sommerferien ein passendes Quartier zu finden. Ein Hotel kam schon aus Kostengründen nicht in Frage. Da war es gut, reiche Verwandte zu haben, die jeweils Seegrundstücke am Bodensee besaßen. So verbrachten wir mehrere sehr schöne Sommerurlaube in Unteruhldingen, wo das direkt am Wasser gelegene kleine Holzhaus von meiner Tante Helene, die Frau des verstorbenen Onkels Heinrich Rieker lag. Sie erlaubte uns, jeweils im August der Jahre 1960 und 1961 dort zu leben. Das Holzhäuschen war sehr eng und hatte nur zwei Räume und eine kleine Küche. Geschlafen wurde in Stockbetten. Für die Kinder war es wunderbar, da sie ungehinderten Auslauf hatten und den flachen Strand über eine Treppe leicht erreichen konnten. Wir haben es jedesmal sehr genossen.
Im Februar 1962 starb unsere 3jährige Tochter Daniela an einer vereiterten Blinddarmentzündung. Sie hatte an einem Samstag, an dem meine Mutter mit ihrer Freundin zu Besuch in Biberach war, über Bauchschmerzen geklagt. Da ihre Geschwister in den vorangegangenen Tagen eine leichte Darmgrippe durchgemacht hatten, nahmen wir an, unsere Daniela würde nun auch davon betroffen sein. Meine Mutter meinte, wenn am nächsten Tag, am Sonntag, noch solche Beschwerden anhielten, sollten wir gleich mit dem Kind ins Krankenhaus nach Biberach gehen. Am Sonntag war es noch nicht besser. Der Chefarzt war mit seinem Oberarzt persönlich da, und sie stellten eine schon fortgeschrittene Blinddarmentzündung fest. Sofort wurde operiert. Der Blind-

darm war sogar schon durchgebrochen. Trotz Antibiotika hielt das hohe Fieber an, und am 3. Tag nach der Operation verstarb sie. Natürlich machten wir uns Vorwürfe, nicht schon an dem Samstag, wo zum ersten Mal zunächst leichte Schmerzen auftraten, gleich zu einem Arzt gegangen zu sein.

Es war für Karin, die dieses Sterben von dem kleinen Kind sehr mitgenommen hat, zunächst gut, daß sie mit dem einjährigen Axel sehr in Anspruch genommen war. Sie brauchte jedoch dringend eine Erholung, und nach einer Empfehlung von einem Bekannten quartierte ich sie in einem gemütlichen Landgasthof in Mellau im Bregenzer Wald ein, nachdem meine Mutter unseren Haushalt in Biberach für diese Zeit übernommen hatte. Dieser Teil der Alpen liegt in Österreich und ist nicht soweit von uns entfernt, so daß ich zu jedem Wochenende zu ihr fahren konnte. Wir unternahmen dabei herrliche Ausflüge und Wanderungen und lernten das hintere Tal des Gebirgsflusses Bregenzer Ache kennen. Besonders die weite Talöffnung des Ortes Au hatte es uns angetan. Inmitten von steilen Alpengipfeln gelegen, hat man nach allen Seiten wunderbare Ausblicke. Dort fanden wir einen Bauernhof, wo in den Sommermonaten Feriengäste aufgenommen wurden und buchten dort gleich für einige Wochen im August.

Karins Mutter Axa, obwohl sie wesentlich jünger war, als meine Mutter, konnte nicht aushelfen, denn sie lebte auf der Nordseeinsel Sylt und mußte ihre betagte Mutter pflegen.

Im August zogen wir mit unserer Kinderschar dorthin, und es gefiel uns allen sehr gut. Zum Baden war es zwar weniger geeignet, obwohl ein kleines Schwimmbad vorhanden war, aber das Wasser war eiskalt. Am Südhang des weiten Tales standen oberhalb einzelne Gehöfte, und ich fragte meinen Bauern, ob dort nicht auch etwas zu mieten sei. Er sagte, in dem einen Haus wohne zwar ein einzelner Mann, der wäre aber ein Sonderling, und da würden wir kein Glück haben. Wir versuchten es trotzdem. Erst war er schroff und abweisend. Im Laufe des Gesprächs wurde er zugänglicher, und schließlich konnten wir erreichen, daß wir zunächst für ein Jahr die oberen drei Stuben mieten konnten. Nun hatten wir eine feste Bleibe und fuhren fast jedes Wochenende zu unserer „Sommerresidenz". Das voll aus Holz gefertigte Haus, das etwa 1950 noch von seinen Eltern für ihn gebaut worden war, hatte noch keinen Wasseranschluß und für den Strom waren nur die leeren Hülsen gezogen worden. Die Leitungen selbst fehlten noch. Am Abend brannte man eben eine Petroleumlampe an oder entzündete Kerzen. Also alles sehr romantisch. Um nicht immer den Herd mit Holz anbrennen zu müssen, um womöglich nur einen Topf heißes Wasser zu bereiten, brachten wir von Biberach eine Propangasflasche mit und konnten somit auf einem zweiflammigen Kocher unser Essen oder auch das Waschwasser erhitzen. Dieses einfache Leben war manchmal etwas unbequem, aber wurde durch die einmalig schöne Lage und die Ruhe ringsum aufgehoben. Man hörte gelegentlich nur Kuhglocken und das Muhen zufriedener Kühe. Nach circa drei Jahren konnten wir ihn dazu überreden, daß er seinen Stromanschluß fertigstellen und in seine Kabelrohre Stromleitungen einziehen ließ, indem wir ihm ein Radio versprachen. Das hat bei ihm den Ausschlag gegeben (Transistorempfänger gab es damals noch nicht).

Das Haus lag am Steilhang und die umliegenden Wiesen gehörten zum Haus unseres Bauern. Zwar lag ein Kuhstall hinter dem Wohnteil, aber Vieh hielt er nicht. Er half im Sommer bei anderen Bauern aus und zog auf eine Viehalpe hoch hinauf, wo er bis September blieb. Den Winter über verdingte er sich als Waldarbeiter. Da er fast nichts zum Leben brauchte, sparte er alles an und verlieh sein Geld im Dorf. Als großer „Kreditgeber" im Ort bekannt, mußte er gute Geschäfte gemacht haben. Seine Kleidung bestand nur aus heruntergekommenen alten Fetzen, die schon vor Jahrzehnten jemand abgelegt hatte. Wir haben ihm darauf bessere Sachen gebracht, besonders einen amerikanischen wetterfesten Winterparka, der ihm aber zu kostbar zum Anziehen war und nur in seinem Schrank hing. Seine Mahlzeiten bestanden meist aus Riebelesbrei (eine Art Weizenbrei) und Marmeladebroten. Keine Butter, kein Obst und Gemüse, weder Fleisch noch Milch. Also eine sehr einseitige Ernährung. Er hat viel später schweren Diabetes bekommen, und ihm mußte sogar mehrere Jahre vor seinem Tod ein Bein amputiert werden.

Wir kamen mit ihm immer besser zurecht, und besonders die Kinder liebten ihn. Wasser holten wir eimerweise aus der nahen Quelle, die aber im Sommer nur so wenig tröpfelte, daß man mit Müh und Not drei bis vier Eimer voll im Tag zusammenbekam. Natürlich war Bad und Toilette ausgesprochener Luxus und deshalb nicht vorhanden. Für die Bedürfnisse hatte man ein Plumpsklo. Am liebsten hielten wir uns auf dem überdachten Freisitz, Schopf genannt, auf, der die östliche Längsseite des Hauses einnahm. Wir konnten auch im Winter dieses Refugium benutzen, denn im gemeinsamen Wohnzimmer stand ein gemütlicher Kachelofen, der mit Holz geheizt, eine strahlende Wärme abgab. So nutzten wir auch die vielfältigen Wintersportmöglichkeiten. Der Bregenzer Wald gehört schon immer zu den schneereichsten Gebieten. Nicht weit war es zum Sessellift, der zum Didamskopf heraufführte.

Von dem Haus hatte man eine zauberhafte Panoramasicht, und durch die Halbhöhenlage blickten wir auf den ausgedehnten Ort zu unseren Füßen. Wir unternahmen viele Bergtouren, die für mich mit meinem lädierten Knie ziemlich schmerzhaft waren, bis ich auf die „geniale" Idee kam, einen kräftigen Spazierstock zu benutzen. Da konnte man besonders beim Abwärtsgehen die Körperlast auf den Stock stützen und das Knie entlasten. Karin blieb im Sommer die ganze Ferienzeit über in Au. Ich brauste jeden Freitag gleich nach Feierabend los, um zum Abendessen in Au zu sein. Während der Woche half Karin mit den Kindern bei der Heuernte aus oder sie suchten Pilze. So verlebten wir wunderbare lange Sommer, denn wir brauchten zu unserem Glück keinen Trubel und erst recht keine Menschenansammlungen, Shops und keine Bars.

Jeden Morgen gab es frische Brötchen. Diese sind dort kreuzförmig gebacken und heißen „Schilde". Die Bäckerei lag unter unserem Haus in dem Teilort Au-Rehmen, etwa zehn Minuten Fußweg bergab. Da wurde immer abwechselnd eines von den Kindern zum Schilde-Holen geschickt und bekam dann eine kleine Belohnung. Drüben im Hauptort gab es auch einen Metzger und einen kleinen Einkaufsladen. Später hat sich dann unser Bäcker zu einem kleinen Einkaufszentrum erweitert.

So blieben wir unserem Refugium treu bis etwa 1970. Dann mußten wir räumen, da unser Bauer seinen vor Jahrzehnten nach Brasilien ausgewanderten Bruder, der als Witwer mit seiner Familie wieder zurückkommen wollte, aufnehmen sollte. So zogen wir in ein anderes Bauernhaus weiter oben, wo ein altes Ehepaar gestorben war. Der Sohn hatte dort in der Nähe auch ein Haus, deshalb war das alte unbewohnt. Wir mußten dort erst einmal den Dreck der Jahrhunderte ausmisten, denn seit Auszug seiner Eltern ins Altersheim war nicht mehr geräumt und gesäubert worden. Da fand ich sogar noch Hitlers „Mein Kampf", den die Eltern zur Hochzeit 1938 vom Bürgermeister geschenkt bekommen hatten!

Übrigens ist der brasilianische Bruder dann doch nicht gekommen, aber das Haus wurde immer noch frei gehalten. Die brasilianischen Kinder seines Bruders hatten Scheu vor der neuen Sprache.

Im Juni 1965 wurde unser dritter Sohn Matthias geboren, so daß die ursprüngliche Kinderzahl mit vier wieder vollzählig war. Karin ging vollkommen in ihrem Familienberuf auf, und die Kinder nahmen sie ganz in Anspruch. Sie war in dieser Zeit eine glückliche Mutter und jammerte nicht irgendwelchen Phantasien von Selbstverwirklichung nach. Erst später, als die Kinder aus dem Gröbsten heraus waren und Karins Mutter nach dem Tod ihrer eigenen Mutter („Umimi") ganz zu uns gezogen war, holte sie einen alten Traum, Krankenschwester zu werden, wieder hervor. Da jedoch für sie eine Vollausbildung nicht in Frage kam, durchlief sie über das „Rote Kreuz" einen Kurs als Krankenschwester-Helferin, und arbeitete eine Zeitlang im Krankenhaus in Biberach. Sie war dort sehr beliebt, denn sie hatte immer das Bestreben, anderen Menschen zu helfen und ein herzliches Wort für jeden.

Nach der Grundschule besuchten unsere Kinder teils das Wieland-Gymnasium, Axel ging auf das Technische Gymnasium und Matthias auf das Wirtschaftsgymnasium, in Biberach. Alle machten ihr Abitur.

Für unsere Claudia folgte nun ein Sondereinsatz. Im März 1972 las ich in unserer „Schwäbischen Zeitung" Leutkirch, daß für die kommenden Olympischen Spiele in München noch geeignete Mädchen besonders mit guten Sprachkenntnissen gesucht werden. Auch wurde ein gefälliges Äußeres vorausgesetzt. Da ermunterte ich sie, sich doch in München zu bewerben, und wenn sie eine Absage bekäme, wäre das auch nicht weiter schlimm. Sie machte sich zwar keine großen Hoffnungen, weil sie meinte, da würden sich doch viele bewerben. Um so erstaunter waren wir alle, daß schon nach kurzer Zeit eine Aufforderung vom olympischen Hostessen-Komitee in München ins Haus flatterte, sie möge sich bei ihnen vorstellen.

Claudia erschien als frischgebackene Abiturientin zu dem genannten Termin. Dort meldete sie sich bei der Chefhosteß Frau Schwabe, die von ihrer Stellvertreterin, einer gewissen Silvia Sommerlath assistiert wurde. Die beiden Frauen schienen Gefallen an der unbekümmerten Art der 19jährigen Abiturientin gefunden zu haben, und in der Unterhaltung wechselten sie von einer Sprache zur anderen. Claudia bestand diese Prüfung und wurde für die kommende Olympiade als Hosteß ausgewählt.

Bekanntlich wurde jene Stellvertreterin Silvia Sommerlath dann zur Betreuerin des schwedischen Kronprinzen Karl Gustav bestimmt. Die weitere Geschichte dieser beiden Persönlichkeiten ist ja weltweit bekannt, so daß es sich erübrigt, hier besonders darauf einzugehen.

Unsere Tochter ist zwar Silvia Sommerlath während der Spiele noch manchmal begegnet, hatte jedoch keinen persönlichen Kontakt zu ihr. Sie wurde für die Betreuung der Mannschaft von Sambia eingeteilt.

Sie hat heute noch ihr hellblaues Olympia-Dirndl im Schrank hängen. Als wir sie kürzlich in Italien besuchten, bat ich sie, das Dirndl doch noch einmal anzuziehen. Obwohl sie eigentlich ihre schlanke Figur behalten hat, war ihr das Kleid nach 34 Jahren und zwei Söhnen doch etwas zu eng geworden. Es wäre jedoch noch genug Stoff da, um es etwas weiter zu machen, aber sie will es vorerst nicht.

Sie könnte dann ohne weiteres vor Königin Silvia hintreten und sagen: „Majestät! So haben wir damals alle ausgesehen!" – Ein königlicher Spaß für alle (Claudia heißt auch heute noch König, wie in Italien üblich) wäre das schon!

Nach der Olympiade hat sie ihr Hostessenzimmer behalten können (dieser Bau wurde zu einem Studentenwohnheim umgewandelt) und hat darauf ein Sprachstudium aufgenommen. Im Hauptfach Englisch und Französisch hat sie auch ihr Italienisch weiter vervollkommnet, so daß sie später auf meinen Vorschlag hin eine Stelle als Fremdsprachenkorrespondentin in Norditalien annehmen konnte. Dort bewarb sie sich auf Grund einer Anzeige in der „Süddeutschen Zeitung" in einer Garnfabrik, die international tätig war. Hier lernte sie auch ihren Mann Luciano, einen Textil-Ingenieur, kennen. Inzwischen arbeitet sie im Nachbarort als Gebietsleiterin in der Exportabteilung einer Fabrik für Blumentöpfe und verzierte tönerne Pflanzgefäße. Diese werden besonders zahlreich nach Mitteleuropa geliefert. Ihre beiden

Söhne sind heute schon erwachsen: Marco (25) studiert an der Universität Trento Bauingenieur und wird nächstes Jahr mit dem Doktor abschließen, und Giorgio (20) lernt als Physiotherapeut. Zum Glück ist Norditalien nicht aus der Welt, und wir können uns öfter sehen.

Der Weg von Tilman, unserem ältesten Sohn, war zunächst noch nicht klar. Er entschloß sich jedoch, Industriekaufmann zu werden. Lehrstellen in der Industrie waren auch damals rar, und so schaltete ich mich in die Suche mit ein. Es war die Zeit, in der ich Kapitalanlagen verkaufte, und mit dieser Telefonpraxis „verkaufte" ich auch meinen Sohn. Nach vielen Bemühungen interessierte sich eine Schlepperfabrik in Aulendorf für ihn, und man sagte, er solle seine Bewerbungsunterlagen einreichen und sich vorstellen. Er wollte zuerst, wie gewohnt, mit Pullover und Jeans hingehen, bis ich ihm klargemacht habe, daß es sich dort um einen alten, konservativen Betrieb handelt und man nicht so erscheinen könne. Nun zog er seinen Anzug an und band eine Krawatte um. Man nahm ihn. Später erzählte er uns, sein gepflegtes Erscheinungsbild hätte dort besonderen Eindruck gemacht.

Viel später, als er sechs Jahre für BMW in Singapur gearbeitet hatte, bekleidet er heute die Stelle eines Gebietsleiters (Teile und Service) bei dieser bekannten Automarke für den Raum Schwarzwald. Er wohnt mit seiner Familie in einem Teilort von Breisach. Seine Frau hat eine volle akademische Ausbildung als Diplom-Ökotrophologin, die sie jetzt freiberuflich sehr gut verwenden kann. Besonders von der Ortskrankenkasse (AOK) Freiburg wird sie laufend zu Ernährungsvorträgen eingesetzt. Ihre 17jährige Tochter und ihr Sohn (16) sind große Schwimmer und erringen laufend erste Preise bei den Bezirksmeisterschaften von Südbaden. Beide besuchen noch das Gymnasium.

Bei unserem Sohn Axel stand von vornherein fest, daß er einen technischen Beruf ergreift. Ich fuhr nach Ulm und sprach mit einem Professor von der Fachhochschule wegen seines beabsichtigten Ingenieur-Studiums. Der riet mir, ihn zuerst eine handwerkliche Ausbildung als Schlosser, Feinmechaniker oder Werkzeugmacher durchlaufen zu lassen. Das würde zwar seinen Berufsweg etwas verlängern, aber er hätte später die besseren Chancen gegenüber anderen Bewerbern.

Also hieß es, eine geeignete Lehrstelle zu suchen. Wieder wendete ich meine bewährte Telefonumfrage an. Zuerst wollten ihn fast alle nehmen, besonders, da er von einem technischen Gymnasium kam. Als ich dann aber erklärte, daß er nach der Prüfung ein Studium an der Fachhochschule in Ulm beginnen wolle, hatte man kein Interesse mehr an ihm. Schließlich fand er in Biberach einen Ausbildungsplatz, jedoch unter der Bedingung, daß er eine dreijährige Lehrzeit als Werkzeugmacher einginge. Für ihn wären sonst nur zwei Jahre nötig gewesen. Anschließend ging er gleich zur Bundeswehr. Danach hat er an der Fachhochschule in Ulm Maschinenbau studiert. Heute ist er als Diplomingenieur (FH) und bei einer Firma in Laupheim als Projektleiter angestellt, die Maschinen für Blisterverpackungen von Medikamenten herstellt. Er wohnt in einem Nachbarort und ist verheiratet. Beide haben drei Töchter, zwei davon besuchen die Schule, die Dritte ist noch ein Kindergartenkind.

Da wir nur 18 Kilometer entfernt wohnen, ist es für uns nur ein kleiner Sprung.

Nun unser Jüngster, Matthias. Nach dem Abitur am Wirtschaftsgymnasium leistete er erst einmal seine Dienstzeit bei der Bundeswehr ab und wollte darauf die nur in Baden-Württemberg mögliche duale Ausbildung an der Berufsakademie zum Steuerberater durchlaufen. Dabei wird drei Monate in Villingen-Schwenningen an der Fachhochschule studiert, und die nächsten drei Monate schließt sich eine Praxiszeit in einer Steuerberaterkanzlei an. Hier war es besonders schwierig, für ihn einen Ausbildungsplatz zu finden. Mehrere Kanzleien wären sofort bereit gewesen, ihn für eine normale Lehrzeit zum Steuerfachgehilfen zu nehmen, aber diese in drei Monatsabschnitte geteilte Ausbildung, wo er dann jeweils für ein Vierteljahr fehlte, wollte keiner mitmachen. Nach endlosen Telefonaten, bei denen ich meinen Sohn immer und immer wieder angeboten und vorgestellt hatte, fand sich doch ein großes Steuerberatungsbüro in Ulm bereit, sich erstmals an einer solchen dualen Ausbildung zu beteiligen. Er mußte sich aber verpflichten, nach seinem Studium, welches er als Diplom-Betriebswirt (BA) abschloß, noch vier Jahre in dem Ulmer Büro weiterhin tätig zu sein. Dann konnte er erst in eine andere Kanzlei in der Nähe von Ravensburg wechseln.

Seit neun Jahren hat er zusammen mit einem Partner eine eigene Steuerberaterkanzlei in Stockach, nur wenige Kilometer vom Bodensee entfernt. Seine Frau ist chemisch-technische Assistentin und hat voll bis zum ersten Kind, dem Sohn Elias, gearbeitet. Darauf wurden ihnen noch zwei Töchter geboren.

Insgesamt können wir auf eine Schar von zehn Enkeln blicken, und – was heute auch nicht selbstverständlich ist – die Ehen sind heil und stabil. Alle Geschwister mit ihren Partnern haben ein herzliches Verhältnis zueinander. Zu Weihnachten kommen alle bei uns zusammen und wir sind eine große Familie.

Eltern, und besonders die Väter, haben die Pflicht, ihren Kindern den Weg ins eigene Leben zu zeigen.

Was sie machen wollen, müssen sie selbst bestimmen, wir können sie nur dabei beraten. Wenn es aber für sie feststeht, müssen wir für sie die Schienen legen und sie auf die Gleise heben. Starten und weiterfahren müssen sie allein. Auch später, wenn Probleme auftreten, können sie jederzeit mit unserer Hilfe rechnen!

16. Selbständig mit der Firma Ersinger Stahlbau

Wie schon so oft in einer solchen Lage der beruflichen Veränderung, kam mir der Zufall zu Hilfe. Ich begegnete im Oktober 1973 in Biberach einem Ingenieur, den ich von früher als Assistenten des Produktionsdirektors von Liebherr kannte. Er erzählte mir, daß er jetzt einen Stahlbaubetrieb zwischen Biberach und Ulm, in dem Ort Ersingen, hätte. Im Laufe des Gesprächs sagte er mir, daß er dringend einen Kaufmann, möglichst als Teilhaber sucht. Er bot mir eine Halb- und Halbpartnerschaft an. Da die Baulichkeiten – eine große Produktionshalle – nur gepachtet seien, wäre auch kein großer Geldeinsatz notwendig. Das klang interessant, und ich schaute mir in dem kleinen Ort Ersingen die Liegenschaften, Halle und Ausrüstung an. Aber es war ein schwieriger Fall mit Haken und Ösen, die ich zum Glück rechtzeitig erkannte. Er war total überschuldet, und lebte nur von Wechseln, die er durch wiederholte Verlängerungen vor sich her schob.

Ich gab ihm wenig später doch von meinen Ersparnissen 50.000,- DM, die ich mir durch die wenigen Großmaschinen, die nicht unter dem Eigentumsvorbehalt eines Lieferanten standen, absicherte. Wir saßen täglich zusammen, und ich rechnete immer wieder alles durch. Seine einzige gute Einnahmequelle war seine Abteilung „Arbeitnehmerüberlassung", wobei circa 10 bis 15 Hilfsmonteure ständig an andere Firmen ausgeliehen waren. Die Belegschaft bestand aus einem deutschen Techniker, einem deutschen Meister und ein bis zwei deutschen Facharbeitern. Alle anderen waren Gastarbeiter, vornehmlich Jugoslawen, die man nur als mehr oder weniger angelernte Kräfte bezeichnen konnte.

Letzten Endes habe ich nach vielen Überlegungen zugegriffen, jedoch ohne mich zunächst festzulegen. Eine Teilhaberschaft wurde noch nicht vereinbart, dafür war mir der Stand zu undurchsichtig und unsicher.

Seine Lage verschlechterte sich binnen Monatsfrist, und Anfang Januar 1974 mußte er Konkurs anmelden. Nach Abwägung aller Umstände entschloß ich mich, weiterzumachen und eine neue Firma zu gründen, die mit ihm und seinem alten, insolventen Unternehmen nichts zu tun hatte. Von allen Seiten kamen nun Forderungen, die eigentlich an meinen Vorgänger gerichtet waren, auf mich zu. Diese konnte ich mit dem Hinweis, eine neue Firma zu sein und daß ich mit ihm nicht verbunden bin, erfolgreich abwehren.

Natürlich hätte ich genauso gut die mir übereigneten Maschinen herausnehmen und diese verkaufen können, dann wäre ich wieder zu meinen bereits hergegebenen DM 50.000,- gekommen. So hätte sich alles erledigt. Aber ich wollte ja eine neue Existenz! Und hier sah ich die Möglichkeit, sogar zu einem eigenen Produktionsbetrieb zu kommen. Es war ein verdammt waghalsiger Sprung ins kalte Wasser!

Auch alle Beschäftigten wurden von mir übernommen, einschließlich einer sehr tüchtigen Sekretärin, die im Ort wohnte, und deren Mann in Ulm arbeitete. Bis auf den Techniker und den Meister waren anfangs alle als Leiharbeiter eingesetzt und sicherten zunächst meine Existenz. Gleichzeitig verhandelte ich mit dem Eigentümer von Grundstück (circa 6 500 Quadratmeter) und Produktionshalle (circa 650 Quadratmeter), der jetzt durch den Konkurs meines Vorgängers sehr verunsichert war, wegen Kaufs der Liegenschaften. Dieser hatte ursprünglich in jener Halle Kiesschiffe gebaut, aber diese Fertigung später aufgegeben. So verpachtete er die Halle an meinen jetzt insolventen Vorgänger. Wir einigten uns auf einen annehmbaren Kaufpreis. Dank eines großzügigen Kredites der Sparkasse Ehingen konnte auch eine günstige Finanzierung gefunden werden. Meine neue Firma hieß „Ersinger Stahlbau GmbH", und lag 32 Kilometer von Ummendorf entfernt, also nicht so weit von unserem Wohnort. Die noch unter Lieferantenvorbehalt stehenden, noch nicht bezahlten Maschinen wurden kurz danach von diesen abgeholt, was mich jedoch nicht weiter einschränkte, da ich sowieso keine Arbeit für diese Maschinenausstattung hatte. Mein Vorgänger war geradezu sinnlos – ohne Geld – einem Kaufrausch verfallen. Eine Maschine nach der anderen mußte her, und er bezahlte nur mit Wechseln, was letzten Endes zu seinem Konkurs führte.

Außerdem hat er an die Halle, obwohl diese von ihm nur gepachtet war, an beiden Seiten umfangreiche Anbauten errichtet. Vorn einen Bürotrakt mit insgesamt vier Räumen, an der Stirnseite Werkzeug- und Heizraum, sowie die Sozialräume. An der hinteren Längswand war von ihm ein flacher Hallenanbau hinzugefügt worden, in dem ein Materiallager untergebracht war und eine uralte Drehbank stand (Hersteller: Wilhelm Gustloff-Werke Weimar, Baujahr 1935, was mich besonders berührte). Beim Konkurs konnte jedoch auf diese seine zusätzlichen Bauten von niemand zugegriffen werden, da sie ja auf einem fremden Gründstück errichtet worden waren. Sie gehörten aber auch nicht automatisch dem jeweiligen Grundstückseigentümer. Der ursprüngliche Eigentümer, von dem ich Grundstück und Halle gekauft hatte, war rechtlich auch nicht der Eigner dieser Anbauten. Also juristisch eine höchst verworrene Lage. Für mich, als dem neuen Eigentümer, wurden die so leichtfertig von ihm erstellten Gebäudeteile unter der juristischen Bezeichnung „Widerrechtliches Eigentum" eingestuft. Das leuchtete mir ein, denn ich konnte nicht erwarten, daß ich einen so großen Wert einfach geschenkt bekam. Auf der anderen Seite hatte ich aber auch kein Unrecht getan. Da fand man eine annehmbare Lösung.

Ich mußte von den alten Schulden meines Vorgängers den dringendsten Posten übernehmen, das waren seine Rückstände an Sozialversicherungsbeiträgen bei der Ortskrankenkasse in Ulm. Da ich einen solch hohen Schuldbetrag nicht auf einmal zahlen konnte, wurde eine vernünftige Ratenzahlung von monatlich DM 1.000,- vereinbart, die ich drei Jahre lang pünktlich einhielt. Dann konnte ich mit der Kasse einen Schlußbetrag vereinbaren und war damit diese Belastung los.

Gleich zu Anfang bekam ich einen großen Auftrag, 20 Hilfsmonteure für eine Industriemontage in Österreich zu stellen. Darauf schloß sich die Generalüberholung eines Kraftwerkes in Esslingen an, wo 25 Hilfskräfte gebraucht wurden. In meiner Halle mit Hallenlaufkran herrschte dagegen gähnende Leere. In diesem Stadium war es mir gleichgültig, woher die Einnahmen kamen. Der Techniker beschäftigte sich so lange mit dem Ausbau der noch fehlenden sanitären Einrichtungen, und mein Meister war mit auf Montage. Für diese Einsätze in anderen Firmen, Arbeitnehmerüberlassung genannt, brauchte man eine besondere Genehmigung durch das Landesarbeitsamt in Stuttgart, wobei strenge gesetzliche Regeln zu beachten waren.

Manchmal zählten bis zu 30 Hilfskräfte, alles Jugoslawen – meist Kroaten – zu meiner Mannschaft. Diese meldeten sich von selbst bei mir, wenn der Bedarf für einen solchen Auswärtseinsatz eintrat. Da konnte viel verdient werden, wurde doch neben dem Lohn eine steuerfreie Auslösung von DM 24,- pro Tag bezahlt. Diese konnte ich wieder meinen Auftraggebern in Rechnung stellen. Nach solchen Sondereinsätzen mußte zwar ein Teil von diesen Hilfskräften wieder entlassen werden, was ich jedoch gleich bei Einstellung sagte.

Obwohl diese bunt zusammengewürfelte Mannschaft oft schwierig in Zaum zu halten war, kam ich mit diesen Menschen gut zurecht. Alle waren als Gastarbeiter nach Deutschland gekommen, um viel Geld zu verdienen und nahmen deshalb auch außergewöhnliche Umstände gern in Kauf. So „hausten" sie während dieser Einsätze in Bauwagen, die ich mit Tischen, Stühlen und Etagenbetten eingerichtet hatte. Hauptsache war für sie, daß sie für diese Unterkünfte nichts bezahlen mußten.

Der Nachweis für die geleisteten Arbeitsstunden bildete jede Woche die Stundenübermittlung des Auftraggebers, wobei jeder einzelne Mann aufgeführt war. Die Lohnberechnung wurde völlig selbständig von meiner Sekretärin ausgeführt. Natürlich konnten die meisten dieser Leute nur wenig Deutsch. Zu ernsthaften Differenzen ist es dabei selten gekommen, hatten sie doch aus ihrer Mitte einen Sprecher bestimmt, der sehr gut Deutsch sprach und die anstehenden Fragen und Probleme, oder auch Wünsche, mit mir behandelte. Und hier fanden wir immer eine für beide Teile befriedigende Lösung. Oberster Grundsatz war für mich, diese Leute absolut gerecht zu behandeln und nicht aus ihren mangelnden Sprachkenntnissen oder aus ihrer Lage irgendwelche Vorteile für mich zu ziehen. Das wußten sie und hatten deshalb Vertrauen zu mir.

Wenn ich jede Woche mit den Lohntüten zum Zahltag an den jeweiligen Einsatzort fuhr, um ihnen persönlich ihr Wochenentgelt zu bringen, sagte ich oft scherzhaft zu meiner Sekretärin: „Jetzt fahre ich wieder los, zur Fütterung meiner Raubtiere!" Für viele mußte ich gleich vorbereitete, besondere Wertbrief-Umschläge und Siegellack (Wertbriefe müssen versiegelt werden) mitbringen, damit sie den wesentlichen Teil ihres Lohnes sofort in bar nach Hause nach Jugoslawien schicken konnten. Das besorgte ich dann auch. Dieser Übermittlungsweg per Post war sehr sicher und schnell und funktionierte bestens.

Wenn es einmal vorkam, daß sie Streit untereinander bekamen oder, daß unerfüllbare Forderungen gestellt wurden, mußte auch einmal ein Machtwort gesprochen werden, bis alles wieder friedlich war. Hier kam mir meine laute Stimme sehr zustatten.

Um Aufträge für den Stahlbaubetrieb zu bekommen und meine Halle mit Arbeit zu füllen, beteiligte ich mich immer mehr an Ausschreibungen, besonders für den Bau von Stahlhallen. Mein Techniker machte die Kalkulationen, und ich ergänzte die Berechnung noch und schrieb dann mit meiner Sekretärin die Angebote. Anfangs lagen wir mit unseren Offerten meist zu hoch, so daß ich in wichtigen Fällen bei den Verhandlungen viel nachlassen mußte, um zum Zuge zu kommen. Natürlich war dadurch die Verdienstspanne äußerst schmal, und wenn ich nicht die Überschüsse aus der Arbeitnehmerüberlassung gehabt hätte, wäre es manchmal kritisch geworden. Zur Erfüllung dieser Stahlbau-Aufträge hätte ich vor allem Fachpersonal, Schlosser und Schweißer gebraucht! Mit meinen Hilfsmonteuren konnte ich diese nicht bewältigen. Durch die Nähe von Ulm war es jedoch sehr schwierig, geeignete deutsche Fachleute zu bekommen, denn in Ulm lagen konzentriert mehrere bedeutende Firmen der Metallindustrie, die alles aufsaugten. Auf Anfragen beim Arbeitsamt antwortete man, sie hätten nur noch so genannte Karteileichen in ihrem Bestand, und damit wäre mir nicht gedient. Außerdem wollte kaum einer in den abgelegenen Ort Ersingen fahren, knapp 20 Kilometer von Ulm entfernt.

Dieser Umstand bereitete mir oft große Sorgen, hatte ich doch Aufträge angenommen, die erfüllt werden mußten. Besonders kritisch wurde es, als später mein tüchtiger junger Techniker, der auch als der geprüfte Schweißfachmann in meinem Betrieb fungierte, kündigte. Es war ihm eine sehr gute Stelle bei dem bekannten Fahrzeugwerk Magirus-Deutz in Ulm angeboten worden. Dies lag auch viel näher zu seinem Wohnort.

Das war für mich ein herber Verlust. Von nun an mußte ich auch die Kalkulationen zu den Angeboten selbst erstellen und ausrechnen. Das hieß für mich, erst einmal Grundkenntnisse vom Stahlbau zu erwerben. Wofür jeder Ingenieur, Bautechniker oder Schlossermeister ein Studium oder Meisterkurse absolviert, durfte bei mir nur einige Wochen dauern. Da saß ich oft bis in die Nacht, und wälzte Tabellenbücher und sonstige Stahlbau-Unterlagen. Die eigentlichen Hallenkonstruktionen mit Statik

und Zeichnung erledigte für mich ein freischaffender Stahlbau-
ingenieur.
Auch bei der Arbeitnehmerüberlassung stellten sich Schwierigkeiten ein. So waren ständig etwa zehn Mann bei einem bekannten Stahlbaubetrieb im Raum Esslingen als Hilfskräfte beschäftigt.
Laut Gesetz durften diese jedoch nur drei Monate an ein- und
dieselbe Firma ausgeliehen werden. Erst nach einer Pause von
drei Wochen konnten sie wieder dorthin zurückkehren. Also
mußte ich sie in der Zwischenzeit bei mir in Ersingen einsetzen.
Andere kurzfristige Anforderungen für solche Arbeitskräfte hatte ich nicht. Zum Glück stand auf meinem Gelände eine einfache
Schlafunterkunft, wo sie so lange kostenlos wohnen konnten. So
gut es ging, gliederte ich sie in meinen Produktionsprozeß mit ein
oder ließ sie Sonderarbeiten ausführen. Diese einschränkenden
Bestimmungen sind schon seit langem aufgehoben worden.
Bei den Beschäftigten waren jene Zwangspausen nicht beliebt, ·
denn in dieser Zeit bekamen sie auch keine Auslösungen. Aufträge für große Spezialeinsätze, wie zum Beispiel bei Kraftwerks-
überholungen oder außergewöhnlichen Montagen, wo man sie
zeitweise hätte unterbringen können, kamen nur in unregel-
mäßigen Abständen vor und wurden meistens mit zusätzlichen
Hilfskräften ausgeführt.
In dieser Zeit waren meine beiden ältesten Söhne soweit herangewachsen, daß sie sich gern in den Schulferien etwas Geld verdienen wollten. Sie fuhren dann mit mir, und es war mir recht,
daß sie schon einmal richtige Arbeitsluft schnuppern konnten.
Es hat ihnen zudem viel Spaß gemacht, und sie erwarben dabei
viele handwerklichen Kenntnisse und Fertigkeiten. Gerade bei
einem großen Auftrag zum Bau eines neuartigen, mehrteiligen
Maschinensatzes zum Schneiden von Styroporblöcken in mehr
oder weniger starke Platten, den ich eigentlich von dem Erfinder nur widerwillig angenommen hatte, konnten sie viel lernen.
Aber dieser hatte mich so lange überredet, bis ich zusagte, denn

er wollte gleich in einer unbenutzten Ecke meiner Halle seine Schneidversuche mit dem neuen Maschinensatz machen Aber diesen Auftrag brauchte ich, so nahm ich ihn trotz aller Bedenken an.

Der Erfinder und Auftraggeber war ein älterer, sehr kleiner Mann. Ich glaubte zuerst, einem angenehmen und fairen Verhandlungsmann gegenüber zu stehen, aber es stellte sich heraus, daß es wohl der schwierigste Geschäftspartner war, mit dem ich es bisher zu tun hatte. Er verfolgte seine Ziele so hartnäckig und rücksichtslos, daß man äußerst auf der Hut sein mußte, nicht restlos in die Ecke gedrängt zu werden. Es war für mich ein Zuwachs an Menschenkenntnis: „Nimm dich in acht vor kleinen Männern!" Diese haben von Kind auf gelernt, sich behaupten und mit äußerster Härte durchsetzen zu müssen, um im Leben weiterzukommen. Wir Großen (ich bin 1,82) haben es dagegen anfangs leicht, allein mit unserer durch die Größe gegebenen Autorität und unbewußten Überlegenheit durchs Leben zu gehen. Bei dem half mir meine Größe nichts! Natürlich darf dann bei uns Großen nicht eine Luftnummer folgen.

Er hat mir also den Auftrag geradezu aufgedrängt, natürlich zu seinen Bedingungen! Es wurde für mich ein reines Zuschußgeschäft, da wir trotz Einstellung eines Mechanikermeisters mit diesem Auftrag restlos überfordert waren und uns sehr anstrengen mußten, ihn zu erfüllen. Zudem waren wir ein Stahlbaubetrieb und nicht eine Maschinenfabrik. Diese Maschinen konnten wir jedoch zur Zufriedenheit des Kunden fertigstellen, und sie waren einsatzbereit. Sein neues Schneidsystem funktionierte einwandfrei, und er konnte die Anlage gleich vom Stand weg verkaufen. Auf dem Grundstück standen noch aus den vergangenen Zeiten jenes Schiffsbauers zwei unvollendete Motorboote mit einer Glasfiberschale. Meine Söhne nahmen diese gleich in Beschlag, und bauten unermüdlich daran. Als sie fertig waren, konnte ich auch günstig einen gebrauchten Außenbordmotor besorgen.

Dieses Boot war jedoch schon so groß, daß man einen Motorbootführerschein dazu benötigte. Also machte ich am Bodensee einen entsprechenden Kurs mit Prüfung, wobei ich den halben Bodensee auswendig lernen mußte. Endlich war es soweit, und wir konnten das Schiff im See zu Wasser lassen. Es wurde zu einer fürchterlichen Ernttäuschung! Das Boot war eine totale Fehlkonstruktion, denn es schaukelte so stark hin und her, daß man es nicht beherrschen konnte.

Da waren meine Söhne sehr geknickt, hatten sie doch soviel Enthusiasmus hineingesteckt!

Ich hatte jedoch andere Sorgen. Obwohl ich finanziell immer so halbwegs über die Runden kam, beanspruchten mich diese verschiedenenartigen Probleme sehr stark. Als körperliche Reaktion setzten bei mir starke Depressionen ein, die schubweise ungefähr zweimal im Jahr auftraten. Es war eine manisch-depressive Form. Während jener Zeit war ich überhaupt zu nichts nutze, hing nur herum und konnte nur mühsam meine tägliche Arbeit verrichten. Dieser Zustand dauerte meistens zwei bis drei Monate. Die mir verordneten Medikamente halfen nicht viel. In den manischen Phasen konnte ich dagegen Bäume ausreißen und hatte viele neue Pläne. Dann setzte nach acht bis zehn Monaten die nächste Depression ein.

Darunter litt meine Aktivität und die notwendige Führungskraft, und ich sah für mich mit diesem Betrieb keine Zukunft mehr. Als dann noch im Herbst 1968 mein Meister kündigte, der anscheinend das Vertrauen zu mir verloren hatte, fühlte ich, daß ich Schluß machen müßte. Dank eines jungen Stahlbau-Ingenieurs, der in Ersingen wohnte, und der zum Schluß auch den Meister ersetzte, konnte ich weitermachen und die angenommenen, vorliegenden Aufträge noch zu Ende führen. Neue Orders nahm ich dann nicht mehr an. Jetzt ging es an die Abwicklung.

Ich gab eine große Anzeige in einer Ulmer Zeitung auf und stellte meinen Betrieb zum Verkauf. Einige wenige Firmen aus Ulm waren durchaus interessiert, jedoch scheiterte es meist daran, daß die dort Beschäftigten sich weigerten, ihren künftigen Arbeitsplatz soweit von Ulm entfernt zu haben. Zuletzt meldete sich ein kleines Unternehmen aus der Umgebung, das sich auf die Herstellung von Ersatz-Baggerschaufeln spezialisiert hatte. Es war ein in jenem Ort schon seit langem ansässiger Betrieb, und der Inhaber mit seiner Frau stammten selbst von dort. Seine bisherige Werkstatt bestand aus mehreren kleinen Gebäuden, und es fehlte für ihn jede Ausdehnungsmöglichkeit. Zudem konnte er sich auf einen langjährig gewachsenen Stamm von deutschen Fachkräften stützen. Mit seinen Produkten war er in ganz Oberschwaben eingeführt. Meine Halle entsprach genau seinen Vorstellungen, da sie einen Hallenlaufkran hatte. Nach kurzer Verhandlung kam im Frühjahr 1969 der Verkauf zustande. Wir beide waren bei der gleichen Bank, der Sparkasse Ehingen, was die Finanzierung erheblich erleichterte.

Nun fühlte ich mich befreit, und die damals quälende Depression fiel von mir ab. Der Verkaufserlös war gegenüber meinem Einstand sehr gut, und ich nannte ihn nach dem bekannten Filmtitel „Lohn der Angst". Leider kamen die Depressionen später immer wieder, die letzte im Januar 2007.

Im Herbst 1969 übernahm ich die Vertretung von Normstahlhallen einer Amerikanisch-Luxemburger Firma. Hierfür bekam ich das Verkaufsgebiet Bayrisch-Schwaben zugewiesen. Meinen Firmensitz legte ich nach Memmingen, nur 28 Kilometer von uns entfernt. Da trat eine allgemeine Rezession ein, und der Verkauf von solchen Investitionsgütern sank auf Null. Zum Glück hatte ich den Erlös aus der Veräußerung von Ersingen. Trotz Rückzahlung der Bankdarlehen blieb noch eine gehörige Stange Geld übrig. Da konnten wir gut eine Zeitlang davon leben.

Nun mußte ich mir wieder einen neuen Job suchen. Aber das war ich ja gewohnt!

PS.: An eine Sache in Ersingen erinnere ich mich heute noch sehr gern. Gegenüber auf der anderen Straßenseite, die zum Nachbarort führt, liegt ein Baggersee, den ich in den Sommermonaten regelmäßig in der Mittagspause zu einem erfrischenden Bad nutzte. Das war herrlich, und hat mich mit manchem Ärger versöhnt!

17. Immobilienmakler und Wirtschaftsberater

Im Herbst 1981 löste ich mein Vertriebsbüro in Memmingen auf. Zu dieser Zeit machte ich wieder eine starke Depression durch. Um diese zu überwinden, fuhren Karin und ich in unser neues Appartement in den „Rottaler Hof" in Bad Birnbach. Dort verbrachten wir einen sonnigen Herbst und genossen mit Thermalbädern erholsame Tage, die auch mich soweit kurierten. Der Aufenthalt kostete uns ja nichts, nur für die Mahlzeiten mußten wir selbst sorgen.

Dort hatte ich genügend Zeit und Ruhe, mir meine Situation ohne Bedrängnis zu überdenken und wälzte überregionale Zeitungen wie die „Frankfurter Allgemeine" oder die „Süddeutsche Zeitung". Die Stellenanzeigen beachtete ich dabei gar nicht, denn ich wollte nicht wieder in ein abhängiges Angestelltenverhältnis gehen, und außerdem hätte mich mit 58 Jahren wohl keiner mehr genommen. Zunächst wollte ich mich auf dem Gebiet der Immobilienvermittlung versuchen, und dafür braucht man keine besondere Ausbildung. Die wenigen Vorschriften, die dabei zu beachten waren, wollte ich mir so nebenbei aneignen, sozusagen ein „learning by doing".

Zu Haus besorgte ich mir eine dementsprechende Gewerbeerlaubnis und begann Objekte zu suchen, die ich anbieten könnte. Ich machte dabei einige Ferienhäuser in der Schweiz ausfindig, die ich hier in Deutschland zum Kauf anbot. Zwei befreundete Unternehmerehepaare hatten Interesse, und ich zeigte ihnen in der Schweiz die noch im Bau befindlichen Häuser. Leider kauften sie dann doch nicht, da ihnen die Lage nicht schön genug war. Darauf bekam ich Verbindung zu einem Bausparkassenvertreter, der durch seine Kontakte immer wieder von Häusern oder Wohnungen hier im oberschwäbischen Raum erfuhr, die verkauft werden sollten. Hier entwickelte sich eine gute Zusammenarbeit. Mit örtlichen Vermittlungen tat ich mich schwer, da mein Name als Immobilienmakler noch ziemlich unbekannt war. Hier gab es schon mehrere alteingeführte Makler, die in der nahen Stadt Biberach ihre Büros hatten.

Ferner beachtete ich in den Zeitungen die Immobilienanzeigen von Privatpersonen, die etwas verkaufen wollten, und versuchte bei denen, meine Dienste als Makler anzubieten. Das eine oder andere Objekt konnte ich dabei verkaufen, aber es war kein stürmisches Geschäft. An einen Fall kann ich mich noch besonders erinnern. Es war ein Bauernhaus in Heiligenberg, einem Ort auf einem Höhenzug im Hinterland des Bodensees gelegen, nahe Überlingen, mit Blick über den ganzen Bodensee und die dahinter liegende Alpenkette. Auf meine Anzeigen meldeten sich viele Interessenten, so auch ein Herr Walser. Als ich mir seinen Namen und Adresse notieren wollte, fragte ich: „Also, Herr Walser, schreiben Sie sich wie der Schriftsteller?" Da kam die Antwort: „Ja, das bin ich selbst!" Bekanntlich wohnt er in einem Vorort von Überlingen, so daß dieses Bauernhaus durchaus für ihn interessant war. Er machte jedoch gleich die Einschränkung, daß er zurücktreten würde, falls jemand von den Heilstätten in Heiligenberg dieses Haus auch erwerben wollte. Zu Schluß blieben drei oder vier ernsthafte Interessenten übrig, die mit ihren Geboten gegenseitig den Preis immer höher trieben, und ich nur noch die genannten Beträge registrieren und weitergeben konnte. Martin Walser war nicht mehr dabei. Am Ende bekam dann das Haus tatsächlich ein leitender Angestellter der dortigen Heilstätten. Martin Walser war bei dem abschließenden Gespräch nicht zufrieden mit mir, da ich ihn nicht von den Kaufabsichten dieses Heimleiters verständigt hatte. Es war bei mir im Trubel der Telefonate vollkommen untergegangen, so daß er diese Entwicklung von dritter Seite erfuhr. Er möge mir heute die Unterlassung von damals verzeihen!

Nachdem ich gemerkt hatte, daß mit der Immobilienmaklerei auch kein Blumentopf, sprich möglichst ganze Topfkulturen zu gewinnen seien, verlegte ich mich auf das Gebiet der Wirtschaftsberatung. Hier arbeitete ich für eine Wirtschaftsberatungs-Gesellschaft in München als freier Mitarbeiter. Diese hatte den Vertrieb für Süddeutschland von einer Firma BGA in Hagen übernommen. Verkauft wurden sogenannte NATO-Wohnungen in Mönchengladbach, die von englischen Armeeangehörigen bewohnt waren. Die Häuser – es waren viele in einem gesonderten Stadtteil des Vorortes Wickrath – waren bereits vor mehreren Jahren errichtet und gehörten noch einer Bonner Bauträgergesellschaft. Der Verkauf der Wohnungen wurde der Hagener Vertriebsgesellschaft BGA übertragen, die dafür ein „Ersterwerber-Modell" entwickelten, wofür auf die einzelnen Wohnungspreise erhebliche Steuervorteile eingeräumt wurden. Damit war ein solcher Kauf für Steuerzahler sehr interessant. Die Finanzierung des Kaufbetrages erfolgte zum größten Teil durch eine sehr bekannte und renommierte öffentlich-rechtliche Bank in Norddeutschland. Für mich schien die Sache absolut sicher. Wir machten in München eine kurze Unterweisung durch, und alles andere, besonders an jeweilige Interessenten zu kommen, wurde uns überlassen.

Obwohl wir einen schönen Farbprospekt von der BGA in Hagen bekamen, machte ich mich sofort auf, wie in solchen Fällen bei mir üblich, um nach Mönchengladbach zu fahren und mir diese NATO-Häuser und möglichst einige Wohnungen anzusehen. Ich fand eine großzügige Anlage mit viel Raum und Grün zwischen den einzelnen Häusern vor und ergänzte mit eigenen Fotos in verschiedenen Straßen die Abbildungen im Prospekt. Jetzt hatte ich einen persönlichen Beleg für meine Angaben. Alles machte auf mich einen sehr guten Eindruck. Und bei den zugesagten und in den Rechenbeispielen des Prospektes aufgeführten Steuervergünstigungen schienen diese Objekte wirklich eine gute Geldanlage für Steuerzahler und der Endpreis angemessen zu sein. Da die Mieten vom Staat bezahlt wurden, war auch die Vermietseite abgesichert.

Ich legte mich darauf ordentlich ins Zeug, gab Zeitungsanzeigen auf und versendete kurze Informationsblätter, sprach Steuerberater an, so daß ich bald einen vollen Terminkalender für vereinbarte Beratungsgespräche hatte. Zudem arbeitete ich mir ein Formblatt aus, mit dem ich bei jedem Interessenten seine persönlichen Daten einsetzen konnte und ihm vor Augen führte, wieviel Steuern er sparen und wie wenig ihn die Wohnung letzten Endes kosten würde. Bei den garantierten Mieteinnahmen kam ein schöner Gewinn heraus!

Mit meinem Vertriebssystem wurde ich bald zum Spitzenverkäufer der Münchner Vertriebsgesellschaft und verdiente sehr gut. Um selbst die Steuervorteile ausnutzen zu können, erwarb ich Ende 1982 zusammen mit fünf Architekten ein ganzes Haus mit sechs 4-Zimmer-Wohnungen. In jenem Jahr hatte ich insgesamt 24 Wohnungen verkauft! Und ich genoß den Erfolg, mit dem meine Arbeit diesmal belohnt worden ist!

Ungefähr ein halbes Jahr später gab es ein böses Erwachen. Die von der BGA prognostizierten Steuervorteile wurden von den jeweiligen Finanzämtern nicht anerkannt. Es stellte sich heraus, daß die im Verkaufsprospekt abgedruckten Steuervergünstigungen Schwindel waren. Man konnte diese Firma aber nicht mehr zur Rechenschaft ziehen, weil sie sich in den Konkurs geflüchtet hatte. Ich mußte sogar noch gegen meine Münchner Vertriebsfirma, die mein Vertragspartner war, wegen meiner verdienten Provisionen vor Gericht ziehen!

Beurkundet wurden die Verkäufe von einem Notar in Hagen, den wir jetzt regreßpflichtig machen wollten. Das Verfahren läuft heute noch. Auch würde man nach der heutigen Rechtsprechung die finanzierende Bank in Anbetracht ihres öffentlichen Renommees, zu Schadensersatzzahlungen heranziehen können,

denn diese wäre vor Vereinbarung der generellen Finanzierungs-
zusagen für alle Hausverkäufe verpflichtet gewesen, die BGA in
Hagen genau unter die Lupe zu nehmen. Gerade die Beteiligung
dieser Bank hat den Eindruck einer seriösen Abwicklung noch
verstärkt. Dasselbe konnte man auch von dem Hagener Notar
erwarten, der am Ort wohnend am ehesten die Möglichkeit gehabt hätte, die BGA zu überprüfen. Die Münchner Vertriebsfirma stellte sich natürlich auf den Standpunkt, auch getäuscht
worden zu sein.

Bekanntlich gilt der Spruch „Den Letzten beißen die Hunde",
und so fielen sehr viele meiner Kunden über mich her und be-
schuldigten mich der Mitwisserschaft. Einer zeigte mich sogar
wegen Betrugs an. Da wurde ich zur Kriminalpolizei nach Biberach bestellt und mußte eine ausführliche Erklärung über meine
Vertriebstätigkeit abgeben. Als ich dann am Schluß sagte, daß
ich selbst so eine Wohnung gekauft hätte, atmete sogar der Kri-
minalbeamte auf und sagte: „Dann dürfte ja die Anzeige erledigt
sein, denn Sie werden ja nicht ein so betrügerisches Geschäft
für sich selbst abgeschlossen haben, wenn Sie damals schon alles
gewußt hätten!" Das war meine Rettung!

Übrigens hatte zu jener Zeit auch eine Dame aus der Schweiz auf
Grund einer Anzeige von mir im Bodenseeraum ein ganzes Haus
mit sechs Wohnungen gekauft, wobei sie sagte, die Steuervorteile
nützen ihr in der Schweiz gar nichts. Trotzdem wäre das Haus im
Verhältnis zu den Schweizer Immobilienpreisen sehr günstig.

Meine fünf Architekten, die Mitbesitzer in „unserem Haus" waren, habe ich später weiter betreut, indem ich mich besonders
um das Haus gekümmert und kleine Reparaturen selbst vorgenommen habe. Meine Wohnung habe ich nach Jahren wieder
verkauft.

Übrigens hat viel später mein ältester Sohn direkt von der Bonner Baugesellschaft für einen sehr günstigen Preis eine dieser
NATO-Wohnungen in Wickrath gekauft und besitzt sie heute

noch. Er sagt, was will ich mehr, sind doch die Häuser ordentlich gebaut und die Mieteinnahmen für mich dort sicher.

Nun mußte ich mich wieder auf die Suche nach einer anderen Verdienstmöglichkeit begeben und studierte erneut die Zeitungen. Ich wurde in der FAZ fündig. Da fand ich eine größere Anzeige einer Frankfurter Anlagegesellschaft, die freie Mitarbeiter zum Vertrieb eines der bekanntesten Investmentfonds suchten. Es war der amerikanische „Templeton Growth Fonds". Dieser ist in Bank- und Anlegerkreisen sehr eingeführt und hat ein international fundiertes Renommee, da er schon seit 1954 besteht. In dieser Zeit hat er ein enormes Wachstumspotential gezeigt. Selbst weltweite Börsenkrisen haben diesem Fonds nicht geschadet. Es gab zwar jeweils eine leichte Delle in der Aufwärtskurve, aber darauf setzte diese ihren stetigen Weg nach oben fort. Da in meinem Gebiet noch nicht viel für diesen Fonds geworben wurde, nahm man mich gern in die Vertriebsmannschaft mit auf. Einen besonderen Gebietsschutz gab es nicht, jeder konnte also überall den Fonds anbieten.

Nach dem Debakel mit den NATO-Wohnungen war ich mir jetzt sicher, meine Kraft für eine seriöse Sache einzusetzen. Meine Arbeitsweise entsprach meiner bewährten Vertriebsmethode, die ich auch schon bei den früheren Anlageberatungen angewendet hatte. Erst wurden Kurzprospekte, sogenannte „Flyer" versandt, wobei ich mir die verschiedensten Berufsgruppen unter den Freiberuflern vornahm. Dann wurde nach einigen Tagen nachtelefoniert mit dem Ziel, einen Beratungstermin vereinbaren zu können.

Personen, die noch nie etwas mit Börse und Aktienanlagen zu tun hatten, taten sich schwer, in solch einen international anlegenden Aktienfonds ihr Geld zu geben. Man konnte zwar auf die seit Jahrzehnten erfolgreichen Wertsteigerungen verweisen, aber viele zogen es doch vor, bei einer festverzinslichen konservativen Geldanlage zu bleiben. Ganz Ängstliche, die über ihr

Sparbuchniveau nicht hinausgekommen sind, habe ich eigentlich nicht mehr angetroffen. So modern war man schon, auch noch nach besseren Möglichkeiten Ausschau zu halten. In den meisten dieser Fälle ist man zuerst zu seiner Hausbank gegangen und hat sich dort beraten lassen. Zu denen hatte man auch ein anderes Vertrauensverhältnis, als zu einem unbekannten Fondsverkäufer.

Dieses Anlagegeschäft besorgte ich von 1983 bis 1986. Ich war inzwischen über 60 Jahre alt und ließ meinen Einsatz etwas ruhiger angehen. Es wurde jedoch noch genug verdient, um mit meiner Familie gut davon leben zu können. 1986 konnte ich mich nach einem arbeitsreichen Leben in den Ruhestand verabschieden, denn da wurde meine Rente fällig. Ich vermittelte gerade noch soviel, was von allein auf mich zukam. Meine Aktivitäten an der Börse sind geblieben und bescheren spannende Abwechslung und ein mehr oder weniger gutes Zubrot für mich.

18. Der Weinbauer

In den 80er Jahren wurde es Mode, ein Bauernhaus, genannt Rustico, in der Toskana zu besitzen. Auch mich bewegte der Gedanke, dort im Süden eine solche Bleibe mein Eigen zu nennen. Immer stärker malte ich mir ein solches Feriendomizil in den leuchtendsten Farben aus, mit hohen Zypressen, Olivenbäumen und einem Haus, das möglichst schon seit Jahrhunderten stand. Obwohl ich noch nicht wußte, mit welchem Geld ich mir meinen Wunschtraum erfüllen könnte, fing ich schon Ende der siebziger Jahre an, nach einem solchen Objekt Ausschau zu halten. Ich bekam Verbindung mit einem in der Toskana lebenden Italiener, der auch gut deutsch sprach und sich auf die Vermittlung solcher Rusticos in dieser Region spezialisiert hatte. Er zeigte mir verschiedene Häuser, z. B. eine alte Mühle an einem Bach, die mir durchaus gut gefiel, aber das Richtige war nicht dabei. Oft waren es halbverfallene alte Gemäuer mit löchrigen Dächern und leeren Fensterhöhlen. Diese waren zwar billig, aber man hätte sehr viel Geld und Aufwand in diese Häuser stecken müssen. Sie waren meistens noch ohne Strom- und Wasseranschluß, wobei nicht einmal ein Brunnen da war. Ich kam immer mehr zu der Einsicht, daß solche Ruinen, auch wenn sie noch so schön gelegen waren, einfach zu teuer werden, bis man daraus ein wohnliches Haus gemacht haben würde. Bezahlen wollte ich dann meinen erstrebten Alterssitz in der Hauptsache bei Fälligkeit meiner Lebensversicherung nach Vollendung meines 65. Lebensjahres, also 1988.

Bei den Fahrten in die Toskana bin ich auch zu der Erkenntnis gekommen, daß es schon eine sehr lange Anfahrt bis zu dieser Region Italiens ist und dabei noch über die Berge des Apennin, um dann womöglich nur ein paar Tage dort zu sein. So befreundete ich mich immer mehr mit dem Gedanken an, ein solches Landhaus in Oberitalien, möglichst in der Nähe meiner Tochter im Raum Venetien, zu suchen.

Ab Frühjahr 1988 studierte meine Tochter die Anzeigen in ihrer Vicenza-Zeitung nach solchen Objekten. Auch gab es ein wöchentlich erscheinendes Anzeigenblatt in der Provinz Venetien, wo manchmal solche Rusticos angeboten wurden. Die ersten Besichtigungen erbrachten wieder meist Ruinen, die den Aufwand einer Wiederherstellung nicht lohnten. Im August setzten wir dann von uns aus eine Suchanzeige in jenes besagte Wochenblatt und tatsächlich meldete sich ein Brüderpaar aus Montecchio, einer kleinen Stadt zwischen Verona und Vicenza, also ganz in der Nähe meiner Tochter, die ein Rustico im dortigen Raum verkaufen wollten. Es war ihr Elternhaus und gehörte zur Gemeinde Sovizzo bei Montecchio. Als ihr alter Vater gestorben war, stand es seitdem unbewohnt. Das umfangreiche Land, das dazugehörte, machte ihnen zudem zuviel Arbeit neben ihren Berufen.

Diesmal war es das Richtige. In einem kleinen nach Süden offenen einsamen Tal am steilen Westhang gelegen, erstreckte sich in halber Höhe ein längeres altes Reihenhaus mit herrlichem Blick auf die schräg gegenüberliegenden Burgruinen von Romeo und Julia, die ja bekanntlich ihre Stadtwohnungen mit dem berühmten Balkon in Verona hatten. Das alte Anwesen war ursprünglich einmal für drei Bauernfamilien gebaut worden und hatte kleine Ställe daneben. Nur ein schmaler kaum befestigter Fahrweg führte vom Tal steil nach oben zu dem langen Gebäude. Die wenigen einzelnen Gehöfte im Tal waren durch eine kleine ungeteerte Straße verbunden, die so schmal war, daß nur ein Fahrzeug entlang fahren konnte und bei Begegnungen jedes Mal umständlich eine Ausweichstelle aufgesucht werden mußte. Das hatte aber den Vorteil, daß sich in das Carbonara-Tal, so heißt das genannte Refugium – dem früheren Sitz der Köhler – kaum jemand verirrte, der nicht unbedingt dort etwas zu suchen hatte:

Ich erwog dieses Angebot ernsthaft, und für mich wäre der nördliche Hausteil frei gewesen. Es herrschte eine himmlische Ruhe und Beschaulichkeit dort. Die Berghänge auf beiden Seiten, die das Tal umsäumten, waren die letzten südlichen Ausläufer der Alpen.

Der südliche Hausteil, zu einer Wohnung zusammengefaßt, gehörte einem italienischen Maurer, der lange Jahre in Deutschland gearbeitet und sich mit dem dort verdienten und gesparten Geld dieses Doppelhaus und dazu einige Weinberge gekauft hatte. Er lebte nun mit Frau und drei Kindern dort, hieß Pietro und sprach recht gut deutsch. Pietro war nur wenig älter als ich, und wir verstanden uns auf Anhieb bestens. Auch seine Frau Maria war sehr freundlich zu uns. Sie war, obwohl fast 20 Jahre in Deutschland gelebt, mit sehr wenig Deutsch-Kenntnissen nach Hause gekommen. Die Kinder, der älteste Sohn hatte sogar ein Jahr in Deutschland die Schule besucht, konnten kein deutsches Wort mehr sprechen oder verstehen. Beide Eltern waren sehr herzliche Menschen, und wir haben manches Glas Wein zusammen getrunken. Er war nun Weinbauer und bewirtschaftete zwei große Weinberge.

Mein Haus war nicht groß und besaß im Erdgeschoß zwei Räume: In der geräumigen Küche stand ein offener Kamin, ein Gasherd und es gab fließendes Wasser. Durch den Gasanschluß wurde mir bei meinem Strohwitwer-Dasein das Leben sehr erleichtert. Die daneben liegende kleine Wohnstube war gemütlich eingerichtet und ich ergänzte das Mobiliar noch mit einem Liegesofa für den obligatorischen Mittagsschlaf und einen Ofen. Von dort führte eine Stiege nach oben zu zwei Schlafräumen mit fünf Betten. Also, alles in allem ein sofort bewohnbares Rustico mit einem kleinen Komfort, da es Strom-, Wasser- und Gasanschluß hatte. Ein Bad war nicht vorhanden und das sehr einfache Bretter verschlagene Plumpsklo lag außerhalb, gut 50 Meter vom Haus entfernt, stand über einem Graben, der bei einem heftigen Gewitterguß manchmal rauschendes Wasser führte. Also sozusagen Klo mit Wasserspülung. Hier das Wort Toilette zu gebrauchen, wäre wohl zu anspruchsvoll für diese ländliche Idylle gewesen! Aber das war mir egal und genügte mir vollauf.

Das Haus bildete jedoch nur den geringsten Teil des bäuerlichen Anwesens. Dazu gehörten insgesamt 12 000 Quadratmeter Land, davon ca. 4 000 Quadratmeter Weinberge. Das andere waren Wiesen und Waldgrundstücke am Steilhang. Vor dem Haus war eine gewisse Fläche planiert, gerade groß genug, um mit dem Wagen wenden zu können. Anfangs hatte ich Bedenken wegen der großen Rebenflächen mit insgesamt 730 Weinstöcken, denn ich wollte mir für mein Alter eigentlich nicht einen Haufen Arbeit kaufen. Aber die Brüder Bruno und Egidio M., die Verkäufer, meinten, das könne ich gut allein schaffen und sie würden mir zeigen, was alles zu tun sei. Zur Hälfte waren es Weiß- und zur anderen Hälfte Rotweinsorten, mit italienischen Namen, die einem besonders beim Weißwein kaum ein Begriff waren, wie Trebbiano und Garganego. Die roten Traubensorten hießen überwiegend Merlot und Barbera. Sie waren uns Nordländern immerhin von italienischen Rotweinetiketten her etwas bekannt.

Letzten Endes bewog mich die einmalig schöne Lage, alle Bedenken zu zerstreuen, und so griff ich, nachdem auch Karin meine Wahl gutgeheißen hatte, zu. Der Kauf fand im September 1988 statt (für umgerechnet DM 85.000,-). Die anstehende Weinernte wollten die Brüder noch für sich nehmen, und in dem hinter dem Haus liegenden Weinkeller, der ganz romantisch gleich angrenzend in den felsigen Steilhang eingegraben war, in Eichenholzfässer einlagern und gären lassen. Sie haben einige Monate später den Wein geholt, die Fässer jedoch, wie auch einen großen Maischebottich, eine Beerenquetsche und eine stabile Traubenpresse, für mich zurückgelassen.

Im Winter begann nun für mich die Zeit des Rebenschnittes, der mir bei der Übernahme genau gezeigt worden war. Meine gärtnerischen Kenntnisse von früher konnten mir dabei sehr wenig nutzen, denn ich hatte damals die Anzucht von Schnittblumen und Topfpflanzen gelernt, aber nichts von Gehölzen, Büschen und Baumschnitt. Beim Rebenschnitt war alles ganz neu für mich, dabei werden die vielen nachgewachsenen und wild gewucherten Triebe bis auf vier bis fünf Haupttriebe abgeschnitten, die die Trauben im nächsten Jahr hervorbringen sollen. Es war dies eine langwierige Arbeit, da an den Weinstöcken meist ein solches Gewirr von Zweigen und ineinander verschlungenen Trieben gewuchert war – dank des südlichen Klimas entwickelte sich hier ein sehr starker Pflanzenwuchs –, daß es oft nicht leicht fiel, die vier bis fünf Haupttriebe herauszufinden. Diese wurden darauf auf fünf bis sechs Augen gekürzt. An den auch im Winter meist sonnigen Tagen war es eine geruhsame Tätigkeit, meist begleitet von dem Gesang einiger Rotkehlchen, die eifrig um mich herumflogen. Die Weinstöcke standen in langen Reihen im Abstand von vier Metern, dazwischen verliefen lange Spanndrähte, an die diese Leittriebe aufgebunden wurden. Das Anheften geschah mittels dünner Weidengerten, die zweimal um den Draht und den Zweig geschlungen und dabei das Ende hinter dem Draht verklemmt wurden. Eine Technik, die man sehr schnell heraus hatte und flott erledigt werden konnte. Selbst bei schwerstem Traubenbehang hielt diese Befestigungsmethode. Lästig war zuletzt das Zusammenrechen der abgeschnittenen Triebe, was mir ein Nachbarbauer mit seinem Traktor und einer Egge abnahm. Das Abfallgut wurde später verbrannt.

Darauf mußten die Fässer zur Reinigung herausgeschafft werden. Das war ein anstrengendes Geschäft. Mit einem Schlauch wurde durch das obere Spundloch zu dem vorher eingegebenen Spülmittel eine genügende Menge Wasser eingefüllt und dann das Faß hin und her geschwenkt, mit dem Loch nach unten die schmutzige Brühe mit noch kleinen Resten von Häuten und Kernen wieder abgelassen. Das Ganze mußte mehrmals wiederholt werden. Zum Schluß wurden die Fässer ausgeschwefelt.

Zur Bodenauflockerung hatte ich mir in Deutschland eine gebrauchte Einachsfräse besorgt und nach Italien bringen lassen. Diese Tätigkeit machte mir besonderen Spaß und erinnerte mich an Weimarer Gärtnereizeiten. Es war jetzt nur wenig zu tun. Man mußte die Weinstöcke von den im Frühjahr wild hervorsprießenden kleinen Austrieben befreien, weil diese die Pflanzen unnötig beanspruchten. Die Haupttriebe wurden weiterhin an die Drähte aufgebunden. Ab Ende Mai begann darauf eine sehr unangenehme und aufwendige Tätigkeit: das Spritzen der Reben gegen Fäulnis und Pilzbefall. Diese Arbeit konnte man nur zu zweit ausführen, ich machte es zusammen mit meinem Nachbarn Pietro. An meinem Kombinationsgefährt, bestehend aus einem altersschwachen Motor – es war jedesmal eine Herausforderung, das Ding zum Laufen zu bringen – mit vier Rädern und hinten einer kleinen Ladepritsche befand sich eine angeflanschte Pumpe unter der Pritsche. Ich nannte das Vehikel nur „Fahre". Aus einem aufgeladenen Kunststoffkessel wurde die Spritzbrühe angesaugt und diese über einen langen Schlauch über den Reben handgeführt versprüht. Einer war am Gefährt und an der Pumpe, er mußte immer wieder die Brühe aufrühren, den Schlauch zurückziehen und das Gefährt nachfahren, und der andere zog den Schlauch, hielt das Sprührohr und erledigte die eigentliche Spritzarbeit. Diese Prozedur mußte circa alle zwei Wochen bis in den August hinein wiederholt werden. So half ich auch Pietro, wenn er seine Weinstöcke spritzte. Dadurch hatte ich die doppelte Fläche zu behandeln. In großen Weinbauanlagen fährt einfach ein Traktor mit aufgesatteltem Kessel zwischen den Reihen entlang und versprüht die Spritzflüssigkeit nach allen Seiten. Aber das ging bei uns nicht. – In steilen Hanglagen wie an der Mosel werden sogar die Sprühmittel vom Flugzeug aus verstäubt.

An den Wochenenden fuhr ich meistens zu meiner Tochter und ihrer Familie, ihr Wohnort Isola Vicentina lag nur eine halbe Stunde Autofahrt entfernt. So konnte ich wieder einmal ein schönes Stück Fleisch genießen. Meine selbstgekochten Mahlzeiten bestanden meist aus Spaghetti bolognese, Tortellini, Kartoffeln mit Salat oder Eintopfsuppen aus Büchsen, besonders meine geliebten Erbsen- oder Linsensuppen, die ich mir aus Deutschland mitgebracht hatte. Gemüse stand kaum auf meinem Speiseplan. Bei meiner Tochter habe ich dann auch die Gelegenheit benutzt, mich mit Genuß unter die Dusche zu stellen.

Natürlich kehrte ich dazwischen auch wieder für einige Wochen nach Deutschland, nach Hause, zurück. Das Leben ging ja auch hier weiter. Manche Dinge mußten besprochen werden, besondere Besorgungen, die man nur mit dem Auto erledigen konnte, waren notwendig, oder es hatte sich ein Besuch angesagt, oder Karin sollte sich nicht so ganz verlassen fühlen. Wenn es ihr möglich war, sich von der Pflege meiner bei uns wohnenden, inzwischen sehr alten Mutter für kurze Zeit loszusagen und auch ihre Mutter Axa, die mit im Hause lebte und die besonders im Garten viel half, einmal allein zu lassen, ist sie gern mit mir mitgefahren. Sie liebte die herrliche Gegend dort genauso wie ich und hätte mir gern bei meiner Arbeit geholfen.

Im September 1989 war meine erste Weinlese, ein Fest! Hierfür fanden sich viele Helfer ein. Karin war da, meine Tochter mit Mann half mit und auch Nachbarn kamen dazu. Genauso habe ich bei ihnen mitgemacht, wenn sie ernteten. Zunächst in Eimer gelesen, wurden die Trauben auf jenes Fahrzeug gekippt und zum Haus gefahren. Der Weinkeller hatte noch einen Eingang von außen, und hier war die Traubenquetsche aufgestellt. Ein Abbeeren der Trauben von den Stielen erfolgte nicht.

Jetzt begann also der schwierigste Teil für den Winzer: nämlich aus den so schön gewachsenen prallen Trauben einen guten Wein zu keltern. Hier konnten mir Pietro oder meine anderen Weinbauer-Nachbarn überhaupt nicht helfen. Alle hatten denselben trüben und sauerherben Wein. Es war ein Jammer, daß aus den so schönen Trauben von allen Weinbauern, bei denen ich einmal ein Glas getrunken hatte, mit so mustergültig gepflegten Reban-lagen und mit solcher Sachkenntnis und Sorgfalt gewonnenen Trauben, ein so minderwertiges Getränk entstand!

Nun, ich wollte es besser machen. Zwar wußte ich, wie guter Wein schmeckt bzw. schmecken kann, aber nichts, wie man so-weit kommt. Und einen Önologen hätte ich mir wohl nicht lei-sten können. Ich sagte mir, von Wein machen habe ich keine Ahnung, und mit Gefühl und Wellenschlag kann man an ein so wichtiges Vorhaben, von dessen Gelingen die Arbeit eines gan-zen Jahres abhängt, nicht herangehen. So kaufte ich mir zu Hau-se erst einmal ein schlaues Buch: „Wie mache ich Wein", und studierte es eifrig. Mein Nachbar Pietro sagte von seinem Wein zwar immer stolz: „Nur Natur, ohne Medizin" und meinte da-mit, daß er keinerlei Zusätze verwendet, aber es kam kein gutes Getränk dabei heraus. Dann sah ich einmal während der Ernte-zeit in seinem Schuppen den großen Gärbottich stehen, in dem die Weinmaische angesetzt war. Wenn man näher herantrat, so stoben Myriaden der kleinen Fruchtfliegen auf. Diese Drosophi-la-Fliegen werden auch Essigfliegen genannt, und dies war die Ursache für den sauren Geschmack, denn die Fliegen infizierten die Maische mit all den schlimmen schädlichen Keimen. Au-ßerdem ließ er nach dem Einfüllen das Spundloch oben in den Fässern offen, aus denen es dann gerade am Anfang der Gärung in wildem Schaum herausquoll. Ich sagte ihm, die Spundlöcher sollten doch mit einem Gäraufsatz geschlossen werden, worauf er meinte, es müsse oben offen sein, damit der ganze Dreck mit dem Schaum herauskäme. Zwar einleuchtend, aber in meinem Buch hatte ich es anders gelesen! Ich ließ mich jedoch von seiner Aussage nicht beirren. Es war dies sicher ein weiterer Grund für die Durchseuchung seines Weins mit schädlichen Bakterien und Pilzkeimen.

Nachdem also meine Trauben durch die Quetsche gelaufen waren, wurden die zerdrückten Beeren in den großen Gärbottich geleert, wo nach kurzer Zeit die Gärung einsetzte. Über alles deckte ich eine ausreichend große Plastikplane, die an den Rändern dicht auflag und so vor den Essigfliegen schützte. Ich habe einmal die Plane angehoben und meinen Kopf darunter gesteckt. Das durch den Gärprozeß gebildete Kohlenmonoxyd war so stark, daß ich gleich etwas benebelt wurde Es ist ein so starkes Gift, das keinem Lebewesen, also auch nicht den Fliegen, ein Fortleben zuließ.

Schon vorher hatte ich in Deutschland mit einer Großhandlung für Zubehör zur Weinbereitung Verbindung aufgenommen – woher auch jenes nützliche Weinbuch stammte – und hatte mir alle nötigen Hilfsmittel besorgt: Gäraufsätze für die Fässer und besonders schweflige Säure in Form von Kaliumpyrosulfit, das unbedingt in ganz geringen Mengen – es genügten schon wenige Kubikzentimeter für eine Gärbottichfüllung – zugegeben werden muß, um die an den Trauben anhaftenden schädlichen Keime abzutöten. Ferner wurde empfohlen, gleich zu Beginn eine Edelhefe zuzusetzen, um eine starke Gärung in einer gewünschten Richtung einzuleiten und dies nicht den an den Trauben anhaftenden wilden Hefen zu überlassen. Das wurde also auch beachtet (Typ „Steinberg"). Eine Nachzuckerung war bei meinen Trauben nicht notwendig, denn in dem sonnigen, südlichen Klima hatte sich in den Beeren genug natürlicher Zucker gebildet. Auch keine sonstigen Zusätze, wie Gelatine, Schönungsmittel, oder, um bei Pietros Ausdruck zu bleiben, „Medizin", wurden beigegeben. Alles war, außer der Schwefelzugabe, reine Natur.

Bei den weißen Trauben wurde bereits am anderen Tag, bei circa 20 Oechsle-Graden, die Maische herausgenommen, wobei der meiste Saft schon von selbst aus dem Abflußhahn herausfloß.

Der Rest kam in die Traubenpresse, wo der letzte Tropfen herausgedrückt wurde, so daß also nur Haut und Stiele übrigblieben. Der Weinmost wurde gleich über ein Sieb in die Fässer geleert. Die aufgesetzten und mit Wasser gefüllten Spundverschlüsse ließen die bei der Gärung frei gewordene Kohlensäure entweichen, wobei die Sperrflüssigkeit als sicherer Abschluß gegen Infektionen wirkte. Es war in den ersten Tagen ein stürmisches Blubbern und Brausen durch die heftig entweichende Kohlensäure. Bei der Rotweinbereitung blieb die Maische noch ein bis zwei Tag länger im Bottich, um möglichst viel von der roten Farbe aus den dunklen Trauben herauszuholen.

Nun war die erste Arbeit getan und jetzt hieß es, in Geduld abwarten. Man mußte nur aufpassen, daß die Gäraufsätze immer mit genügend Wasser versehen waren, um einen Lufteintritt in die Fässer zu verhindern. Und nachdem der winterliche Schnitt der Reben abgeschlossen war und der Herbst zu Ende ging, war die Gärung soweit abgeschlossen, was man daraus ersah, daß keine Luftblasen mehr aus den Gärgläschen entwichen. Das war so Ende November, und der Wein mußte, um im Fachjargon zu bleiben, abgestochen werden. Er wurde nun in ein anderes, sauberes Faß unter nochmaliger leichter Schwefelzugabe (wegen der Luftaufnahme beim Faßwechsel) umgefüllt, um ihn von dem am Boden abgesetzten Hefesatz zu trennen. Der Wein war zu diesem Zeitpunkt noch nicht fertig und deshalb noch etwas trüb, erst danach setzte die Klärung und endgültige Reifung ein.

Ich konnte nun nichts weiter tun und fuhr im Dezember nach Deutschland zurück, um die kalten Monate zu Hause zu verbringen. Die Weinreifung ging allein ihren weiteren Lauf, und vor der Abreise habe ich lediglich die Gäraufsätze noch einmal randvoll mit Wasser nachgefüllt.

Im März, wenn der Bauer die Rößlein einspannt – er setzt seine Felder und Wiesen instand – begann ich wieder in meinen Weinbergen die ausgewählten Triebe an die Führungsdrähte aufzubinden. Vor allem wollte ich nach meinem Wein sehen, dessen Gärung in der Zwischenzeit abgeschlossen war und keine Blasen mehr in den Gärgläsern aufstiegen. Jetzt hatte er die gewünschte Reife erreicht. Nun war also der spannende Moment gekommen, die erste Weinprobe zu entnehmen, mit einem kleinen Schlauch oben aus dem Faß. Und siehe da, all der Aufwand und die ganze Sorgfalt hatten sich gelohnt: Ein klarer und hellgelber Wein strahlte mir entgegen, trocken im Geschmack, mit einem wunderbar reichen Bukett. Ich war richtig stolz, daß ich als blutiger Anfänger einen so guten Wein zustande gebracht hatte!

Auch der Rotwein war gelungen, einem guten Merlot oder Barbera entsprechend. Beide Weine, weiß und rot, wiesen einen Alkoholgehalt von knapp 10 % Vol. auf. Aber nun wohin mit den Mengen?

Wie ich schon berichtete, hatte ich mit meinem Nachbarn Pietro ein sehr gutes, um nicht zu sagen, herzliches Verhältnis, und wir haben fast täglich ein Glas Wein miteinander getrunken. Wenn er nun bei mir war, schenkte ich ihm jetzt mit einem Gefühl der Ebenbürtigkeit von meinem Wein ein, und dachte, dabei müßte er doch merken, wie guter Wein zu schmecken hat. Aber mein Wein gefiel ihm gar nicht, ihm fehlte die knarrend harte Säure, die er von seinem Gesöff gewohnt war. Er brachte sich dann immer, wenn er bei mir saß, seine eigene Flasche mit. Bei ihm trank ich natürlich sein Getränk, an das ich mich sogar mit der Zeit gewöhnt hatte. Es war eben kein Wein, sondern ein spezielles Pietro-Getränk, und dieses hatte für mich mit der Zeit so etwas wie den Charme der Häßlichkeit, den man ja auch manchmal bei Frauen antrifft!

Ich hatte schon lang vorher leere Weinflaschen zu Hause und in der Umgebung, auch vom Wertstoffhof, gesammelt, in aufwendiger tagelanger Reinigungsprozedur die Flaschen gesäubert, von den alten Etiketten befreit und zur Befüllung hergerichtet. Es war dies eine sehr mühsame Arbeit, die den darin abgefüllten Wein für mich noch kostbarer werden ließ. Ich entwarf mit schöner Schrift ein wirkungsvolles Etikett und gab meinem Gewächs den wohlklingenden Namen: „Carbonara Colle" (Hügel). Ich selbst nannte mich jetzt „viticoltore", das heißt übersetzt: „Weinbauer". Mein Flaschenetikett sah so aus:

1990

VINO BIANCO DA TAVOLA

CARBONARA COLLE

Zona DOC Colli Berici

Prodotto e imbottigliato all'origine dal viticoltore Wolfram König Sovizzo, Provincia di Vicenza

Questo vino é genuino fatto da uve Garganego e Trebbiano, nella maniera antica e tradizionale
10 % Vol.   **0,75 l**

Natürlich konnte ich nur einen Teil davon selbst verkonsumieren, ein Verkauf war als völlig Unbekanntem kaum möglich, und so verschenkte ich viel.

Im nächsten Jahr schloß ich mich der nächsten Cantina sociale, der Weinbaugenossenschaft in Montecchio an, wohin ich einen Teil meiner Ernte ablieferte. Bevor man mich aufnahm, schickte die Genossenschaft ihren Önologen, der meine Rebanlagen begutachtete, die Sorten aufnahm und den Pflegezustand prüfte und beurteilte. Er war mit dem Hobbywinzer zufrieden und lobte mich sogar. Für mich selbst wollte ich später von den beiden Farben Weiß und Rot nur noch je ein großes Faß keltern.

285

Im Frühjahr 1990 passierte mir darauf ein Unglück. Schuld war bodenloser Leichtsinn. Ich wollte am Ende meines unteren Weinberges einen ca. zehn bis zwölf Zentimeter starken Baum mit einer Kettensäge absägen, dieses aber nicht unten über dem Boden, sondern in circa zwei Meter Höhe. Er stand am südlichen Ende und warf seinen Schatten auf die Reben. Andererseits mußte der Baum als Befestigungspunkt für eine Reihe von Längsdrähten herhalten, und deshalb sollte der untere Teil stehenbleiben. Ich sägte also über Kopf los, die laufende Motorsäge frei haltend, und plötzlich war der Stamm durchgesägt und rauschte senkrecht nach unten. Dabei streifte ein knorriger Aststummel von circa fünf Zentimeter Länge meinen linken Arm, riß ihn auf und durchschlug den einen Unterarmknochen. Es entstand eine tiefe klaffende Wunde. Die laufende Säge fiel zu Boden. Ich konnte gerade noch die Säge aufgreifen, diese abstellen und auf meine Fahre legen, die mit laufendem Motor auf der schmalen Straße dicht an der Stützmauer stand. Es gelang mir, mit einer Hand nach oben zum Haus zu fahren. Oben kam gleich meine Nachbarin Maria herausgestürzt und rief Hilfe von einem anderen Nachbarn herbei. Zum Glück hatte Pietro einen Telefonanschluß. Dieser fuhr mich sofort mit seinem Auto in das Krankenhaus in Montecchio. Dort war gerade Mittagspause, und das heißt in Italien, daß sämtliche Arbeit ruht. Da kann die Welt untergehen! Dort in der Aufnahme hatten zwei Sanitäter Dienst, die mich empfingen und gleich eine Notversorgung vornahmen. Krankenpfleger sind allgemein bekannt dafür, daß sie nicht zimperlich sind und robust zur Sache gehen. So machten sie eine vorsorgliche Schnellbehandlung, indem sie auf die frische und blutende Wunde erst einmal einen mit Jod getränkten Lappen legten. Da hörte ich fürwahr die Englein singen! Ich mußte die Zähne zusammenbeißen, um nicht laut aufzuschreien, so brannte es. Dann ließ man mich beruhigt liegen, denn es war ja Mittagspause. Erst gegen 15 Uhr fing der Klinikbetrieb wieder an, und ein

Arzt inspizierte meine Verletzung. Ich wurde dann gleich operiert und in die Bruchstelle eine Schiene eingesetzt.

Dort lag ich zwei Wochen in einem großen Raum mit ungefähr zehn anderen Patienten. Es war dies ein völlig neues Erlebnis für mich, ich knüpfte gute Kontakte mit meinen Bettnachbarn und die Zeit verhalf mir, meine Italienisch-Kenntnisse zu verbessern. Zur täglichen Besuchszeit rückten immer ganze Familienscharen an, es war ein bunter Trubel, und ich lag allein wie ein exotischer Vogel dazwischen. Nicht nur meine Tochter, die ja voll berufstätig war – und auch heute noch ist – konnte deshalb nicht täglich kommen, um mich zu besuchen, sondern es kamen auch alle meine Nachbarn, und das freute mich besonders, war es doch für mich ein Zeichen, daß sie mich als Fremden, und dazu noch als Ausländer, in ihren Kreis mit aufgenommen hatten.

Die ärztliche Versorgung und die Betreuung waren sehr gut, in Deutschland hätte man es auch nicht besser machen können. Die Ärzte wunderten sich, daß bei der Tiefe der Wunde keine Nervenbahnen verletzt worden waren und deshalb meine Finger voll beweglich geblieben sind. Mit dem Heilungsprozeß waren sie sehr zufrieden.

Die Räume der Klinik waren einfach und sehr sauber. An einen Umstand konnte ich mich zwar anfangs schwer gewöhnen: Bei sämtlichen Krankenzimmern standen immer die Türen zum Flur weit offen. Vielleicht wollte man so den Patienten ein mögliches Gefühl der Verlassenheit nehmen. Man erlebte also immer alles mit, was auf den Fluren passierte. Diese Zeit war fürwahr ein besonderes Erlebnis, und doch galt auch hier wieder „no risk, no fun".

Nach zwei Wochen fuhr ich mit einem Gipsarm per Bahn nach Hause. Vorsorglich hatte ich einen deutschen Krankenschein nach Italien mitgenommen, so daß die Abrechnung mit meiner Krankenkasse keinerlei Schwierigkeiten bereitete. Zu Hause kam ich gerade noch rechtzeitig, um die letzten Lebenstage meiner

Mutter zu erleben, die am 20. April 1990, ein halbes Jahr vor ihrem 98. Geburtstag, verstarb. Seit ihrem 90. Geburtstag lebte sie ganz in unserer Familie. Karin hat sie zwei Jahre lang bis zum letzten Abend voll gepflegt. Das ganze letzte Jahr befand sie sich schon in einem verwirrten Zustand und ihre alte geistige Beweglichkeit war erloschen. Die Einäscherung fand dann in Tuttlingen, ihrer Heimat, statt, wo sich noch viele ihrer Rieker-Verwandten einfanden.

Anfang Mai kehrte ich wieder nach Italien zurück und ging noch einmal ins Krankenhaus, wo mir der Gipsverband entfernt wurde. Die Ärzte entließen mich hochbefriedigt, und es blieb nur eine lange Narbe zurück. Zum Abschied überreichte ich jedem eine Flasche von meinem „Carbonara Colle". Die eingesetzte Schiene wurde erst zwei Jahre später entfernt, was ich in Biberach in ambulanter Behandlung ausführen ließ.

Im Herbst 1990 fuhr ich also meine Trauben in mehreren Fahrten mit meinem Personenwagen mit angekoppeltem Pkw-Anhänger zur Cantina sociale in Montecchio hin und reihte mich dort in die lange Warteschlange der Weinbauern ein, die mit ihren Traktoren und hochbeladenen Anhängern auf ihre Abfertigung warteten. Es war ein drolliges Bild, ich mit meiner kleinen Fuhre, dazu noch mit einem deutschen Nummernschild, inmitten der Einheimischen mit Traubenbergen beladenen Kolonne und manch amüsierter Blick streifte mich, diesen fremden Deutschen. Die Trauben kamen alle, nur nach Weiß und Rot getrennt, in tiefe Einfüllgruben, die am Boden große Schneckengänge hatten. Diese schoben das Füllgut an das Grubenende, zerquetschen die Beeren und preßten sie in ein kleineres Ablaufrohr, wodurch der Rebensaft abfloß. Eine Sortierung nach Gewächsen und Lagen wurde nicht vorgenommen.

Der Erlös von dort fiel sehr mager aus. Mein Hobby war also ein reines Zuschußgeschäft, wenn man alle Kosten, wie Spritzmittel, Dünger, Spanndrähte, dazugekaufte Flaschen und Korken, den

Korkapparat usw. zusammenrechnete. Da hätte ich mir einen sehr guten Wein auch kaufen können. Aber es war mein eigener Wein und all die vielen Mühen und Kosten wert! Dazu hat sich mir eine ganz neue Erfahrenswelt aufgetan mit viel Freude und mir direkt ein glückhaftes Erfolgserlebnis auf einem so ganz anders gearteten fremden Gebiet beschert! Natürlich konnte ich nun meinen eigenen Wein trinken, der weiter nichts kostete und mir dazu noch am besten schmeckte!

Im September 1991 strich ich doch die Segel. Dies drängte sich mir aus dreierlei Gründen auf. Im Juli kam ein furchtbares Unwetter, wie ich es in meinem Leben noch nicht durchgemacht hatte! Die alte Stützmauer von 1,50 bis 2,0 Meter Höhe, die aus Natursteinen aufgeschichtet und den unteren großen Weinberg zur schmalen Straße hin auf circa 200 Meter Länge begrenzte, war von oben her weggerissen. Dabei sind die Steinbrocken auf die Straße gestürzt und bildeten ein großes Hindernis. Wohl konnte ich in einer ersten Hilfsaktion die heruntergefallenen Steine an den Mauerstumpf wälzen, die Fahrbahn wurde dadurch noch enger. Ich sollte darauf in einer zeitlich begrenzten Auflage durch die Behörden diese Stützmauer von Grund auf neu zu errichten, denn auch die unteren Schichten waren unterspült. Diese Arbeit hätte ich fremd vergeben müssen, und das hätte mich mindestens DM 50.000,- gekostet. Soviel Geld wollte ich nicht mehr aufwenden. Eine einfache Betonmauer kam nicht in Frage, da das Carbonara-Tal zu einem Landschaftsschutzgebiet gehört. Der zweite Grund war der Umstand, daß ich bei den Spritzarbeiten immer auf fremde Hilfe angewiesen war. Und drittens hatte ich eingesehen, daß mir bei aller Freude und großen Begeisterung die Arbeit im ganzen zuviel wurde. Schließlich sind die Jahre ja auch nicht spurlos an mir vorübergegangen, und ich wurde nicht gerade jünger.

So entschloß ich mich schweren Herzens, mein so geliebtes Refugium zu verkaufen und beauftragte einen Makler mit der Abwicklung. Ein junges Ehepaar erwarb alles. Meinen Einsatz habe ich jedoch nicht mehr herausbekommen, was schon daran lag, daß ich bei Vertragsabschluß die Verpflichtung zur Erneuerung der Stützmauer mit hineinschreiben ließ, was den Wert des ganzen Anwesens minderte. Die jungen Leute begannen groß umzubauen und zu vergrößern, aber schon nach zwei Jahren ging ihnen das Geld aus und sie ließen das Haus als fensterlosen Rohbau zurück. Die besagte Mauer hatten sie jedoch als eine der ersten Maßnahmen neu errichten lassen, nunmehr alle Natursteine in Zementmörtel gesetzt und sauber verfugt. Mehrere Jahre danach hat dann der älteste Sohn von Pietro diese Rohbauruine billig kaufen können, um das Haus selbst fertig zu stellen.

Da mir im September 1991 klar war, daß ich keinen eigenen Wein mehr keltern würde, fuhr ich meine gesamte Ernte in die Weinbaugenossenschaft, wo alles gewissenhaft gewogen wurde. Ich war nun selbst gespannt, wieviel meine Weinberge und Rebanlagen, zum Teil waren es nur einzelne Reihen am Hang, an Traubenmenge ergeben würden: Es kamen über 3 300 Kilogramm, also 66 Zentner zusammen. Da habe ich doch gestaunt, denn mit soviel hatte ich nicht gerechnet!

Die Angewohnheit, mittags und abends – auf gut schwäbisch – ein „Viertele" Wein zu trinken, habe ich seitdem beibehalten. Jetzt kaufe ich mir meinen Wein bei unseren Italienbesuchen, wenn wir zu unserer Tochter fahren, gleich mehrere Kanister voll direkt in jener Cantina soziale oder in dem nahegelegenen Soave. Den weißen trockenen „Soave"-Wein und einen roten „Valpolicella" oder „Barbera" liebe ich besonders.

Ich wollte, ich hätte noch 100 Flaschen eigenen Weines im Keller liegen. Nur eine Flasche meines weißen „Carbonara Colle" habe ich eisern aufgehoben, Etikett und Korken versiegelt, und verkündet, diese Flasche dürfe nicht geöffnet werden, damit wenigstens eine Sache einmal von mir übrigbleibt, die ich selbstgemacht habe. Ich ganz allein.

Und von den Trauben zeugt jetzt nur noch ein wunderbares, großes, dazu signiertes Altmeistergemälde des Niederländers Frans Snyders, der im 17. Jahrhundert ein Mitarbeiter von Rubens war. Das Bild hängt jetzt in unserem Wohnzimmer.

Nachtrag: Bei unserem Besuch im September 2006 fand ich meinen Freund Pietro etwas angeschlagen, aber noch ganz munter trotz gelegentlicher Asthmaanfälle vor. „Mein Haus" dagegen stand noch genauso unfertig da, wie ich es vor Jahren gesehen hatte. Der Sohn Angelo hatte zwar alles gekauft, aber dann nicht weitergebaut, da seine junge Ehe zerbrochen ist und er die Lust verloren hat. Ich war gleich wieder verliebt in mein Carbonara-Tal, in diese wunderbare Landschaft, diese Ruhe. Nun regten sich bei mir gleich wieder Gelüste, es noch einmal dort zu versuchen. Bin ich mit meinen 84 Jahren doch zu alt dazu? Man kann ja die Arbeit, sprich die Rebanlagen reduzieren, was Pietro, der die Pflege des Weinbergs für seinen Sohn übernommen hat, sowieso schon gemacht hat. Seine eigenen Rebanlagen, etwas umständlicher und auf der Höhe gelegen, hat er sowieso schon aufgegeben. Es stehen jetzt nur noch circa 250 Weinstöcke in „meinem" unteren Weinberg, der die schönste und sonnigste Lage hat.

19. Ein Deal mit der heiligen Maria

Am Anfang steht meine Leidenschaft als notorischer Schnäppchenjäger in den Zeitungen die Kleinanzeigen zu studieren. Je kleiner die Anzeige, um so interessanter das Angebot. Fast alles, was ich mir in meinem Leben zugelegt habe, wurde durch Lesen von privaten Kleinanzeigen in den Tageszeitungen aufgespürt: So beinahe alle meine Autos (ich habe bis jetzt nur zwei Neufahrzeuge gekauft), ferner unser Einfamilienhaus in Ummendorf als Rohbau, manche Bilder, die Ferienwohnung von unserer Tochter Claudia am Gardasee und viele Dinge mehr, bis auf meine Frau, die hatte ich nicht über die Zeitung akquiriert, sondern sie wurde mir bekanntlich zugeführt.

In den 60er Jahren las ich eines Tages unter den „Verkäufen" eine Offerte, daß jemand einen Barockschreibtisch, zwar erheblich beschädigt, zu verkaufen hätte. Ich rief beim Verkäufer, einem Herrn in Kempten, an, der mir kurz beschrieb, daß es sich um einen alten, sehr schönen Nußbaum-Schreibtisch aus dem 18. Jahrhundert handelt, mit einer großen Mittelschublade und an jeder Seite je zwei kleinere Schübe übereinander, aber ein Bein wäre abgebrochen. Der Schreibtisch müßte erst aufwendig restauriert werden, aber dafür würde er billig abgegeben. Das klang sehr verheißungsvoll, also ein richtiger Fall für mich. Reparieren kann man (fast) alles, davon vieles selbst.

Ich fuhr hin und sah mir das Möbelstück an. Außerdem war noch ein großer Aufsatzsekretär zu verkaufen, der mit einer alten Ölfarbe zugekleistert war. Mich interessierte jedoch nur der Schreibtisch. Für einen so großen Sekretär hätten wir damals in unserer kleinen Betriebswohnung in Biberach gar keinen Platz gehabt. Der Barockschreibtisch dagegen war sehr zierlich und gerade für uns passend. Das eine hintere Bein war im ganzen heil, jedoch oben am Tischkasten weggebrochen.

Wir wurden uns schnell handelseinig. Das vierte Bein bekam ich lose dazu. Vor dem Wegtragen bemerkte ich ein größeres altes Madonnenbild mit Jesusknaben, das darüber hing. Interessiert schaute ich es mir an. Der Mann bemerkte meinen Blick und sagte: „Für 120,- DM können Sie das auch haben!" Obwohl ich mir über den künstlerischen Wert überhaupt nicht im klaren war, kannte ich mich doch damals mit Ikonen oder ähnlichen Bildern noch nicht aus, so nahm ich es auch mit. Auf jeden Fall war es ein altes Gemälde in einem einfachen schwarzen Rahmen mit schmaler Goldleiste und war auf einer harten dünnen, wie Pergament wirkenden Leinwand gemalt. Es gefiel mir, und zumindest meinte ich, auch damit einen günstigen Kauf gemacht zu haben.

Ich lud den dreibeinigen Schreibtisch auf das Dachgatter meines Wagens und verschnürte ihn sicher. So ein abnehmbarer Dachträger ist für mich sehr wichtig, um jederzeit auch sperrige Güter selbst transportieren zu können, was mir fast immer einen Spediteur erspart.

Zu Hause untersuchte ich erst einmal den trotz Schaden sehr schönen, alten Schreibtisch. Ich stellte fest, daß die Rückwand, an der das vierte Bein ursprünglich befestigt, auf der rechten unteren Seite vermodert war und das Bein deshalb keinen Halt mehr hatte. Das konnte ich sogar durch Einpassen und Einleimen eines neuen hinteren Eckstückes selbst reparieren. Jenes Tischbein wurde dann mit langen Schrauben im neuen Holzteil sicher befestigt. Seitdem freuen wir uns an diesem schönen Möbelstück, und es dient uns hauptsächlich als Telefontisch und Platz für schnelle Notizen. Es ist täglich im Gebrauch.

Nun wandte ich mich dem Bild zu. Es trug am unteren Rand eine schon sehr verblaßte Beschriftung: „S. Maria de Perpetuo Succursu". Ich kramte meine letzten Lateinkenntnisse hervor und entzifferte: „S. Maria der immerwährenden Hilfe". Wenn ich ein guter Katholik gewesen wäre, dann hätte ich das Bild wahrscheinlich als ein sehr bekanntes Andachtsbild der katholischen Kirche erkennen müssen, aber ich bin evangelisch und somit in solchen Sachen unwissend.

Wie gesagt, wußte ich damals noch gar nichts Näheres und wandte mich zunächst an meinen alten Freund Klaus Schwager, den ich bei künstlerischen Fragen immer zuerst anspreche. Er ist studierter Kunsthistoriker und wir kennen uns praktisch schon vor unserer Geburt, denn seine Mutter und meine Mutter waren seit dem gemeinsamen Schulbesuch in Weimar unzertrennliche Freundinnen geblieben. Unsere Freundschaft, ich bin nur wenig älter als er, ist uns quasi mit in die Wiege gelegt worden. Nach seinem Studium in Tübingen war er als Assistent an der berühmten Hertziana in Rom tätig, dem bedeutendsten deutschen kunsthistorischen Institut in Italien

Auf Grund der Fotos, die ich ihm zusandte, erkannte er als Katholik das bekannte Andachtsbild und konnte mir auch sagen, wo sich das Original befindet, nämlich in der Kirche St. Alfonso in Rom. Mein Bild war also eine alte Kopie von diesem Original.

1963 besuchte ich ihn und seine Frau in Rom zusammen mit Karin und meiner Schwester. Nach den Pflichtbesuchen des Kolosseums, des Petersplatzes und des Forums war mein nächster Weg zu jener Kirche St. Alfonso, um mir das Original – eine alte Ikone aus dem 15. Jahrhundert – zu betrachten. Was ich sah, enttäuschte mich sehr, hat man doch diese alte Bildtafel in den siebziger Jahren des 19. Jahrhunderts zu einem wahren Kitschbild zu Tode restauriert. Meine Kopie sah daneben direkt altehrwürdig aus und muß sicher noch vor dieser Restaurierung gemalt worden sein. Auch einige Details deuteten daraufhin. Sicher war es ein armer Maler, der damals in Rom eine schon mit einer Landschaft bemalte alte Leinwand benutzte und mit solchen Andachtsbildern sein Leben fristete. Die ursprüngliche Landschaft mit Zweigen und Blättern war an den Rändern des Keilrahmens noch deutlich erkennbar.

Wir haben in der einen Woche unseres Rom-Aufenthalts viel gesehen und dies besonders durch die fachkundige Führung meines Freundes und seiner Frau, die auch Kunsthistorikerin ist. Neben den vielen berühmten Denkmälern und jeder Menge Kunst blieb uns unser erster Besuch in einer original neapolitanischen Pizzeria in der Nähe der Piazza Navone unvergessen. In einem dunklen Gewölbe führten uns die geschickten Pizzabäcker alle Kunststücke vor – wahre Artisten in ihrer Fingerfertigkeit – die wir heute in vielen dieser südlichen Lokale sehen können. Damals gab es jene heute überall so selbstverständlichen Pizzerien noch nicht einmal in Norditalien, geschweige denn in Deutschland. Und das Produkt, die Pizza, schmeckte uns auf Anhieb wundervoll. Mit schönen Eindrücken randvoll zugedeckt, traten wir die Heimreise an.

Zurück zu meiner Ikone. Mit der Zeit kamen mehrere andere Bilder in unsere Wohnung, besonders von unseren Weimarer Malerfreunden, die bisher zum großen Teil in den Räumen meiner Mutter in Tuttlingen gehangen hatten. So wurde auch meine Madonna immer mehr nach hinten gehängt, war es doch nur eine Kopie (Ikonen sind zwar immer nur Kopien von Stammtypen) und noch nicht einmal auf Holz gemalt. Auch in unserem neuen Haus in Ummendorf, in das wir Ende 1967 einzogen, wurde der Platz immer rarer. Da entschloß ich mich, die Ikone zu verkaufen und gab das Bild zu einer Allerweltsauktion nach München. Aber es blieb liegen. Dann bot ich es einem Antiquitätenhändler in Ulm in Kommission an. Dort hing es ein halbes Jahr, obwohl nur mit DM 300,- angesetzt: kein Interesse. Darauf nahmen wir es mit auf den Flohmarkt, auf den wir einige Körbe voll Sachen und Kram zum Verkauf mitgenommen hatten. Keiner wollte es überhaupt nur wahrnehmen. Ich hätte es auch zu einem weit geringeren Preis verkauft. Dazwischen hing es immer wieder im Schlafzimmer in einer schmalen Nische zwischen Schrank und Eckwand. Als nächstes erinnerte ich mich, daß ja unter der Madonna eine Landschaft verborgen war, das könnte vielleicht ein wertvolles Gemälde sein, denn viele arme Künstler sind später zu Ruhm und Ansehen gelangt. Das wäre doch noch eine gute Möglichkeit.

Ich schickte also das Bild, ohne Rahmen, an die Kunstakademie nach Stuttgart, dort an die Restauratorenklasse und bot ihnen die bemalte Leinwand als Übungsobjekt für das Entfernen einer späteren Übermalung an. Nach circa einem halben Jahr erhielt es wieder zurück mit dem Hinweis, es wäre für solche Lehraufgaben nicht besonders geeignet. Also wieder hinter den Schrank. Nun machte ich einen letzten Versuch, um es loszuwerden, und gab es noch einmal nach München zur Auktion in ein renommiertes Haus, wo neben einigen Bildern, alten Möbelstücken und russischen Original-Ikonen hauptsächlich gebrauchte Schmückstükke und Teppiche versteigert und verkauft werden. Wieder blieb „meine Maria" unverkauft liegen und hing dort noch ein halbes Jahr im Nachverkauf. Vergebens. Ich hätte es für jeden Preis abgegeben, denn auf einen materiellen Erlös kam es mir gar nicht mehr an. Nachdem man mich aufgefordert hatte, das Bild wieder abzuholen, nahm ich es bei meiner nächsten München-Fahrt Mitte Dezember 1997 wieder mit heim.

Am 1. Dezember 1997 erschien in unserer örtlichen Zeitung für Oberschwaben, der „Schwäbischen Zeitung", ein Bericht über eine Frau Doris Epple aus Wangen-Öhningen am Bodensee. Sie hatte im ZDF, „Kennzeichen D", einen Bericht über eine Suppenküche für Obdachlose in St. Petersburg gelesen und war von dem Elend so berührt, daß sie eine größere, private Spende selber dorthin bringen wollte. Das tat sie und verbrachte viele Stunden in dem Kellerraum der Puschkinskaja-Straße nahe dem Newski-Prospekt. Sie sprach über einen Dolmetscher mit den bitterarmen Essensempfängern. Mehr als 200 Menschen kamen jeden

Tag und erhielten nur einen Becher dünne Brühwürfel-Bouillon, eine dicke Scheibe Brot und Schwarztee.

Wieder zu Hause, konnte Doris Epple die schlimmen Eindrücke nicht vergessen, und kam zu dem Entschluß, daß man nicht nur einmal, sondern laufend helfen müsse. Sie schrieb einen Situationsbericht für die Zeitung, zunächst für den „Südkurier" am Bodensee. Überraschend schnell gingen Spenden ein, und noch vor Weihnachten konnten 5.000,- DM nach St. Petersburg geschickt werden. Zum Fest gab es jetzt auch einmal eine Wurst für die Obdachlosen. Zwei Jahre lang wurde diese russische Suppenküche mit Spenden aus dem Bodenseeraum und Oberschwaben unterstützt, bis es zur Schließung in dem alten, baufälligen Gebäude kam.

Was nun? Der deutsche Caritas-Pfarrer fand als Lösung ein altes Haus, wo man in ehemaligen Fabrikräumen eine einfache deutsche Suppenküche einrichten konnte. Die St. Petersburger Zeitung der Fünfmillionenstadt berichtete darüber sogar auf der Titelseite. Jeder Hungernde (der nicht nach Alkohol riecht), bekommt seine Überlebensportion – bis heute.

Die Hilfe hat sich stark ausgeweitet, vor allem für Straßenkinder, tuberkulosekranke Obdachlose und Invaliden. Dazu gekommen sind solche Einrichtungen in Moskau, Kasachstan, Saratow (wo es einen jungen deutschen Bischof gibt, mit einer Diözese dreimal so groß wie die Bundesrepublik) und Sibirien. Täglich werden über 1 000 Bedürftige mit dem Notwendigsten versorgt.

Mir imponieren Menschen, die beherzt zupacken, die nicht lange nach dem Was, Wieso und Warum fragen und nicht „man hätte und man sollte" und „warum ich" sagen, sondern einfach spontan handeln. Am Anfang vielleicht etwas holperig, aber dann immer besser laufend. So eine Frau ist Doris Epple, und auch, um noch einen dazuzuzählen, Karl-Heinz Böhm in einem ganz anderen Erdteil. Was sind da doch einige Industriebosse und Spitzenmanager für klägliche Gestalten dagegen, die zwar viel Macht haben, aber neben ihrem Job, für den sie verdammt gut bezahlt werden, nur danach trachten, ihre Taschen immer weiter zu füllen. Das auch noch, wie in einzelnen Fällen geschehen, wenn sie ein verantwortungsloses Mißmanagement betrieben haben, und für hohe Verluste verantwortlich sind!

Ich wußte vom Krieg her, was St. Petersburg, damals noch Leningrad, durch die mehrjährige totale deutsche Blockade mit fast einer Million verhungerter Einwohner, durchgemacht hatte und sah es als meine Verpflichtung an, hier etwas wieder gutzumachen und mit meinen bescheidenen Mitteln zu helfen. Denn in dem Bericht der „Schwäbischen Zeitung" vom 1.12.1997 war zu einer Spendenaktion aufgerufen worden, um Frau Epple zu unterstützen, damit sie ihre Suppenküche in St. Petersburg am Leben erhalten kann.

Dieser Zwischenbericht ist notwendig, um das Weitere mit „meiner Maria" auf der Fahrt von München nach Ummendorf, hinten im Gepäckraum liegend, zu verstehen. Mir ging die Situation mit dem Bild durch den Kopf. Sollte ich es wieder hinter den Schrank hängen? Und was dann? Einfach herschenken wollte ich es auch nicht, lag doch die Madonna vermutlich genauso in einer Ecke, wie voraussichtlich wieder jetzt bei uns. Aber auch nichts hatte geklappt! Was ist von mir alles unternommen worden. Es war schon seltsam mit dem Bild, sprich mit Maria, sie hing an mir wie eine Klette, ich konnte sie einfach nicht loswerden. Fast hatte es den Anschein, als ob sie noch etwas mit mir vorhatte. Nun dachte ich wieder an Frau Epple mit ihrer Suppenküche und dem Spendenaufruf. Da kam mir die Idee, vielleicht könnte man beides miteinander verbinden. Diese Madonna da hinten nennt sich doch „S. Maria de Perpetuo Succursu", also „immerwährende Hilfe". Ich sagte auf einmal laut zu der hinten liegenden Maria: „Wenn dir an deinem Ruf, eine ‚Perpetuo Succursu' zu sein, etwas liegt, dann hilf doch, bitte schön, dieser Frau und den Alten in St. Petersburg!" Ich wollte Maria also einspannen. „Soll sie doch mal zeigen, was sie kann!" So dachte ich und war echt neugierig auf den bevorstehenden Test.

Aber wie vorgehen? Wenn ich ihre Hilfe erwartete, dann mußte ich ihr ja auch die Möglichkeit dazu geben und ein Wirkungsfeld für sie schaffen. Ihr Bild nur irgendwo an einen Laternenpfahl stellen, angekettet mit einem Fahrradschloss (Interessenten zum Klauen gibt es immer) und mit einer Sammelbüchse daneben, würde nichts bringen. Im Gegenteil, die Leute würden sich nur wundern und mit Kopfschütteln ihr Unverständnis zum Ausdruck bringen. Nein, hier war der Marketingstratege in mir gefordert.

Ich ging nun ganz systematisch vor. Da diese Pseudo-Ikone keinen besonderen Kunst-, geschweige denn einen materiellen Wert darstellte, was zur Genüge bewiesen worden war, überlegte ich mir, bei wem könnte das Bild überhaupt noch ein Interesse hervorrufen? Da sagte ich mir, als Andachtsbild – es ist immerhin ein echtes altes Gemälde und kein Druck – müßte es doch für die katholische Kirche interessant sein. Wenn ich es nun der katholischen Kirchengemeinde in Biberach schenken würde, dann könnten doch die Gemeindemitglieder eine Sammlung zu Gunsten dieser sozialen Einrichtung veranstalten. Das wäre der richtige Weg.

Ich rief im Pfarrbüro in Biberach an und verabredete mit dem Stadtpfarrer Martin einen Termin. Für meinen Besuch bereitete ich eine kleine Schenkungsurkunde vor, auf der der gewünschte Stiftungszweck, nämlich Spenden für Doris Epple und ihrer Suppenküche zu sammeln, vermerkt war. Auch ihre Bankverbindung mit Kontonummer gab ich an. Ich selbst wollte auf keinen Fall mit den Geldern in Berührung kommen, schon, um einen möglichen eigennützigen Verdacht von vornherein auszuschließen.

Zum vereinbarten Termin, es war kurz vor Weihnachten, erschien ich im Pfarrbüro, mit dem Bild unterm Arm, bei Pfarrer Martin und erklärte kurz den Sachverhalt. Ich hätte zwar in der

Vergangenheit versucht, die Madonna zu verkaufen, aber ohne Erfolg, und nun möchte ich die Maria als Spende dorthin geben, wo sie vielleicht noch etwas bewirken könnte. Er sah sich zuerst das Bild an und dann mich, und fragte mit erstauntem Blick: „Wie kommen Sie dazu?" Vor lauter Verwunderung – er hatte die „Maria der immerwährenden Hilfe" gleich als verehrtes Gnadenbild seiner Kirche erkannt – wußte er erst gar nicht, was er dazu sagen sollte. Ich ergänzte noch, daß ich evangelisch sei, und daß bekanntlich wir Protestanten dem ganzen Marienkult der katholischen Kirche ziemlich „reserviert" gegenüberständen. Aber ich möchte trotzdem, daß diese Maria dorthin zurückkehrt, wo ihr ein Platz sicher sei. Und wegen der Spendenaktion, so hätte ich doch noch den Krieg erlebt und wüßte, was die Menschen in St. Peterburg durchgemacht hätten. Man müßte diese Aktion, die direkt den dortigen Armen zugute käme, unterstützen. Ganz verlegen fragte er mich dann, ob er mir eine Spendenquittung ausstellen solle, soviel Edelmut kam ihm direkt verdächtig vor. Ich lehnte ab, denn ich hatte das sichere Gefühl, daß der angestrebte Deal mit dieser Maria nur zustande käme, wenn ich keinerlei Vorteile für mich daraus gewinnen würde. Er meinte dann, man könne das Andachtsbild vielleicht in den Mariensaal des Gemeindehauses hangen. Aber das würde er noch mit seinen Kirchengemeinderäten besprechen. Auf jeden Fall würde er eine Spendenaktion zu Gunsten der Hilfsaktion von Frau Epple veranlassen.

Er ließ meine Urkunde noch einmal abschreiben und mit zwei Zusätzen versehen, nämlich „Bildgeber" und meinen Namen mit Anschrift links und rechts „Empfänger": Kath. Kirchengemeinde Biberach. Das Blatt wurde dann von uns beiden unterschrieben, damit alles seine Ordnung hat. Die Urkunde hat folgenden Wortlaut:

„Hiermit vermache ich der katholischen Kirchengemeinde St. Martinus und St. Maria in Biberach/Riß das alte Andachtsbild, S. Maria de Perpetuo Succursu'.

Es ist nach dem berühmten Original, das in der Kirche St. Alfonso in Rom hängt, in Öl auf Leinwand circa Mitte des 19. Jahrhunderts gemalt. Das Original ist ursprünglich eine griechische Ikone und stammt aus dem 15. Jahrhundert. Es soll von der Insel Kreta gekommen sein.
Meine Gabe ist mit der Auflage verbunden, hierfür eine Spendenaktion zu Gunsten der Einrichtung und Unterhaltung von Suppenküchen und Wärmestuben für die Armen und Alten in St. Petersburg in Rußland ins Leben zu rufen. Die Initiative und Spendensammlung für diese Hilfsaktion geht von Frau Doris Epple in Wangen-Öhningen aus und wurde in der Schwäbischen Zeitung, Ausgabe vom 1.12.1997 ausführlich beschrieben und gewürdigt. Frau Epple wohnt in 78337 Wangen-Öhningen, Am Rebberg 3, Tel. 07735/2095 ...
Die von der Kirchengemeinde Biberach gesammelten Gelder sollen direkt auf das von Frau Epple eingerichtete Sonderkonto ‚Suppenküche St. Petersburg' bei der Sparkasse Radolfzell (BLZ 692 510 40), Konto-Nr. 4286662, überwiesen werden.

Die Stadt St. Petersburg (damals Leningrad) hat im letzten Krieg durch die fast dreijährige totale deutsche Blockade besonders gelitten, wobei fast eine Million Einwohner verhungert sind. Die mittellosen Alten, die heute in dieser Stadt leben, sind vornehmlich die Kinder jener Zeit, die diese Jahre unter schrecklichen Qualen überlebt haben.
Frau Epple wird über die tatkräftige Unterstützung der Kirchengemeinde Biberach, ausgelöst durch die Übergabe des Andachts-

bildes der ‚immerwährenden Hilfe' (Perpetuo Succursu), sehr dankbar sein.

1. Januar 1998

Bildgeber	Empfänger
Wolfram König	Kath. Kirchengemeinde
Am Käpfle 13	St. Martinus und St. Maria
88444 Ummendorf	Biberach/Riß
Unterschrift	Unterschrift"

Vielleicht werden ihm später wegen meiner Absichten doch Bedenken gekommen sein, daß ich als Angehöriger der „Konkurrenz" diese Maria nur auf die Probe stellen wollte. Aber es war ja
für einen guten Zweck. Er hat mich darauf sehr unterstützt und
meine von mir geplante Aktion noch ergänzt. So wurde ich Tage
danach verständigt, daß man beschlossen habe, das Andachtsbild nicht in einen Saal zu hängen, sondern in der großen Stadtkirche von Biberach, die seit 1548 die einzige Simultankirche für
Katholiken und Protestanten in Deutschland ist, in einer ver-
gitterten Seitenkapelle aufzustellen. Gleich hinter den kunstvoll
geschmiedeten Gitterstäben sollte die „St. Maria de Perpetuo
Succursu" auf einem Podest postiert werden, die Sammelbüchse
hinten am Gitter aufgehängt mit dem Hinweisschild: „Für die
Suppenküche in St. Petersburg". Außerdem wurde daneben eine
Kopie der Stiftungsurkunde angebracht, damit jeder weiß, worum es sich handelt und für wen da gesammelt wird.
Da der Aufstellungsort insofern etwas ungünstig war, indem man
gegen das Licht von sehr großen und hellen Fenstern schauen
mußte, um das Bild zu sehen, was man besonders im Frühjahr
und Sommer als etwas störend empfand, besprach ich diesen

Umstand mit Pfarrer Martin, und er war mit mir der Meinung, daß man auf keinen Fall eine künstliche Beleuchtung in Form von irgendwelchen Strahlern vorsehen sollte.

Ich löste dieses Problem, indem ich hinten an der etwas davor stehenden Säule einen Spiegel anbrachte – von dem Betrachter vor dem Gitter unsichtbar –, der das natürliche Licht der Fenster auf das Marienantlitz zurückwarf und es damit aufhellte.

Anscheinend müssen zahlreiche Gläubige vor dem Bild in stillem Gebet um Trost und Hilfe nachgesucht und als Dank für den Beistand eine Spende in die Sammelbüchse gelegt haben, denn diese füllte sich zusehends. Schon Mitte 1998 konnten über DM 2.150,- an Frau Epple geschickt werden. Im Jahr 1999 und 2000 gab es eine lange Unterbrechung, da in dieser Zeit die gesamte Kirche einer Großrenovierung unterzogen wurde und während dieser Arbeiten, schon wegen des Gerüstaufbaus in der Kirche, das Gotteshaus nicht betreten werden konnte. Nach feierlicher Wiedereröffnung im November 2000 erstrahlt der Kirchenraum festlich in neuem Glanz. Das Marienbild hat dabei einen anderen günstigeren Platz gefunden. Es steht in einer rechten Seitenkapelle ganz hinten und in vollem Licht der Fenster.

Die Spendenaktion läuft weiter. Bisher konnten über DM 13.000,- und danach bis jetzt 3.500,- Euro auf das Sonderkonto „Suppenküche" von Doris Epple überwiesen werden. Im vorigen Jahr, also 2006, hat man „meine" Madonna erst einmal weggestellt, da der Spendenfluß zu sehr auf die St. Petersburger Suppenküche gelenkt worden war. Es werden jedoch gleichzeitig noch für andere karitative Zwecke, besonders für Hilfsmaßnahmen in Entwicklungsländern, Gelder gesammelt. Jetzt kommen alle Spenden in einen Topf und werden dann gleichmäßig aufgeteilt. Über die künftige Aufstellung des „Marienbilddes" will man später entscheiden. Ich werde deswegen mit dem neuen Pfarrer in Biberach noch sprechen.

Doris Epple berichtet mir in regelmäßigen Zeitabständen von dem weiteren Verlauf der vielen Hilfsaktionen in St. Peterburg und darüber hinaus in den anderen Städten Rußlands. Es erfüllt mich jedes Mal mit Stolz und stiller Freude, daß auch ich zum Gelingen dieser ihrer so segensreichen Bemühungen meinen Teil beigetragen habe.

Außerdem war es sozusagen mein nachgeholtes Meisterstück im Marketing-Handwerk.

Abschließend muß ich sagen, daß ich meine Meinung über diese „Heilige Maria" revidiert habe. Es ist schon etwas dran an dieser Frau. Trotzdem gilt auch hier: No risk, no fun!" Halt! Wieso Risiko? Doch!

Ich wußte ja nicht, ob Maria mitmachen würde. Sie macht mit!

20. Ein ungewöhnlicher Hauskauf

Nachdem meine Tochter Claudia mit ihrem Mann Luciano sich in Isola Vicentina bei der Stadt Vicenza in Italien ein sehr schönes Einfamilienhaus gebaut hatten, mit reichlich Platz für ihre Söhne Marco und Giorgio, dazu noch einen gemütlichen Kaminraum mit einem offenem Kamin, und mein Sohn Tilman im Raum Freiburg in einem am Tuniberg gelegenen Teilort von Breisach eine Doppelhaushälfte erwerben konnte, war nun mein zweiter Sohn Axel an der Reihe, zu einem eigenen Haus zu kommen. Da er in Laupheim, das zwischen Ulm und Biberach liegt, eine sichere Stelle als Diplom-Ingenieur in einer Maschinenfabrik innehatte, sah er sich nach einer passenden Gelegenheit für einen Hauskauf dort oder in der nächsten Umgebung um. Da Laupheim nicht weit von Ummendorf entfernt liegt, schaltete ich mich verstärkt in diese Suche ein und studierte eifrig die hiesige Zeitung.

Da erschien eines Tages eine Anzeige von einer Zwangsversteigerung von einem Einfamilienhaus in Laupheim. Natürlich ging ich gemeinsam mit ihm dorthin, und wir fanden ein sehr schönes und geräumiges Haus vor. Auch nach einer Innenbesichtigung wurde es zu einem verlockenden Objekt. Der angegebene Schätzpreis lag durchaus im Rahmen des Möglichen, und wir beide gingen erwartungsvoll zu dem Versteigerungstermin in Laupheim. Aber es gab da noch andere, die dieses Haus auch sehr schön fanden, darunter Leute, die ein bißchen mehr Geld hatten als mein Sohn. So kletterte der Preis bis über DM 650.000,- und lag weit außerhalb der Gegebenheiten meines Sohnes. Es waren etwa 20 Personen, die mitboten und den Preis immer höher trieben. Zum Schluß erhielt ein Arzt den Zuschlag. Enttäuscht zogen wir ab und trösteten uns, es wird ja sicher wieder so eine Gelegenheit geben, wo man vielleicht mehr Glück haben wird.

Es dauerte nicht lang, und so wurde im Mai 1998 wieder eine Zwangsversteigerung eines Einfamilienhauses angezeigt, in einem Ort circa sechs Kilometer von Laupheim entfernt. Dies war auch eine günstige Entfernung zu seinem Betrieb. Ich hatte die Ankündigung des Amtsgerichtes gelesen, und so machten wir uns sogleich auf den Weg dorthin. Man sah nicht viel, eigentlich gar nichts, denn das Haus war ringsum mit einer verwilderten Tujahecke, die vier Meter hoch war, zugewachsen. Nur im Bereich der Eingangstür war ein Streifen von circa drei Meter Breite frei gelassen worden. Man konnte gerade noch die beiden Fenster rechts und links neben der Haustüre sehen, die aus Mahagoni-Holz gefertigt waren und Isolierverglasung aufwiesen. Sonst sah man nichts, auch vom Garten nichts. Man hätte mit einem Hubschrauber darüber fliegen müssen, um einen Blick hinter das Heckendickicht werfen zu können.

Mein Sohn wollte nun telefonisch einen Besichtigungstermin vereinbaren. Da erhielt er von dem Noch-Eigentümer zur Antwort, er ließe niemand in sein Haus. Wir waren zunächst ratlos, und ich ging zu dem für Zwangsvollstreckungen zuständigen Justizamtmann, der im Amtsgericht in Biberach seinen Sitz hatte. Der klärte mich auf, noch wäre das Haus unbeschränktes Eigentum des jetzigen Eigentümers, und es wäre sein Recht, niemanden hereinzulassen. Und weiter, es würde jedoch ein umfangreiches Gutachten von einem Bausachverständigen vorliegen, das gesetzlich zu jeder Zwangsversteigerung angefertigt werden muß. Darin sind neben den Geschoßplänen auch eine ausführliche Beschreibung des Baukörpers, der Ausstattung und eventuelle Einbauten aufgeführt. Und weiter, er würde mir dieses Gutachten kurzfristig überlassen, damit wir es kopieren lassen könnten. Mehr könne er für uns nicht tun.

Das Haus war Baujahr 1972, sehr stabil in Ziegelbauweise mit Stahlbetondecken und in gehobener Ausstattung gebaut. Die Aufteilung der Hausfläche in die einzelnen Räume konnte durchaus als durchdacht und wohngerecht bezeichnet werden und das durchgehend in jedem der drei Geschosse. Im Erdgeschoß lag neben dem sehr großen Wohnzimmer eine schöne Terrasse, und oben im Dachgeschoß gab es einen geräumigen, innenliegender Balkon. Im Untergeschoß lagen Waschküche, Heiz- und Tanklager, eine Sauna, sowie ein großzügiger Partyraum mit eingebauter Bar. Für die Heizung war noch eine Grundwasser-Wärmepumpe vorgesehen.

Sämtliche Simse, Treppen und Flure waren mit Marmor ausgelegt und Decken teilweise mit Paneelen verkleidet. Man konnte jedoch nichts sehen und mußte sich hier ganz auf jenes Gutachten verlassen. Aus diesem ersah man auch, daß im Garten sogar ein großer Swimmingpool mit Umwälzpumpe und Filteranlage vorhanden war, den man von außen überhaupt nicht wahrnehmen konnte. Wir sind sogar zum Nachbarn gegangen und hatten ihn gebeten, einmal durch sein Dachfenster sehen zu dürfen. Aber das brachte auch nichts, lag doch das Erdgeschoß jenes Hauses im toten Winkel der hohen Hecke.

Das Dach hatte Wärmeisolierung. Ferner war noch eine Doppelgarage vorhanden. Daran anschließend, für uns unsichtbar, soll sich eine Pergola mit einer Solaranlage auf dem Dach für das Schwimmbad, befunden haben.

Die Wohnfläche betrug 214 Quadratmeter. Alles in allem lag der Schätzpreis bei DM 596.000,- zuzüglich DM 2.300,- für Sauna und Markise.

Was nun? Wir studierten wieder und wieder dieses Gutachten, und sagten uns am Schluß, es sei doch keine andere Situation, als wenn man sich ein Haus neu baut. Da sind am Anfang auch nur ein nacktes Grundstück und Baupläne da, und man muß seine Phantasie walten lassen, um es im fertigen Zustand vor Augen zu haben. Dann überlegten wir, welche dringendsten Arbeiten gemacht werden oder welche Reparaturen am Baukörper vorgenommen werden müßten. Außer Malerarbeiten und Teppichböden war im Gutachten ein neuer Anstrich der äußeren Holzverkleidung aufgeführt, was wir auch schon in dem kleinen freien Bereich der Eingangstür festgestellt hatten.

Dann sagten wir uns weiter, bei dem Alter des Hauses müßte sicher mit einem neuen Heizkessel gerechnet werden, und das wäre wohl die Hauptausgabe, die man vorsehen müsse. Zu guter Letzt entschlossen wir uns, mitzusteigern.

Gespannt warteten wir auf den Termin und waren schon sehr bald in dem Versteigerungssaal in Laupheim anwesend. Wir waren die ersten und warteten ab. Nun war es soweit, und die Herren vom Gericht und den Gläubigerbanken nahmen ihre Tätigkeit auf. Wir waren zu diesem Zeitpunkt immer noch die einzigen Interessenten, und es kamen auch keine weiteren Bieter. Alle hatten sich anscheinend von der hohen Hecke und der Ablehnung eines Besichtigungswunsches abschrecken lassen. Die Versteigerung begann mit einem Betrag von DM 300.000,-. Da sonst niemand mitsteigerte, griff ein Vertreter der Gläubigerbank ein und hob durch Gebote den Betrag soweit an – mein Sohn setzte immer nach – bis anscheinend die noch ausstehenden Schulden gedeckt waren. Und dann bot mein Sohn noch einen kleinen Betrag darüber, und es fiel der Zuschlaghammer zu seinen Gunsten. Der Endbetrag lag weit unter dem obengenannten Schätzpreis.

Am gleichen Nachmittag konnte uns der Vorbesitzer den Zutritt zum Haus nicht mehr verwehren, und wir besichtigten jetzt alles. Zu unserer Freude stellte sich heraus, daß zwei Jahre zuvor der Öl-Heizkessel erneuert worden war. Dies war im Gutachten nicht erwähnt worden. Dagegen fehlte die Angabe, daß fast sämtliche Isolierglasscheiben blind geworden waren und demnach ausgetauscht werden mußten. Kostenmäßig hielt sich das in etwa die Waage.

Der Mut, hier zuzugreifen, hatte sich für meinen Sohn gelohnt. So preiswert wäre er nicht zu einem so großen und schönen Haus gekommen. Bei der Finanzierung des Kaufbetrages habe ich ihm noch etwas unter die Arme gegriffen.

Als gelernter Handwerker – hat er doch vor seinem Studium eine volle Lehre als Werkzeugmacher durchgemacht – wurden von ihm in den nächsten Jahren alle Verbesserungen und noch weiteres mehr, vorgenommen, die notwendig waren, um das Haus in besten Zustand zu versetzen.

Unser jüngster Sohn Matthias hat Jahre später sich ein schönes Haus in Stockach, der Stadt nahe am Bodensee und wo auch seine Steuerberaterkanzlei liegt, kaufen können.

Nun waren alle unsere Kinder versorgt.

21. Rückerstattung der Gärtnerei in Weimar

Mit sichtbarer Freude und Spannung verfolgten wir die ungeheuren weltpolitischen Ereignisse, die Ende 1989 eintraten. Diese hatte ihren Ursprung in dem Zerfall des Machtblockes der Sowjetunion unter Gorbatschow. Gleichzeitig drängten die freiheitlichen Kräfte in den Satellitenstaaten zur Macht und schüttelten die von den Sowjets eingesetzten und Moskau hörigen Regierungen ab. Vornweg einer der hörigsten Vasallenstaaten: Die DDR in Berlin mit dem SED-Regime.

Der westdeutsche Bundeskanzler Helmut Kohl hat wie kein anderer das so selten von der Geschichte ausgesandte Signal erkannt, um vollendete Tatsachen mit der Einheit Deutschlands zu schaffen. Obwohl hier noch viele Vorbehalte, besonders von England, da waren, wurden diese von den Ereignissen einfach überrollt. Helmut Kohl hat sich hiermit einen vorderen Platz in der Geschichte Deutschlands gesichert!

Anfang 1990 sind wir gleich nach Weimar gefahren, um unseren „noch" VEB-Gärtnereibetrieb zu besichtigen. Wir fanden alles ordentlich und gepflegt vor, wobei wir feststellten, daß in den vergangenen Jahren einiges investiert worden war, um die Betriebsfähigkeit zu erhalten. Aber zunächst mußten wir die staatlich Maßnahmen zur Entflechtung und Rückerstattung abwarten.

Für mich bedeutete es, Überlegungen anzustellen, wie es bei einer Rückgabe des Betriebes weitergehen sollte. Kommt eine Fortsetzung des Betriebs für uns überhaupt in Frage? Ich war zu dieser Zeit bereits 67 Jahre alt, und meine Söhne standen schon in ihren eigenen Berufen, und unsere anderen Teilhaber waren auch schon älter und hatten zudem keinerlei geschäftliche Erfahrung.

In diesem Zustand besuchte ich in Tuttlingen die erste deutsche Nelkenkultur, die auf deutschem Boden gegründet worden ist, die Firma Dorner, Inhaber König (nicht mit uns verwandt), um mir Rat einzuholen. Die beiden jetzigen Inhaber kannte ich schon von früheren Besuchen her. Sie schilderten mir die heutige Situation eines deutschen Erzeugungsbetriebs für Schnittblumen. Durch die Globalisierung bildete nicht nur Holland, wie schon früher, eine ernstzunehmende Konkurrenz, sondern frische Schnittblumen kamen durch die täglichen Lufttransporte auch aus Ländern wie Kenia und Kolumbien, die in sehr guter Qualität unter viel günstigeren Anzuchtbedingungen produzieren konnten – schon aus dem Grund, daß jegliche Heizkosten entfielen und die Löhne wesentlich niedriger waren. Auch Holland war durch das billige Erdgas aus eigenen Quellen begünstigt. Bei uns stellte das Beheizen der Gewächshäuser im Winter ein wesentlicher Kostenfaktor dar.

Die Firma Dorner war deshalb seit einiger Zeit auf einen allgemeinen Blumenhandel ausgewichen, wobei die eigenen Produkte nur noch einen Teil des Blumensortiments darstellten. Man unterhielt mehrere Lieferfahrzeuge, die in regelmäßigen Abständen die Blumengeschäfte im süddeutschen Raum abfuhren. Also, letzten Endes rieten sie mir dringend ab, eine Weiterführung der Weimarer Gärtnerei unter diesen Umständen zu erwägen. Aber noch war es nicht soweit.

Ende 1990 wurde das „Thüringer Landesamt zur Regelung offener Vermögensfragen" gebildet, das die eigentlichen Rückführungen aller während der DDR-Zeit weggenommenen und verstaatlichten Immobilien und Firmen bearbeitete. Als erstes erhielten wir unser Einfamilienhaus in Stadtmitte zurück, das sehr schnell ging, weil dieses Haus von der nach der Wende errichteten Raiffeisenbank Weimar, die bis jetzt nur am Stadtrand existierte, unser Haus als ihren Zentrumssitz begehrte und entsprechenden Druck auf die rückübereignende Behörde machte. Es wurde dann gleich auf die Bank übertragen.

Mit der Anlage des Geldes habe ich insofern Pech gehabt und einen Ladenraum in einem Neubau in Plauen für eine genehmigte Apotheke von einem Privatmann gekauft. Dieser war selbst Apotheker und besitzt eine sehr angesehene Apotheke in einem alten oberbayrischen Kurort. Ich hatte ihn sogar dort besucht. Er war ein Betrüger, da das von ihm vorher in Plauen gekaufte Objekt nicht zu verwirklichen war. Er hatte dies beim Weiterverkauf an mich verschwiegen, da 50 Meter entfernt eine andere Apotheke in einem entstehenden Ärztehaus eröffnet wurde. Das hatte er erfahren, und schnell seinen Plauer Laden weiterverkauft – und dies mit einer fadenscheinigen Begründung. Die anderweitige Vermietung des Ladens macht seitdem für uns große Schwierigkeiten. Man darf also selbst einem als sehr seriös wirkenden und sicher in seiner Stadt hochangesehenen Mitmenschen nicht vertrauen.

***

Der Antrag für die Rückübereignung der Gärtnerei in Weimar wurde sofort von mir beantragt und erfolgte problemlos im Herbst 1992. Wir versuchten sogleich, das Grundstück zu verkaufen. Trotz vieler Interessenten liegt es doch am Südhang und zur Stadt Weimar ausgesprochen günstig, hat bisher die Stadt alles Verkaufsbemühungen unsererseits hintertrieben und die jeweiligen Käufer abgelehnt. Man will dort kein Einkaufszentrum, Supermarkt oder sonstige größere Handelseinrichtung haben und gibt für solche Projekte keine Erlaubnis. Die absurdeste Genehmigungsverweigerung war der beabsichtigte Kauf eines großen in ganz Deutschland vertretenen Gartencenters, denen unsere Gewächshäuser sehr zustatten gekommen wären. Außerdem wäre doch eine schon vorhandene Gärtnerei von einer verwandten

Firma übernommen worden. Man sagte bei der Stadt, erwerben könnten diese das Gelände schon, aber sie dürften nichts von ihren Waren verkaufen, denn das wäre Großhandel, und eine große Handelseinrichtung auf diesem Grundstück würde nicht genehmigt. Auch andere geplante Nutzungen paßten nicht in ihr Konzept. Zwischendurch hatten wir einen Käufer, der angab, mit der Stadt einig zu sein, und der verlangte von uns den Abriß aller Gebäude einschließlich der Gewächshäuser, die auf dem Grundstück standen. Dazu mußten wir einen Kredit aufnehmen und haben dann den Abriß in eigener Regie durchgeführt. Das paßte dem Interessenten auch nicht, wollte er sich doch an der Niederlegung der Gebäude und deren Entsorgung eine goldene Nase auf unsere Kosten verdienen.

Um diesen Abriß so billig wie möglich zu gestalten, arbeitete ich eine dementsprechende Ausschreibung aus und holte mir von verschiedenen Abbruchfirmen Angebote ein. Den Zuschlag erhielt ein örtliches Unternehmen. Natürlich mußte ich dann während der Abbrucharbeiten öfter nach Weimar reisen, um diese zu überwachen. Nach Abschluß der Arbeiten hat sich jedoch der Verkauf des Grundstücks wieder zerschlagen, aus den obengenannten Gründen. Außerdem hätte er für seine Pläne sowieso keine Baugenehmigung erhalten. Heute ist das Gelände, ein fast 21.000 qm großes Grundstück, eine große Brennesselwüste.

Jetzt hatte sich ein Interessent angesagt, eine Bauträgergesellschaft für soziale Einrichten. Die wollen dort ein großes Pflegezentrum für Schwerstbehinderte errichten. Mit dieser Nutzung wäre die Stadt Weimar einverstanden, Altersheime dagegen lehnt man ab, da schon genügend in Weimar vorhanden seien, und man befürchtet dort zu viele Sozialrentner, die dann der Stadt auf der Tasche liegen könnten. Aber es fehlt bei der Bauträgergesellschaft für das Behindertenheim noch das nötige Geld für die Eigenfinanzierung, obwohl es doch eine absolut sichere Anlage wäre, da die dort eingewiesenen Patienten von den

Krankenkassen bezahlt werden. Vielleicht findet sich irgendwo ein Ölscheich, der eine lohnende Anlage sucht.

Ich möchte es noch erleben, da ich seit der Wende alle meine Kräfte für diese Abwicklung eingesetzt habe und deshalb die Sache zu einem guten Abschluß für alle Teilhaber bringen will. Aber wir müssen noch warten, Ich hoffe nicht, daß bis dahin die Brennesseln zu Bäumen herangewachsen sind.

***

Die Tagespolitik beschäftigt mich weiter ungemein. Jeden Tag verbringe ich eine bis eineinhalb Stunden mit Zeitung lesen. Dabei ist es nicht nur der politische Teil mit seinen oft sehr guten Kommentaren, auch die Wirtschaftsberichte mit den Geschehnissen an den Börsen werden von mir studiert. Die regionalen Ereignisse finden weniger Beachtung. Ich bin dann immer froh, wenn der Sportteil kommt, denn dann kann ich die Zeitung beruhigt weglegen. Natürlich bilde ich mir meine eigene Meinung über die Geschehnisse, die nicht immer mit der offiziellen Lesart übereinstimmt.

Geradezu ein Unwort, das ich zum Unwort der ganzen Zeit erklären will, ist die „soziale Gerechtigkeit". Das heißt für mich „Ausgleich von oben", also staatlich finanzierte Gleichmacherei, und bedeutet, jeden Mangel an Eigeninitiative und den Mut dazu, selbst etwas zu tun. Man wartet doch nach wie vor auf den warmen Regen aus der obenhängenden Gießkanne, die die Solidargemeinschaft, das heißt der Steuerzahler, so brav immer wieder nachfüllt. Kein Bock zu allem. Wozu arbeiten und sich die Hände schmutzig machen bzw. den Buckel krümmen, etwa wie beim Spargel stechen? Alte und alleinerziehende Mütter in den ersten Jahren hier ausgenommen, die brauchen die Hilfe der Solidargemeinschaft. Wenn ich in der Zeitung die Stellenanzeigen lese, da werden oft auch nur Hilfskräfte gesucht, von Fachkräften ganz zu schweigen, da sage ich mir, wieso zwingt man nicht zumindest die jungen Leute, diese Stellen anzunehmen? Alternative Konsequenz: denen die Unterstützung ganz zu streichen. Das gilt erst recht auch für Stellenabbrecher. Gerade jetzt, wo die Wirtschaft wieder angesprungen ist, gibt es noch immer vier Millionen Arbeitslose, eigentlich unverständlich. Und die Meldungen häufen sich, wonach Leute gesucht werden.

***

Die Probleme der Überalterung und der Klimaverschlechterung beschäftigen mich natürlich auch sehr stark. Bei der ersten Frage kann ich mich ganz weit zurücklehnen und kann sagen, wir haben unsere Pflicht mit vier Kindern und zehn Enkeln dem Vaterland gegenüber getan. Die jungen Menschen sind heute zum Teil zu bequem, wollen keine Verantwortung übernehmen und haben Angst vor der Zukunft. Auf keinen Fall eine Bindung eingehen. Denen möchte ich sagen, wir hatten nach dem Krieg bedeutend unsichere Zeiten durchgemacht und haben uns über jedes Kind gefreut, auch wenn es nicht immer eingeplant war. Ein Kind großzuziehen, kostet eigentlich auch nicht mehr wie früher, man muß nur gewisse bescheidene Maßstäbe einhalten. Ein Kind braucht keine teuren Lebensmittel und Markenartikel, sondern nur eine liebevolle Umgebung. Denken diese selbstgewählten Kinderlosen nicht einmal an ihr Alter, in dem sie womöglich allein – da der Partner schon verstorben ist – leben müssen und nicht auf die Betreuung durch die inzwischen erwachsenen Kinder und Enkel hoffen dürfen? Dann endet das Leben in einer großen Hoffnungslosigkeit und Einsamkeit.

Zu dem Thema Klimaschutz haben die Grünen hier die Menschen zwar hoch sensibilisiert und aufgerüttelt, aber um so unverständlicher ist ihr geradezu hysterisches Verhalten der Atomkraft gegenüber, wozu heute leider auch Teile der SPD gehören. Sie ist eine ideale Alternative zu den Luft verschmutzenden üblichen Energieerzeugern, und die Abhängigkeit von den Zufuhren von Öl und Gas aus dem Ausland wird gemindert. Der Hinweis, künftig nur noch alternative Energieformen mittels Sonnenenergie und Windkraft (die Wasserkraft ist schon weitgehend ausgenutzt) einsetzen zu wollen, zeugt von völligem Mangel an ökonomischem Wissen und Verständnis. Das sind Träumereien und entbehren jeder Realität. Alle Welt setzt heute mit zunehmender Bedeutung die Atomenergie ein, schon wegen des Klimaschutzes. Nur in Deutschland zelebriert man geradezu eine panische Angst, die absolut unverständlich ist. Man sollte die Atomkraft ohne Einschränkung erhalten, bis alternative Energien einmal in ausreichender und kostengünstiger Menge zur Verfügung stehen. Ist es vielleicht wünschenswert, wie jetzt gerade gemeldet, daß in Karlsruhe ein neues Kohlekraftwerk entstehen soll, weil man eben dessen Strom braucht? Oder die besonderen Dreckschleudern von Braunkohlekraftwerken. Und Strom kommt nicht von allein aus der Steckdose.

Hier ein Beispiel für Mut und Vertrauen: Rings um den Vesuv ist alles wieder dicht besiedelt, obwohl doch schon furchtbare Katastrophen stattgefunden haben und ein weiterer Ausbruch in absehbarer Zeit befürchtet wird. Die Menschen leben dort mit Vertrauen und haben keine Angst. Diese Ereignisse hat der Mensch nicht im Griff. Die Beherrschung der Atomkraft dagegen sehr wohl und in Zukunft immer besser. Gerade in Deutschland. Wir können auf diese Energieform vorerst noch nicht verzichten.

***

Wenn wir zu dem Grab meiner Mutter und meiner Schwester nach Tuttlingen fahren, machen wir meistens einen Abstecher zur heute noch groß im Markt angesehenen Schuhfabrik Rieker. Die Geschichte ist hier seit unserem Weggang aus Tuttlingen 1960 sehr wechselhaft verlaufen. Nach dem Tod des jüngsten der drei Brüder meiner Mutter haben deren Söhne – meine Vettern – die gemeinsame Geschäftsführung übernommen. Das führte zu Problemen, und da hat man die Firma aufgeteilt. Die Stammfirma in Tuttlingen erhielt mein Vetter Kurt Rieker, der Kinderschuhzweig „Ricosta" in Donaueschingen wurde meinem Vetter Roland Rieker zugesprochen und die Sportschuh-, Ski- und Reitstiefelabteilung wurde nochmals abgetrennt. Diese hat dann die Stürme der aufkommenden Veränderungen nicht mehr überstanden und mußte aufhören. Für die inzwischen verstorbenen Vettern Roland und Kurt Rieker sind deren Söhne nachgerückt. Heute gehört das Stammwerk in Tuttlingen meinem tüchtigen Neffen Markus Rieker, der schon vor Jahrzehnten die Zeichen der Globalisierung erkannt hat, und seine Produktion zum Teil in Entwicklungsländer, vornehmlich an das südliche Mittelmeergebiet, auslagerte. Die Marke „Rieker" mit seinem alten Leitspruch „Im Tragen zeigt sich erst der Wert" hat auch heute noch im 133. Jahr des Bestehens seine Bedeutung auf dem internationalen Schuhmarkt bewahrt und gilt als absolute Qualitätsmarke. Wir kaufen gern im Fabrikladen in Tuttlingen ein, wo wir als Verwandte sogar noch den Rabatt eines Betriebsangehörigen bekommen. Immerhin war der Gründer Alexander Rieker ja auch mein Großvater.

22. Erwartungsvolle Schritte ins Alter. China-Reise

Bevor ich irgendwelche Schritte unternehmen konnte, mußte ich erst einmal meinen Gehapparat in Ordnung bringen. Im Oktober 2006 wurde im Kreiskrankenhaus Biberach auch mein linkes Knie durch ein neues ersetzt. Professor Reichel und seine Oberärzte hatten viel Arbeit, da mein durch die alte Kriegsverletzung verdickter Oberschenkelknochen, die Anpassung der Prothese (TEP) nicht ohne weiteres zuließ. Mit Hobeln und Feilen hat man es doch noch hinbekommen. Dabei hat man gleich meinen alten Schönheitsfehler, mein krummes Säbelbein, beseitigt und mich mit der höchsten Einstufung „lsf" (laufstegfähig) entlassen. Wenn ich im Schwimmbad bin, wird man mich gar nicht mehr wieder erkennen.

Ummendorf hat einen herrlichen Baggersee, ringsum mit Bäumen bewachsen und mit einer schönen Liegewiese. Das tiefe Wasser ist vollkommen klar, und man kann sagen, direkt in Trinkwasser-Qualität. Die Gemeinde hat dazu moderne Umkleidekabinen, Duschen und Toiletten angelegt. Dort bin ich im Sommer jeden Tag und schwimme jeweils eine halbe Stunde.

Überhaupt ist die Welt in Ummendorf noch in Ordnung: alles nette und friedliche Leute, so gut wie keine Arbeitslosigkeit und vor allem: Hier werden noch mehr Kinder geboren als es Sterbefälle gibt.

Nach meiner Operation ist außerdem durch die Beseitigung der Krümmung und Streckung des Beines die bisherige Beinverkürzung weggefallen, so daß das linke Bein fast wieder gleich lang ist wie das rechte. Die Begradigung meines Beines hat man mir erst nach der Operation mitgeteilt, es war sozusagen ein zusätzliches Geschenk der Ärzte an mich, obwohl ich doch nur ein lumpiger Kassenpatient bin.

Meine Frau und ich waren unser ganzes Leben lang Mitglied der hiesigen Ortskrankenkasse, also der öffentlichen allgemeinen Krankenkasse (AOK) und keine Privatpatienten, und wir haben nie das Gefühl gehabt, Patienten zweiter Klasse zu sein oder unter irgendwelchen Sparmaßnahmen zu leiden. Wir mußten auch keine größeren Wartezeiten in Kauf nehmen. Die Ärzte haben uns immer mit freundschaftlicher Höflichkeit behandelt. Ich bekämpfe deshalb besonders das heute so gern gebrauchte Schlagwort von einer Zweiklassenmedizin. Es ist überall anerkannt, daß Deutschland das beste Gesundheitssystem der Welt hat. Jeder erhält die Versorgung und Behandlung, die nötig ist. Darüber hinausgehende Wünsche können der Solidargemeinschaft nicht mehr zugemutet werden. Deshalb sehe ich auch der bevorstehenden Gesundheitsreform mit Ruhe entgegen.

Daß ich kein Privatpatient war, hat mir 1995 sicher das Leben gerettet. Meine Frau erkannte an mir an einem Freitag Anzeichen eines Schlaganfalls. Sie rief im Biberacher Krankenhaus an und hatte gleich den Chefarzt am Telefon. Der sagte, ich solle in die Klinik kommen. Am Samstag passierte nichts. Am Sonntag früh verschwand ich hinter dem Vorhang, um mich zu waschen. Und da geschah es. Zum Glück lag ich in einem Mehrbettzimmer. Es war noch ein Bettnachbar da. Nach einiger Zeit bemerkte dieser, daß es hinter dem Vorhang so still war, und da kommt keiner mehr hervor. Da schaute er nach und sah mich bewußtlos in einem Stuhl zusammengesunken. Er schlug sofort Alarm und, da ich schon im Krankenhaus war, erhielt ich gleich professionelle Hilfe mit Sauerstoffgerät usw. Am Anfang hatte ich eine halbseitige Lähmung, die jedoch bis zum nächsten Tag wieder verschwand. Es sind keinerlei Schäden zurückgeblieben. Wenn ich als Privatpatient in einem Einzelbettzimmer gelegen wäre, so hätte man sicher erst nach Stunden meine Bewußtlosigkeit bemerkt, und da wäre es vielleicht zu spät gewesen.

Nach dem Krankenhaus kam ich in die Reha-Klinik „Im Hofgarten" nach Bad Waldsee, nur 16 Kilometer von Ummendorf entfernt. Die Einrichtung gehört zu den 14 Fürstlich Waldburg-Zeilschen Kliniken, und alle sind mustergültig in ganz Deutschland. Meine Frau war vor zwei Jahren nach einem Sturz in der dazugehörenden Klinik in Bad Saulgau. Waldburg-Zeil ist ein uraltes oberschwäbisches Geschlecht und hat schon vor fast tausend Jahren den Kaisern des Heiligen Römischen Reiches, unter anderem Kaiser Barbarossa, als Truchsessen gedient. Im Zuge der wirtschaftlichen Neuorientierung hat sich das Haus Waldburg-Zeil schon vor Jahrzehnten auf die Einrichtung und Unterhaltung solcher Heilkliniken verlegt und hier Vorbildliches geschaffen.

In Bad Waldsee bin ich auf eine äußerst fachkundige und freundliche Behandlung gestoßen, nicht nur im medizinischen Bereich, sondern auch in dem allgemeinen Ambiente. Jeder Patient hat dort sein Einzelzimmer mit Fernseher und schönem Blick in die Parklandschaft des Hofgartens. Im Sommer stehen Liegestühle auf der Parkwiese bereit. Besonders hat mir das runde Hallenschwimmbad, wo man gleich frühmorgens vor dem Frühstück seine Runden drehen konnte, gefallen.

Jetzt kann ich wieder gut gehen. So werde ich dann auch zur Frankfurter Buchmesse 2007 kommen und mein Buch vorstellen. Ich werde danach auch Weimar besuchen und mich mit meinen leider nur noch wenigen ehemaligen Klassenkameraden treffen. Wer weiß, wie lang wir uns noch sehen können. Dann werden wir auch wieder der toten Kameraden gedenken, den vielen im Krieg gefallenen und den gestorbenen der letzten Jahre. Hier möchte ich noch einem gefallenen Kameraden einige Zeilen widmen, der im Krieg auf sehr tragische Weise ums Leben gekommen ist. Unser Erich S., ein bescheidener und stiller Mensch, diente bei der Luftwaffe und war in einem zweisitzigen Kampfflugzeug im Osten eingesetzt. Er wurde 1943 abgeschossen. Während sein Mitflieger heil aus dem Flugzeug herauskam und sicher auf dem

Boden landete, verfing sich bei Erich, der auch das getroffene Flugzeug verlassen konnte, der Fallschirm im hinteren Leitwerk und er wurde mit in die Tiefe gerissen. Dieses Schicksal hat mir sein Bruder viel später erzählt.

Mein Freund Ardie, mit seinem Künstlernamen Siegfried Carno, ist leider im Januar vorigen Jahres gestorben. Einfach still in seinem Sessel eingeschlafen, obwohl er nicht krank war. Sein Tod ist mir besonders nahe gegangen, hatten wir doch sehr viel in unserer Jugend gemeinsam unternommen, und er war immer dabei, auch wenn es ein gefährliches Unterfangen war. Ja, wann sind wir dran? Der Gedanke an den Tod ängstigt mich zu keiner Zeit. Ich habe ein erfülltes Leben gehabt, und ich glaube nicht, daß wir uns zu Staub auflösen werden und darauf folgt das Nichts. Lassen wir uns überraschen.

Man wird mich fragen, wie ich zu meinem etwas abgeklärten Buchtitel gekommen bin. Daran ist eigentlich der von uns allen so verehrte Peter Ustinov, der leider nicht mehr lebt, Schuld. Er wurde, vielleicht ein Jahr vor seinem Tod, einmal gefragt, was auf seinem Grabstein einmal stehen soll.

Da kam bei ihm sein gewohnter Schelm durch, und er antwortete „Bitte nicht auf den Rasen treten!" Ich war trotzdem etwas enttäuscht, hätte ich mir doch gerade von diesem Mann etwas mehr Lebensweisheit erwartet. Und dann fragte ich mich selbst, was willst du, daß einmal dort stehen soll. Ich dachte nach, und dann fiel mir der Satz ein: „Es war gar nicht so schlimm!" Trotz vielem. Und das ist dann auch dieser Buchtitel geworden.

Heute verschönern wir uns den Tag mit guter Musik, weshalb sehr viel der Sender Bayern 4 Klassik eingestellt ist. Wir sind dankbar, daß es diesen Sender gibt und bedauern die Norddeutschen, die diese Rundfunkanstalt sicher nicht hören können. Man spielt dort nicht nur die üblichen bekannten Werke der ernsten Musik, sondern auch unbekannte Komponisten aus Barock,

Klassik oder Romantik, von denen man kaum etwas gehört hat. Man fragt sich dabei oft, warum diese Kompositionen so untergegangen sind. Auch bringen sie viele alte Italiener. Der Fernseher bleibt am Tag prinzipiell ausgeschaltet, erst um 19 Uhr hören wir die Nachrichten. Das weitere Programm wählen wir sehr sorgfältig aus der bekannten Programmzeitschrift aus, die eigentlich heute „Sieh zu" heißen müßte. Diese lesen wir schon seit 40 Jahren, seit 1966, dem Jahr, in dem wir uns den ersten Fernseher (damals zur Fußball-Weltmeisterschaft) angeschafft haben. Bei der durch den Satellitenempfang gebotenen Programmvielfalt findet man oft erstaunliche Sendungen, die im Bereich der Dokumentation, Kultur, Geschichte, Diskussionen oder in sehr guten Spielfilmen liegen. Krimis und Thriller gehören nicht dazu. Die sind immer nach dem gleichen Muster gestrickt, und da ist uns die Zeit zu schade. Prinzipiell meiden wir auch die Sender, die von langen Werbeeinspielungen unterbrochen werden. Das tun wir uns nicht an.

Neulich lernten wir in der Sendung bei Reinhold Beckmann eine sehr außergewöhnliche junge Frau kennen. Blond und bildhübsch, Stella Deetjen mit Namen. Sie bereiste als Touristin Indien und begegnete dort den vielen Leprakranken. Als sie sich am Ufer des Ganges vor Magenkrämpfen krümmte, bot ihr ein leprakranker Bettler seine Hilfe an. Dies war für die damals 24jährige Stella Deetjen ein Schlüsselerlebnis. Seitdem hat sie das erbärmliche Schicksal dieser von der Gesellschaft total Ausgestoßenen nicht mehr losgelassen, besonders nachdem sie erfahren hat, daß Lepra heute heilbar ist oder zumindest der weitere Krankheitsverlauf gestoppt werden kann. Sie gründete dort aus dem Nichts eine Straßenklinik und später ein Kinderheim und wird als „Engel von Varanasi" verehrt. Dann lernte sie auch Mutter Theresa noch persönlich kennen und ist somit in ihre Fußstapfen getreten. So eine tapfere Frau, die alles aufgegeben hat, muß man unterstützen und am besten mit Spenden auf das

Konto „Back to life e.V.", Konto 0729999000, BLZ 500 80 000, Dresdner Bank.
Der bei der Sendung daneben sitzende bekannte Rennfahrer, der vorher interviewt worden war, schien von ihrer Erzählung gar nicht berührt gewesen zu sein, denn er saß unbeweglich daneben und ließ sich in keiner Weise von der lebhaften und ihre Begeisterung ausstrahlenden Stella Deetjen anstecken. Bei ihrem Bericht wurde man förmlich mitgerissen, auch wenn Stella nur auf dem Bildschirm miterlebt werden konnte.
Jetzt ist das wohltätige Dreigestirn komplett: Karl-Heinz Böhm, Doris Epple und Stella Deetjen. Das sind die heutigen Vorbilder. Wie erbärmlich dagegen nehmen sich doch Leute, wie die „Mannesmänner", die korrumpierten Manager von Siemens oder jener ehemalige Bundesbankchef aus, die für mich die personifizierte nackte Gier darstellen. Ist es denn so erstrebenswert, von nun an wegen eines solch anrüchigen Makels auf einem Podest der Maßlosigkeit zu stehen? Das Volk kann sehr wohl unterscheiden und urteilt auch danach.

***

Zum Schluß möchte ich noch über eine außergewöhnliche Reise berichten, die ich im Juli 2006, also noch vor meiner Knie-Operation, unternommen habe. Eigentlich ist eine Reise heute kein so besonderes Erlebnis, daß sie in einen solchen Bericht gehört, denn jeder hat in dieser Beziehung genügend Erlebnisse gemacht und viele Teile der Welt kennengelernt.
Es war eine Flußschiffahrt in China auf dem Jangtsekiang von Shanghai bis nach Tschunking, über 2 000 Kilometer weit. Angekündigt wurde die Reise in einer hiesigen Zeitungsanzeige. Ich las diese Karin vor und sagte: „Hör doch, das wäre etwas für uns!"
Da antworte sie mir: „Ich habe keine Lust, jetzt nach dem kalten Frühjahr ist der Garten so schön, und ich scheue den Streß, fahr

du doch allein!" Und dann bin ich eben „notgedrungen" allein gefahren. Das war auch einmal schön.

Das ganze Schiff war von einer deutschen Reiseagentur aus Bonn gechartert und hatte demnach nur deutsche Fahrgäste an Bord. Das Personal war natürlich chinesisch. Am Tage wurden sehr interessante Landausflüge geboten. Da habe ich mich vorher erkundigt, ob viele Treppen zu steigen sind. Und wenn ja, bin ich eben im Bus sitzen geblieben.

Zuerst erlebten wir die aufregende Metropole Shanghai. Auffallend war, daß die früher zu Tausenden zählenden Fahrräder zu Gunsten von Autos verschwunden sind. Überall wird gebaut, die Hochhäuser wachsen geradezu in den Himmel. Wir wurden mit Bussen überall in der Stadt herumgefahren, und wir erlebten die pulsierende 20-Millionenstadt so eindringlich, daß man von der Power der Menschen förmlich angesteckt worden ist.

Dann ging die Schiffsreise los. Über Yangzhou führte das geräumige Schiff mit seinen circa 250 Passagieren stromaufwärts nach Nanking. Dort standen wieder Busse bereit. Der nächste Ort war Jiujiang, der Ausgangspunkt für eine große Gebirgsfahrt. In Serpentinen ging es bis auf eine Paßhöhe von 1 500 Metern, von wo man einen fantastischen Blick in die Jangste-Ebene hatte. Dort bekamen wir auch unser Mittagsseen. Übrigens waren all diese Ausflüge im Preis inbegriffen, und der war nicht zu hoch. Da stimmte das Preis-Leistungs-Verhältnis.

Vorbei an der großen Stadt Wuhan steuerten wir auf das bedeutendste Erlebnis dieser Reise zu, zur Anfahrt auf den Drei-Schluchten-Damm. Zuerst passierten wir die engen und eindrucksvollen Dengying- und Rind-Schluchten. Das Flußtal wird hier so zwischen den steil aufragenden Felsen und Berghängen eingeengt, daß das Wasser mit unglaublicher Geschwindigkeit dahinrauscht. Darauf liefen wir in die Xiling-Schlucht ein, in der der Drei-Schluchten-Staudamm errichtet ist. Ein gigantisches Bauwerk, das nach der chinesischen Mauer das größte Bauprojekt Chinas darstellt. Auf einer Breite von über 2 300 Metern wird das Flußtal abgeriegelt. Die Staumauer ist 185 Meter hoch und an der Krone 18 Meter breit. Es sind zwei Turbinenhäuser vorgesehen, wovon jetzt schon das eine in Betrieb ist. Mit Genugtuung habe ich festgestellt, daß dort deutsche Siemens- und Voith-Turbinen eingebaut sind und schon Strom liefern. Nach Fertigstellung auch des zweiten Turbinenblocks wird dann soviel Strom erzeugt, wie zehn große Kernkraftwerke zusammen, oder es werden 45 bis 50 Millionen Tonnen Kohle eingespart, bei Einsatz von Kohlekraftwerken.

Für die Schiffe sind fünf mächtige Doppel-Schleusen von je 26 Metern Höhenunterschied eingebaut. Da der Stausee jedoch noch nicht ganz gefüllt war – der Höchststand liegt dort bei 175 Meter – mußten wir nur vier Schleusen durchfahren. Oben auf dem Stausee war die Wasserfläche auf über drei Kilometer Breite aufgestaut. Nach kurzer Weiterfahrt ging es trotz des höher gelegenen Wasserspiegels wieder in ein schluchtenreiches Gebirge über.

Gewiß ist dieser Staudamm eines der umstrittensten Projekte nicht nur in ganz China, auch überall in der Welt. Einmal mußten über 1,3 Millionen Einwohner vor den überfluteten Tälern umgesiedelt werden, wovon ein Drittel weiter weg kamen. Der überwiegende Teil konnte jedoch in dem gleichen Tal in höhergelegene Gebiete übersiedeln. Wir haben im weiteren Verlauf des Stausees überall auf den Berghängen die Ersatzorte gesehen, natürlich in moderner Betonbauweise und sicher vorerst nicht zum Wohlfühlen der neuen Bewohner, die vielleicht nur primitive Hütten in den Tälern zurücklassen mußten. Aber solch ein gigantisches Projekt fordert Opfer.

Warum hat man den Damm überhaupt gebaut? Es sind verschiedene schwerwiegende Gründe, die dieses 50-Milliarden-Euro-Projekt veranlaßt haben. Einmal zum Schutz der tiefliegenden Landesteile, die früher in regelmäßigen Abständen von verheerenden Überschwemmungen heimgesucht wurden. Dann war es die dringend benötigte Stromerzeugung und zum Schluß die Schiffbarmachung des Jangtsekiang in der gefährlichen Schluchtenregion, um die oberen großen Gebiete Chinas leichter erreichen zu können.

Dann fuhren wir in den von rechts kommenden Nebenfluß Shennong ein, auch von steil aufragenden Bergen umgeben. Nach einigen Kilometern stiegen wir in kleinere Boote um, und da wurde uns gezeigt, wie früher vor der Motorisierung die Schiffe bei der Flußauffahrt mühsam getreidelt werden mußten. Mehrere Männer hatten aus Bambus geflochtene circa drei Zentimeter starke Seile über die Schulter gelegt und zogen die Schiffe in mühseligster Knochenarbeit, meist auf sehr schmalen Pfaden oder in den Felsen gehauenen, ausgetretenen Strecken. Es muß die reinste Sklavenarbeit gewesen sein. Aber anders war bei den vielen Stromschnellen kein Vorwärtskommen. Jetzt sind die Hindernisse alle verschwunden.

Das Ende der Flußschiffahrt bildete die riesige Stadt Tschungking (heute Chonqing). Nach der Stadtbesichtigung ging es weiter per Flugzeug nach Peking, und von dort traten wir den Heimflug nach Frankfurt an. Es war wohl die eindrucksvollste Reise meines Lebens, weil man auch bei den Landausflügen sehr viele von den einfachen Menschen kennenlernen konnte. Diese begegneten uns immer mit größter Freundlichkeit, von ihrem anerzogenen Lächeln einmal abgesehen. Einmal stand ich allein auf einer Mauer, Da kam eine Gruppe fröhlicher Jugendlicher auf mich zu und baten mich, doch mit mir zusammen ein Gruppenbild machen zu dürfen. Diese jungen Chinesen, so klein und zierlich wie sie sind, hatten dabei einen Mordsspaß, mich als ragende Säule in der Mitte und sie links und rechts daneben. Wir lachten alle dabei. Das sind die menschlichen Begegnungen.

Nachwort

Dieses Buch habe ich geschrieben, weil meine Generation, obwohl jetzt nur wenige am Leben sind, heute quasi nur noch geduldet und verachtet ist, und wir werden fast feindlich als „die Schweigende Generation" bezeichnet. Ich habe mit meiner lückenlosen Erzählung alles gesagt, weil ich nicht schweigen will, nicht schweigen muß und nichts zu verschweigen habe. Als ob wir alle für die furchtbaren Taten der Naziverbrecher verantwortlich gemacht werden könnten oder dabei beteiligt gewesen wären.

Es hat in der fraglichen Zeit Millionen anständiger Deutscher gegeben, die dieses Regime nicht mitgetragen haben und nicht schuldig geworden sind. Man hat es zwar fraglos über sich ergehen lassen, weil ein Widerstand oder Gegenmaßnahmen absolut zwecklos und tödlich waren. Das Schicksal der Geschwister Scholl in München beweist dies eindringlich.

Hier kann nur mitreden und urteilen, wer diese Zeit als erwachsener und schon denkender Mensch miterlebt hat. Das schwachsinnige Gerede von heute ist anmaßend und zeugt von grenzenloser Unwissenheit der damaligen Geschehnisse. Ich hoffe, mit meinen Ausführungen als Deutscher etwas zur Klarstellung beigetragen zu haben. Es war vieles anders, als gemeinhin heute propagiert wird.

Als weiteres möchte ich all denen Mut machen, die Zukunft und besonders die persönlichen Erwartungen nicht so negativ einzuschätzen, es gibt dazu keinen Grund. Wir haben viel schlimmere Zeiten bewältigt und wir sind mit den Schwierigkeiten fertig geworden. Nur Mut, es wird sich ergeben.

Juni 2007